本书受以下项目资助：2011年教育部人文社会科学研究青年基金项目（项
北京市属高等学校科学技术与研究生教育创新工程

社会大众与国家大战略缔造

理论与实践

余金城 著

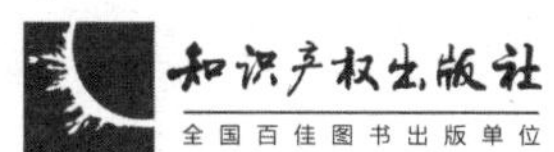

图书在版编目（CIP）数据

社会大众与国家大战略缔造：理论与实践 / 余金城著.
—北京：知识产权出版社，2017.4
ISBN 978-7-5130-3943-7

Ⅰ.①社… Ⅱ.①余… Ⅲ.①国家战略—公民—参与管理—研究 Ⅳ.①D5 ②D035.1

中国版本图书馆CIP数据核字（2015）第309105号

内容提要

以往有关大战略缔造的研究，多从政治精英的视角，考察大战略的生成机理，对社会大众与国家大战略缔造之间的关系，特别是大战略框架下的社会大众要素，缺乏足够系统、连贯的阐释。

本书聚焦社会大众与国家大战略缔造之间的关系，主要阐述了"社会大众要素的层次"分析方法，探究了政治精英如何发挥智识能动性，积极主动地考察社会大众诸要素对大战略四大核心要素（大战略目的、手段、关系及估算）的影响，揭示了客观存在的社会大众要素对大战略缔造的制约。以上述理论研究为基础，本书还选取了伯罗奔尼撒战争中斯巴达大战略缔造、1830—1900年英国大战略转变两个战略史案例，进一步具体阐述了社会大众要素与大战略缔造之间的复杂关系。在结语部分，本书还总结了社会大众影响大战略缔造的三种主动性机理。

责任编辑：陈晶晶　　　　**责任出版：**孙婷婷

社会大众与国家大战略缔造：理论与实践
余金城　著

出版发行：	知识产权出版社有限责任公司	**网　　址：**	http：//www.ipph.cn
社　　址：	北京市海淀区西外太平庄55号	**邮　　编：**	100081
责编电话：	010-82000860转8391	**责编邮箱：**	shiny-chjj@163.com
发行电话：	010-82000860转8101/8102	**发行传真：**	010-82000893/82005070/82000270
印　　刷：	三河市国英印务有限公司	**经　　销：**	各大网上书店、新华书店及相关专业书店
开　　本：	787mm×1092mm　1/16	**印　　张：**	14
版　　次：	2017年4月第1版	**印　　次：**	2017年4月第1次印刷
字　　数：	210千字	**定　　价：**	45.00元

ISBN 978-7-5130-3943-7

前　言

2012年5月以前,我有幸师从国家大战略研究方面的国内顶级专家——中国人民大学国际关系学院的时殷弘教授，攻读国际战略方向的博士学位。本书正是以我的博士论文为基础，经反复凝练、打磨而成，尽管其中还有一些有待在日后研究中进一步深入探索的地方。

以往有关大战略缔造的研究，多从政治精英的视角，考察大战略的生成机理，但是，对于社会大众与国家大战略缔造之间的关系，特别是大战略框架下社会大众要素的考察，缺乏足够系统、连贯的揭示。本书则聚焦于社会大众与国家大战略缔造之间的关系研究：（1）阐述了“社会大众要素的层次”分析方法，分析了三大社会大众要素——能力、行为、原因/动机；（2）探究了政治精英如何将社会大众要素嵌入大战略缔造中去，即政治精英如何发挥智识的能动性，积极主动地考察社会大众诸要素对于大战略四大核心要素（大战略目的、手段、关系及估算）的影响；（3）揭示了客观存在的社会大众要素对大战略缔造的制约。以上述关系研究为理论基础，本书选取了伯罗奔尼撒战争中斯巴达大战略的缔造与1830—1900年英国大战略从保护主义到自由主义的转变作为战略史案例，具体探讨了社会大众要素与大战略缔造之间存在的复杂关系。在结语部分，本书还总结了社会大众影响大战略缔造的三种主动性机理。

本书得以成形，首先要感谢的是我的导师时殷弘教授。从博士学位论文的选题、开题到论文的撰写、修改、答辩，前后经历了近四年的时间，如果没有时老师在这期间的悉心教导和时时鼓励，很难想象我能最终完成博士学位论文的撰写任务。

同时，我还要感谢在我的学位论文开题、评阅和答辩诸环节提出过专业性批评意见的各位评委和答辩委员。他们是：中国传媒大学国际传播研究院的何兰教授，首都师范大学历史学院的徐蓝教授，中共中央党校战略研究所的刘建飞教授，北京外国语大学国际关系学院的李永辉教授，中国社科院美国研究所的樊吉社研究员，中国人民大学国际关系学院的陈岳教授、黄嘉树教授、陈新明教授、刘青健教授、方长平副教授。尤其值得一提的是，中国传媒大学的何兰教授从历史学特别是新闻传播学角度提出了极具价值的专业建议，这些建议如同她优雅的待人接物风格，给我留下了深刻的印象。

此外，我还要感谢的是北京工商大学的冯中越教授和张秀芬教授。作为我工作单位的领导，冯中越教授和张秀芬教授为我创造了宽松的求学氛围，使我得以集中精力撰写毕业论文，顺利完成博士阶段的学业；同时毕业后，我能够继续打磨我的学位论文并最终成书出版，这与张秀芬教授的不断支持和鼓励也是分不开的。

本书得以华丽出版，离不开知识产权出版社的编辑陈晶晶及其他工作人员的辛苦工作。陈晶晶编辑关于书稿出版的许多技术性建议，为本书增色不少。

最后，我想把本书献给我的爱人和孩子！众所周知，攻读博士学位、撰写博士论文和论文的修改出版，需要投入大量的时间。在博士论文的动笔之初，我的小孩正好出生。为了专心写作论文，我长期住在学校的单身宿舍。爱人在最需要丈夫照顾、孩子在最需要父亲看护的时候，我却不在身边！在书稿打磨出版的当下，我的小孩已经成长至能从我的话语中模糊地知道我做的这件事情的意义了。我惊讶、感动于生命成长的过程！我更要深深地感谢家人对我的理解、支持和给予我的莫大精神鼓励！

本书的出版得到了“2011年教育部人文社会科学研究青年基金项目（项目名称：中国对外政策中的国内舆论引导机制研究；项目编号：11YJCZH219）”“北京市属高等学校科学技术与研究生教育创新工程建设项目（Funding Project for Innovation on Science, Technology and Graduate Education in Institutions of Higher Learning Under the Jurisdiction of Beijing Municipality）”的资助。在此一并表示感谢！

余金城

2016年6月于北京

目录

图表索引

研究概况

一、国外研究现状

国外与本选题直接相关的文献主要集中在以下四个方面：战略史和大战略理论思想领域相关研究，国际政治领域对大战略国内基础的研究，对外政策、安全政策领域对国内根源的论说，国际政治经济学领域有关对外经济政策制定的国内集团博弈的研究。

（一）战略史和大战略理论思想研究

虽然现有的大战略理论思想已经对军队组成的社会大众基础、大战略的目的离不开对战后民众境况的关注、大战略的手段离不开民众情绪/意志的支持等内容展开了相当深入的研究，但是社会大众至今仍只是大战略理论研究诸多对象中一个虽然引人关注却缺乏集中、全面论述的方面。与理论研究的贫乏形成鲜明对比的是，在战略史和国际关系史研究中，学者们对于社会大众诸要素则给予了相当细致的关注。在大战略理论思想方面，尼科洛·马基雅维利（Niccolo Machiavelli）的《君主论》《用兵之道》[①]、卡尔·冯·克劳塞维茨

① Niccolo Machiavelli, "The Prince", Translated by Edward Dacres (1640), in W. E. Henley ed., *The Tudor Translations: Machiavelli*, Vol. 1, London: David Nutt, 1905; Niccolo Machiavelli, "The Art of War", Translated by Peter Whitehorne (1560), in W. E. Henley ed., *The Tudor Translations: Machiavelli*, Vol. 1, London: David Nutt, 1905.

（Carl Von Clausewitz）的《战争论》①、德国人卢登道夫（Erich Ludendorff）的《总体战》②、英国人利德尔·哈特（B. H. Liddell Hart）的《战略论（间接路线战略）》③、美国人爱德华·鲁特瓦克的《战略：战争与和平的逻辑》④及彼得·帕雷特主编的《现代战略的缔造者：从马基雅维利到核时代》⑤都是杰出的代表作。但是，这些论述较为零散，主要论述政治精英操控大众以服务于大战略，未能系统、全面揭示社会大众与大战略缔造的关系及其内在机理。

在战略史和国际关系史研究中，学者们对社会大众要素做了较为细致的分析。在西方古典著作中，修昔底德的《伯罗奔尼撒战争史》⑥以其生动的叙述、丰富的内容展示了有关社会大众与国家大战略缔造方面诸多值得思考的主题。此外，当代英国人杰弗里·巴勒克拉夫（Geoffrey Barrachlough）的《当代史导论》⑦、美国人威廉森·默里等编的《缔造战略：统治者、国家与战略》⑧、爱德华·勒特韦克的《罗马帝国的大战略：从公元一世纪到三世纪》⑨、杰弗里·帕克的《腓力二世的大战略》⑩、约翰·加迪斯的《遏制战略：战后美国国家安全政策评析》⑪、保罗·肯尼迪的《大国的兴衰：1500—2000年的经济变迁与军事

① 【德】卡尔·冯·克劳塞维茨著：《战争论》，杨南芳等译，西安：陕西人民出版社2001年版。

② 【德】卢登道夫著：《总体战》，戴耀先译，解放军出版社1988年版。

③ 【英】利德尔·哈特著：《战略论（间接路线战略）》，中国人民解放军军事科学院译，北京：解放军出版社1981年版。

④ 【美】爱德华·鲁特瓦克著：《战略：战争与和平的逻辑》，军事科学院外国军事研究部译，北京：解放军出版社1990年版。

⑤ 【美】彼得·帕雷特主编：《现代战略的缔造者：从马基雅维利到核时代》，时殷弘等译，北京：世界知识出版社2006年版。

⑥ 【古希腊】修昔底德著：《伯罗奔尼撒战争史》，谢德风译，北京：商务印书馆2008年版。

⑦ 【英】杰弗里·巴勒克拉夫著：《当代史导论》，张广勇、张宏宇译，上海：上海社会科学院出版社1996年版。

⑧ 【美】威廉森·默里等编：《缔造战略：统治者、国家与战略》，时殷弘等译，北京：世界知识出版社2004年版。

⑨ 【美】爱德华·勒特韦克著：《罗马帝国的大战略：从公元一世纪到三世纪》，时殷弘、惠黎文译，北京：商务印书馆2008年版。

⑩ 【美】杰弗里·帕克著：《腓力二世的大战略》，时殷弘、周桂银译，北京：商务印书馆2010年版。

⑪ 【美】约翰·加迪斯著：《遏制战略：战后美国国家安全政策评析》，时殷弘等译，北京：世界知识出版社2005年版。

冲突》[1]和《战争与和平的大战略》[2]等著作，分析了战略与人口、经济的关系，论述了大战略目的、手段、平衡与估算等核心要素，为本书在大战略框架下考察社会大众要素提供了有益的理论素养。

（二）国际政治领域对大战略国内基础的研究

国际政治领域的著作已经从个人、国家与国际体系三个层面审视了战略缔造的诸多主题，但是，专门连贯地考察社会大众与国家大战略缔造的复杂内在机理，是以往的研究很少涉及甚或漠视的一个领域。这一判断无论对现实主义学派还是自由主义学派而言都是适用的。

新自由主义学派的著作集中关注个人层面的研究，而结构现实主义学派的著作则聚焦国际体系层面的研究。同时，新自由主义也因对国际机制的关注而使自己跻身于国际体系层面的研究。由于结构现实主义无视国家具有丰富多样的属性而将其简化为台球，因而反映国家内部政治进程方面的研究多被其排除在研究议程之外而由新自由主义学派得以阐发。所以，除了数量或规模意义之外，社会大众往往无法成为结构现实主义重点关注的内容。这方面的代表作如约翰·米尔斯海默（John J. Mearsheimer）的《大国政治的悲剧》[3]。与结构现实主义不同，经典现实主义虽然也强调国际体系的无政府结构对国家大战略缔造的制约作用，但是，它更把受人性支配的国家权力意志看作国家行为的首要原因，因而政府体制、政治领导人、民族精神和民族士气也是它研究的重要内容，代表作见汉斯·摩根索（Hans Morgenthau）的《国家间的政治——为权力与和平而斗争》[4]。新自由主义对个人层面的研究主要集中在政治精英方面，而对国内政治进程的关注则集中在联盟政治、政治宪法结构、观念因素等方面，

① 【美】保罗·肯尼迪著：《大国的兴衰：1500—2000年的经济变迁与军事冲突》，陈景彪等译，北京：中国国际文化出版公司2006年版。

② 【美】保罗·肯尼迪著：《战争与和平的大战略》，时殷弘等译，北京：世界知识出版社2005年版。

③ 【美】约翰·米尔斯海默著：《大国政治的悲剧》，王义桅等译，上海：上海人民出版社2003年版。

④ 【美】汉斯·摩根索著：《国家间的政治——为权力与和平而斗争》，徐昕等译，北京：北京大学出版社2006年版。

社会大众要素是其研究的薄弱之处，代表作品如里查德·罗斯克兰斯（Richard Rosecrance）与美国人阿瑟·斯坦（Arthur Stein）共同主编的《大战略的国内基础》①和杰克·斯奈德（Jack Snyder）的《帝国的迷思：国内政治与对外扩张》②。

（三）对外政策、安全政策领域的研究

对外政策、安全政策的研究深受美国决策理论的影响，其研究对象主要是国内的政治精英，该理论对社会大众的关注显得很不成比例。理性决策模式尤其强调精英在危机决策中的主动性作用，基本排斥了社会大众对对外政策决策的主动性影响。官僚/政府模式则将精英主义和多元主义理论结合起来，虽然其重心仍然是决策精英，但该模式对社会大众的若干因素给予了相当的关注，如国内选举政治、政党、利益集团、公众舆论等。特别是在公众舆论与对外政策关系方面，美国现当代学者已开展较为持久、深入的研究，尽管研究的时间和空间跨度还非常不够。因此，当前西方学术界对决策尤其是对外政策决策的研究，很少能全面、系统地论及政治精英以外的其他社会阶层对大战略决策的主动性影响。

在对外政策、安全政策领域，加布里埃尔·阿尔蒙德（Gabriel A. Almond）、罗杰·希尔斯曼（Roger Hilsman）、尤金·R. 威特科普夫（Eugene R. Wittkopf）等代表人物都从政治精英的视角，对社会大众对外交决策的作用机理进行了相当程度的研究。③

在公众舆论与对外政策关系方面，美国现当代学者展开了较为广泛而深

---

① 【美】里查德·罗斯克兰斯、阿瑟·斯坦（Arthur Stein）主编：《大战略的国内基础》，刘东国译，北京：北京大学出版社2005年版。

② 【美】杰克·斯奈德著：《帝国的迷思：国内政治与对外扩张》，于铁军等译，北京：北京大学出版社2007年版。

③ Gabriel A. Almond, *The American People and Foreign Policy*, New York: Harcourt, Brace & Co., 1950; Roger Hilsman, *The Politics of Policy Making in Defense and Foreign Affairs: Conceptual Models and Bureaucratic Politics*, New Jersey: Prentice Hall, 1987; Eugene R. Wittkopf, *American Foreign Policy: Pattern and Process*, 6th Edition, Belmon, CA: Thomson Learning, 2003.

入的研究，其内容主要涉及：美国公众、公众舆论在政治精英决策中的地位及其对外交政策的影响，美国政治精英与大众的对外政策态度与信仰结构等。这方面的代表作如沃尔特·李普曼（Walter Lippmann）的《公众舆论》①、汉斯·摩根索的《国家间的政治——为权力与和平而斗争》、D. A. 格拉伯的《公众舆论、总统与对外政策：源自性格形成时期的四项案例研究》②、B. C. 科恩（B. C. Cohen）的《公众对对外政策的影响》③、罗伯特·欧登迪克（Robert W. Oldendick）与芭芭拉·安·巴德斯（Barbara Ann Bardes）的《大众与精英的对外政策舆论》④、尤金·R. 威特科普夫的《论美国人民的对外政策信仰：批评与佐证》⑤、罗纳德·希克利（Ronald H. Hinckley）的《公众对重大对外政策事件的态度》⑥。

近年来，他们开始对社会变迁背景下公众舆论诸因素对中国外交政策的影响有所关注。如傅士卓（Joseph Fewsmith）、斯坦利·罗森（Stanley Rosen）、江忆恩（AlastairIain Johnston）及高敬文（Jean Pierre Cabestan）等。⑦

---

① 【美】沃尔特·李普曼著：《公众舆论》，阎克文、江红译，上海：上海人民出版社，2002年版。

② D. A. Graber, *Public Opinion, the President, and Foreign Policy: Four Case Studies from the Formative Years*, New York: Holt, Rinehart and Winston, 1968.

③ B. C. Cohen, *The Public's impact on Foreign Policy*, Boston: Little Brown, 1973.

④ Robert W. Oldendick and Barbara Ann Bardes, "Mass and Elite Foreign Policy Opinions", *The Public Opinion Quarterly*, Vol. 46, No. 3 (Autumn, 1982).

⑤ Eugene R. Wittkopf, "On the Foreign Policy Beliefs of the American People: A Critique and Some Evidence", *International Studies Quarterly*, Vol. 30, No. 4 (Dec., 1986).

⑥ Ronald H. Hinckley, "Public Attitudes toward Key Foreign Policy Events", *The Journal of Conflict Resolution*, Vol. 32, No. 2 (Jun., 1988).

⑦ Joseph Fewsmith and Stanley Rosen, "The Domestic Context of Chinese Foreign Policy: Does 'Public Opinion' Matter?", in David M. Lampton ed., *The Making of Chinese Foreign and Security Policy in the Era of Reform*, Redwood City: Stanford University Press, 2001; Alastair Iain Johnston, "Chinese Middle Class Attitudes Towards International Affairs: Nascent Liberalization?", *The China Quarterly*, No. 179 (Sep., 2004); Jean-Pierre Cabestan, "China's Foreign- and Security-policy Decision-making Processes under Hu Jintao", *Journal of Current Chinese Affairs*, 38, 3 (2009).

(四) 国际政治经济学/国际经济政治学领域的研究

国际政治经济学/国际经济政治学领域的文献，主要研究了国家对外经济政策、对外扩张政策形成的国内社会根源，如行业集团、阶级联盟、利益/压力集团乃至政党组织等。如彼得·格瑞维斯（Peter Gourevith）、罗纳德·罗果斯基（Ronald Rogowski）、迈克尔·J. 希斯考克斯（Michael J. Hiscox）、彼得·卡赞斯坦（Peter Katzenstein）、布鲁诺·弗雷（Bruno Frey）等①。

(五) 国外其他学术资源

除了上述与本选题直接相关的文献外，间接相关的文献则大量分布在政治理论和政治思想领域以及当代政治学、历史学、社会学、心理学、经济学、传播学、人类学、文化学和相关的交叉学科领域。这些领域蕴藏着丰富的论述人类社会不平等、社会分层、社会大众的政治特质，包括政治/社会冲突与政治参与在内的人类个体和群体的政治行为及行为的根源或动机等学术资源。

政治理论和政治思想领域的古代经典思想家柏拉图、亚里士多德在他们的著作中主要关注了城邦国家内部的社会分层、政治/社会冲突和政治参与问题。②

近代以来的政治哲学除了前述的马基雅维利的重大贡献外，还分别论述了民族主义、革命主义原则，以及有关大众教育、舆论宣传与公民特性等问题，这些问题与社会不平等、社会分层、政治/社会冲突、政治参与问题都有着密切的

---

① Peter Gourevith, *Politics in Hard Times: Comparative Responses to International Economic Crises*, Tthaca: Cornell University Press, 1986; Ronald Rogowski, *Commerce and Coalition: How Trade Affects Domestic Political Alignments*, Princeton: Princeton University Press, 1989;【美】迈克尔·J. 希斯考克斯著:《国际贸易与政治冲突——贸易、联盟与要素流动》，于扬杰译，北京：中国人民大学出版社2005年版；Peter Katzenstein, “International Relations and Domestic Structures: Foreign Economic Policies of Advanced Industrial States”, *International Organization*, Vol. 30, No. 1 (Winter 1976), p. 1-45; Peter Katzenstein, “Domestic and International Forces and Strategies of Foreign Economic Policy”, *International Organization*, Vol. 31, No. 4 (Autumn 1977), p. 587-606;【瑞士】布鲁诺·弗雷著:《国际政治经济学》，吴元湛等译，重庆：重庆出版社1987年版；Bruno Frey, “The Public Choice View of International Political Economy”, *International Organization*, Vol. 38, No. 1 (Winter, 1984), p. 199-223.

② 参见【古希腊】柏拉图著:《理想国》，郭斌和、张竹明译，北京：商务印书馆1986年版；【古希腊】柏拉图著:《政治家》，原江译，昆明：云南人民出版社2004年版；【古希腊】柏拉图著:《法律篇》，张智仁、何勤华译，上海：上海人民出版社2002年版；【古希腊】亚里士多德著:《政治学》，吴寿彭译，北京：商务印书馆1965年版；【古希腊】亚里士多德著:《雅典政制》，日知等译，北京：商务印书馆1959年版。

联系。

当代政治/社会学领域论述了政治/社会冲突理论，这一理论集中关注了阶级、集团冲突的表现与根源、政治组织的选择问题等。拉尔夫·达仁道夫（Ralf Dahrendorf）的《现代社会冲突——自由政治随感》[①]、刘易斯·A. 科塞（Lewis A. Coser）的《社会冲突的功能》[②]和E. E. 谢茨施耐德（E. E. Schattschneider）的《半主权的人民——一个现实主义者眼中的美国民主》[③]是这方面研究的代表。

当代政治学领域研究了政治参与问题，其研究路径主要有精英主义和多元主义两种。坚持精英主义路径的学者认为，社会大众的政治参与是被动的，他们因各种原因不关心政治只关注私人生活，这种对政治的疏离是政治稳定的条件。主要代表作有：约瑟夫·熊彼特（J. A. Schumpeter）的《资本主义、社会主义与民主》[④]、加布里埃尔·A. 阿尔蒙德等人的《公民文化——五国的政治态度和民主》[⑤]、塞缪尔·亨廷顿（Samuel P. Huntington）等人的《民主的危机》[⑥]。坚持多元主义路径的学者驳斥了精英主义路径的观点。如沃克（J. L. Walker）的《精英民主主义理论批判》[⑦]、罗伯特·达尔（Robert Dahl）的《经济民主的序言》[⑧]、A. 唐斯（A. Downs）的《民主主义的经济理论》[⑨]等。

心理学及其与政治学、社会学的交叉分支学科——群体/集体心理学、社会/政治心理学——则从心理学角度分析了社会大众个体和群体政治参与行为。

---

① 【英】拉尔夫·达仁道夫著：《现代社会冲突——自由政治随感》，林荣远译，北京：中国社会科学出版社2000年版。

② Lewis A. Coser, *The functions of social conflict*, London: Routledge, 1998.

③ 【美】E. E. 谢茨施耐德著：《半主权的人民——一个现实主义者眼中的美国民主》，任军锋译，天津：天津人民出版社2000年版。

④ 【美】约瑟夫·熊彼特著：《资本主义、社会主义与民主》，吴良健译，北京：商务印书馆，1999年版。

⑤ 【美】加布里埃尔·A. 阿尔蒙德著：《公民文化——五国的政治态度和民主》，马殿君等译，杭州：浙江人民出版社1989年版。

⑥ M. Crozier, S. P. Huntington, and J. Watanuki, *The Crisis of Democracy*, New York: New York University Press, 1975.

⑦ J. L. Walker, "A Critique of the Elitist Theory of Democracy", *American Political Science Review*, Vol. 60, No. 2, 1966.

⑧ Robert Dahl, *A Preface to Economic Democracy*, California: University of California Press, 1988.

⑨ A. Downs, *A Economic Theory of Democracy*, New York: Harper & Row, 1980.

这些研究可大致分为两类：一类如当代认知心理学那样，强调人类的理性认知行为与原因；另一类如群体/集体心理学和政治心理学那样，强调人类政治行为的非理性心理特征。前者的代表人物及其论述如阿莫斯·特沃斯基（Amos Tversky）和丹尼尔·卡尼曼（Daniel Kahneman）的《在不确定性情况下的判断：启发和偏差》①、利昂·费斯汀格的《认知失调理论》②等；后者的代表人物及其著作如古斯塔夫·勒庞的《乌合之众：大众心理研究》《革命心理学》、塞奇·莫斯科维奇的《群氓的时代》、西格蒙德·弗洛伊德的《集体心理学与自我的分析》、格雷厄姆·拉沃斯的《政治中的人性》等。③此外，与政治心理学相关的由阿尔蒙德开启的现代公民文化研究则与传播学和舆论学紧密联系起来，起到和法国心态史学类似的效果，探究公众对政治体制的态度，代表作如《公民文化——五国的政治态度和民主》。

经济学领域除了以其传统的理性经济人假设解释了一般个体的行为原因外，对集体行为的原因做出了比较有力的解释。如曼瑟尔·奥尔森的《集体行动的逻辑》④。人类学、文化学领域则对观念一文化因素影响人的行为做出了独到的解释。如哈维兰的《文化人类学》、特瑞·伊格尔顿的《文化的观念》、雷蒙德·威廉斯的《文化与社会》、维克多·埃尔的《文化概念》等。⑤

---

① A. Tversky, and D. Kahneman, "Judgment under Uncertainty: Heuristics and Biases", *Science*, New Series, Vol. 185, No. 4157 (Sept 27, 1974), p. 1124-1131.

② 【美】利昂·费斯汀格著：《认知失调理论》，郑全全译，杭州：浙江教育出版社1999年版。

③ 参见【法】古斯塔夫·勒庞著：《乌合之众：大众心理研究》，冯克利译，北京：中央编译出版社2004年版；【法】古斯塔夫·勒庞著：《革命心理学》，佟德志等译，长春：吉林人民出版社2004年版；【奥地利】西格蒙德·弗洛伊德著：《集体心理学与自我的分析》，林尘等译，上海：上海译文出版社1986年版；【英】格雷厄姆·沃拉斯著：《政治中的人性》，朱曾汶译，北京：商务印书馆1995年版。

④ 【美】曼瑟尔·奥尔森著：《集体行动的逻辑》，陈郁等译，上海：三联书店、上海人民出版社1995年版。

⑤ 【美】哈维兰著：《文化人类学》，瞿铁鹏等译，上海：上海社会科学出版社2006年版；【英】特瑞·伊格尔顿著：《文化的观念》，方杰译，南京：南京大学出版社2003年版；【英】雷蒙德·威廉斯著：《文化与社会》，吴松江等译，北京：北京大学出版社1991年版；【法】维克多·埃尔著：《文化概念》，康新文译，上海：上海人民出版社1988年版。

二、国内研究现状述评

国内的研究涉及了战略史和大战略理论思想领域对社会大众与战争、大战略目的与手段选择的论述及对外政策领域有关利益集团、公众舆论、公共外交问题的研究。

(一)战略史和大战略理论思想研究

对中国传统的大战略理论思想进行挖掘的杰出代表有钮先钟的《中国战略思想史》①。作为大战略的杰出实践者,毛泽东的论述既显示出他对中国传统战略思想的继承与发展,也展现了他对西方战略思想的吸纳。译介西方战略思想的代表作有钮先钟的《西方战略思想史》②和时殷弘教授的《从拿破仑到越南战争》③。时殷弘教授的《国家大战略理论论纲》④一文,对廓清国家大战略的基本范畴和基本问题做出了重要贡献。

(二)对外政策领域的研究

当前,对外政策领域有关利益集团、公众舆论和公共外交的研究主要集中在西方国家,对中国公众舆论和公共外交的研究也日渐深入。

对西方利益集团的分析主要集中于美国。如孙晓玲的《犹太利益集团与美国中东外交政策(1967—1984)》⑤、唐昊的《利益集团政治变迁与美国霸权的转型》⑥等。

对西方公众舆论与对外政策关系的研究突破了当代美国这一时空范围的限

---

① 钮先钟著:《中国战略思想史》,台北:黎明文化事业有限股份公司1992年版。

② 钮先钟著:《西方战略思想史》,桂林:广西师范大学出版社2003年版。

③ 时殷弘著:《从拿破仑到越南战争》,北京:团结出版社2003年版。

④ 时殷弘:“国家大战略理论论纲”,载《国际观察》2007年第5期。

⑤ 孙晓玲:“犹太利益集团与美国中东外交政策(1967—1984)”,复旦大学2005年博士学位论文。

⑥ 唐昊:“利益集团政治变迁与美国霸权的转型”,暨南大学2007年博士学位论文。

制，如时殷弘的《大众政治的兴起与其欧洲国际政治效应》等论文和专著。①

关于中国公众舆论与对外政策关系的研究目前还处于探索阶段，现有的研究集中在对经济、社会、技术变迁中的新现象的描述。代表作品有王逸舟的《市民社会与中国外交》②、王军的《网络民族主义、市民社会与中国外交》③等。这些作品很少对崛起背景下中国对外政策中面临的紧迫的公众舆论引导、调控问题给予细致的探讨。

国内学者对公共外交领域也投入了较多的精力。对国外公共外交的研究集中在美国公共外交的理论与实践上。较早的代表性论文有韩昭颖的《美国公众外交与美国对外政策》④。其他的还有赵可金的《美国公共外交的兴起》、唐小松和王义桅的《美国公众外交研究的兴起及其对美国对外政策的反思》等。⑤

在中国公共外交实践的研究方面，学者们也提出了一些有益的建议。例如，唐小松在《中国公共外交的发展及其体系构建》《论中国公共外交的两条战线》两篇论文中，就提出了建立中国公共外交机制和推动公共外交的若干策略。⑥

---

① 时殷弘："大众政治的兴起与其欧洲国际政治效应"，载《史学月刊》2000年第2期；时殷弘："二十世纪西方大众政治对国家对外政策和外交的影响"，载《南京大学学报》2001年第3期；时殷弘："现代政治制度与国家动员：历史概观和比较"，载《世界经济与政治》2008年第7期；时殷弘著：《现当代国际关系史（从16世纪到20世纪末）》，北京：中国人民大学出版社2006年版。

② 王逸舟："市民社会与中国外交"，载《中国社会科学》2000年第3期。

③ 王军："网络民族主义、市民社会与中国外交"，载《世界经济与政治》2010年第10期。

④ 韩昭颖："美国公众外交与美国对外政策"，载《太平洋学报》2001年第4期。

⑤ 赵可金："美国公共外交的兴起"，载《复旦学报（社会科学版）》2003年第3期；唐小松、王义桅："美国公众外交研究的兴起及其对美国对外政策的反思"，载《世界经济与政治》2003年第4期；杨友孙、胡淑慧："美国公众外交与东欧巨变"，载《俄罗斯研究》2005年第3期；尹继武、李江宁："美国对伊斯兰世界强化推行公众外交及其局限"，载《国际问题研究》2006年第2期。

⑥ 参见唐小松："中国公共外交的发展及其体系构建"，载《现代国际关系》2006年第2期；唐小松："论中国公共外交的两条战线"，载《现代国际关系》2007年第8期。

第一部分

理论分析

第一章　社会大众与大战略分析框架

本章旨在分析全书的理论框架。第一、二节分别界定全书的核心概念——“社会大众”与“国家大战略缔造”，并进而分析社会大众在国家大战略缔造中的地位。第三节分析了社会大众与大战略缔造之间的复杂关系，特别是在大战略框架中考察社会大众要素需要关注的核心问题：“社会大众要素的层次”分析和在社会大众诸要素与大战略缔造之间的关系分析方面存在的常见问题。

第一节　“社会大众”概念的界定

一、“社会大众”概念内涵的界定

本书的核心概念——“社会大众”，就其内涵而言，并非是“社会”与“大众”这两个词语的简单限制性的结合①，它作为一个特指是相对于政治精英而言的，指政治精英之外通过各种途径参与、影响国家政策的社会群体。而政治精英则主要指能直接对国家政策进行决策或者对国家政策的决策过程发挥直接影响的人，这些人在古代可以指执政官、帝王及其重臣；在近现代则指政府高级官员及其政策顾问、政策专家等。②

因此，衡量本书界定的社会大众的成员标准应是，该成员所处的不能对国家政策直接决策或不能对决策产生直接影响的地位。这与政治学、社会心理学、传播学中对公民、群众、群体、大众、公众等人群概念的规定衡量标准有着根本的区别。政治学、社会心理学、传播学中的相关人群概念常常以政治权利的有无、参不参与政治讨论、会不会理性思考、有无特殊资质等作为衡量各自成员的标准。而且，后文在进一步分析社会大众的诸要素内涵时，还将深入揭示社会大众在能力、行为和原因/动机层面这种所处的间接影响国家政策、决策地位的特征或含义，这种多层内涵也是本书社会大众概念所特有的。所以，根据本书的界定，即使是那些被排除在决策圈之外，甚至没有公民权、无法参与政治讨论的人群，也属于社会大众的行列。这在奴隶制下，当然包括了奴隶大众；在封建制下，则应该涵盖了农奴群体；而在近代早期，那些没有选举权的工人、

① 有关“社会”一词的四种含义的解释，参见高鹏程著：《政治利益分析》，北京：社会科学文献出版社2009年版，第42-43页。

② 不少学者都对政治精英做过解释，参见【美】文森特·普赖斯（Vincent Price）著：《传播概念·Public Opinion》，邵志择译，上海：复旦大学出版社2009年版，第53-54页；K. J. Holsti, *International Politics: A Framework for Analysis*, New Jersey: Prentice Hall, 1988, p. 343; John R. Zaller, *The Nature and Origin of Mass Opinion*, New York: Cambridge University Press, 1992, p. 6. 本书对于政治精英的解释与上述概念有些区别，本书的界定强调的是精英的决策权力。

工业资产阶级、妇女也应属于社会大众的范围。

还需指出的一点是，本书提到的用以界定社会大众的唯一的参照系——政治精英——的衡量标准是决策权，这里使用的决策概念与一般决策理论中的决策概念还是有不小的差别。首先，这里的决策是就政府的公共政策而言的，而非一般意义上的判断与做决定。①其次，本书所说的政治精英的决策指的是直接决策，而非间接决策，而现代政治中的间接决策也仅仅是社会大众的“参与影响”众多形式中的一种②，再次，社会大众的参与、影响并不完全等同于现代西方民主政治话语中的政治权力③，因为本书认为，没有政治权利的社会群体也会对国家大战略的缔造发挥影响，衡量是否为“社会大众”成员的标准并非政治权利的有无。

作为一个群体性的概念，对社会大众内涵的考察至少可以采取三种视角：一是关注社会大众的个体成员，二是关注社会大众内部的结构，三是在有些情况下还要将社会大众作为一个整体来看。而要全面考察社会大众，将上述三种视角结合起来也不失为一种明智的方法。本书对社会大众的关注就采用了时刻顾及社会大众个体成员、内部的群体结构及整体性的社会大众三种视角结合的方法。对于第二种视角，尤其要关注的是社会大众内部不同群体的等级或水平式分层结构。社会大众既可以经济的、政治法律的、教育文化的、思想观念的等

---

① 对比以下两部著作中使用的“决策”一词：【美】斯科特·普劳斯著：《决策与判断》，施俊琦、王星译，北京：人民邮电出版社2004年版；【美】查尔斯·林德布洛姆著：《决策过程》，竺乾威、胡君芳译，上海：上海译文出版社1988年版。前一部著作中的“决策”意为decision making，指一般意义上的做决定的意思；后一著作中的“决策”指policy making，则指制定政策的意思，这是本书界定“社会大众”的参照系——政治精英——时使用的“决策”一词的含义。

② 查尔斯·林德布洛姆在《决策过程》一书中比较清楚地区分了直接决策与间接决策的用语，他所言的“作为决策者的公民”中所用的“决策”一词应该是间接决策或者是对直接决策产生影响的意思，与本书界定“社会大众”概念时使用的“参与、影响”的意思非常接近。参见查尔斯·林德布洛姆著：《决策过程》，第二部分“权力运用”，第5、6、7、8、9、10、11各章。

③ 如，罗杰·希尔斯曼将公众舆论和选民看作三个权力圈中的外圈，参见Roger Hilsman, *The Politics of Policy Making in Defense and Foreign Affairs: Conceptual Models and Bureaucratic Politics*, New Jersey: Prentice Hall, 1987.

多种形式分成各个有差别的等级式的组成部分①，也可以沿着族群的（民族/种族/部族的等）、教派的、政治信仰的、政治议题的等既相互区别、相互竞争又可能有所交叉、彼此融合的标准形成较为鲜明的水平政治分野。与议题分野这种不断变化的临时性的政治组合不同的是，族群的、教派的、政治信仰的分野相对固定。当然，这种等级式的结构分层和水平式的政治分野相互之间也存在着渗透与影响的关系。

最后，就成员所处的不能对国家政策做出决策或不能对决策产生直接影响的地位而言，社会大众是一个全称性抽象概念，但这一全称性抽象概念并不因此就否认社会大众的不同群体或部分之间存在着矛盾、合作等多重具体关系。正是由于这一矛盾及合作的多重具体关系的存在，本书的"社会大众"一词才成为一个充满活力的概念。

---

① 用社会分层的方法研究社会大众，在西方学者中做出开创性贡献的是柏拉图。在《理想国》中，他运用了多重社会分层的标准。首先，他以经济—职业、政治—法律的标准将理想城邦的公民分为生产者（农工商）、辅助者（军人）和统治者（哲学家）三个等级；此外，他又赋予这三个等级不同的特性——思想道德的标准，他认为，城邦就是由理性—智慧的哲学家统帅勇敢—激情的军人以统治充满欲望的生产者。比较可贵的是，柏拉图对这三者后代之间关系的认识是一种开放式的双向流动的关系。参见【古希腊】柏拉图著：《理想国》，郭斌和、张竹明译，北京：商务印书馆1986年版。如果说《理想国》的社会分层更多反映的是柏拉图在现实基础上构筑的乌托邦社会的情况，那么《法律篇》中社会现实的成分相对较多，尽管其乌托邦成分仍很强烈。《法律篇》中，他将城邦的全部人口分为三部分——公民、无公民权而从事工商业的自由人、从事农业生产的奴隶，而公民又根据财产的等级分为四等，参政并担任公职。在这里，他的职业的、出身的、财产的分层标准显而易见。参见【美】乔治·霍兰·萨拜因著：《政治学说史》，盛葵阳等译，商务印书馆1986年版，第108–113页。近现代政治学、传播学学者在研究政治参与和公众舆论的过程中，往往根据公众对有关公共事务的信息了解程度、对公共事务的兴趣程度以及他们在政治意识程度方面的差别等因素大致将公众分为舆论领袖、关注的公众、大众等数量不等、名称也有所不同的层次。这些分层的具体情况分别参见Jeremy Bentham, "An Essay on Political Tactics", *The works of Jeremy Bentham*, Vol. 2, edited by John Bowing, Edinburgh: William Tait, 1843, p. 313; G. A. Almond, *The American People and Foreign Policy*, New York: Harcourt, Brace & Co., 1950; G. A. Almond, "Public Opinion and National Security Policy", *The Public Opinion Quarterly*, Vol. 20, No. 2, Summer 1956, p. 376; K. J. Holsti, *International Politics: A Framework for Analysis*, New Jersey: Prentice Hall, 1988, p. 343; John R. Zaller, *The Nature and Origin of Mass Opinion*, New York: Cambridge Uaiversity press, 1992, p. 16–22; Eugene R. Wittkopf, Charles W. Kegley, Jr., James M. Scoot, *American Foreign Policy: Pattern and Process*, 6th edition, Belmont: Wadsworth Publishing Company, 2003, p. 266; Robert S. Erikson, Kent L. Tedin, *American Public Opinion: Its Origins, Content, and Impact*, 6th edition, Boston: Addison Wesley Longman, 2003, p. 6.

二、“社会大众”概念涵盖范围的历史概览

本书旨在从一般意义上分析社会大众影响一国大战略缔造的内在哲理，因此，本书的社会大众概念还具有超强的时空包容性：在时间范畴上，它可以涵盖古今；在地域范畴上，它可以指涉世界各国；在政治组织形式范畴上，它囊括了古代城邦乃至世界帝国等各种政治组织形式；在文明形态范畴上，它则是既包括西方文明又包括当今非西方文明在内的古今各种文明形态。在不同的历史时间内、特定的政治组织形式中、各种文明形态内，社会大众这一概念有其不同的指称对象。

就农业从业人员①来看，传统农业社会的大众大致可分为几种不同的类型。②一般而论，从与土地的关系来看，古代社会直接耕种土地的下层社会大众大致包括以下几种：从“公有地”分得或通过垦荒等方式获得（但得到了国家承认）或通过包括购买在内的其他各种方式得到小块土地并自己耕种、经营的自由小农（小农场主）③，通过自由契约的租约关系从土地所有者（通常是大土地所有者）处租得小块土地但具有人身自由的佃农，租种土地并依附于土地之上且失去了行动自由但可以拥有自己私产的农奴（隶农），失去人身自由且无私产

---

① 在英语中，farmer和peasant译成中文应有细微的差别，前者主要是从职业的角度指农业从业人员意义上的农民，而后者更多是指从身份角度来说的农民身份。有关对“peasant” agriculture用词的批判性分析，参见Otto T. Solbrig，“Structure, Performance, and Policy in Agriculture”, in Victor Bulmer-Thomas, John H. Coatsworth, Roberto Cortés Conde eds., *The Cambridge Economic History of Latin America Volume* Ⅱ: *The Long Twentieth Century*, New York: Cambridge University Press, 2006, p. 529-530.

② 游牧民族在征服农耕民族而由游牧进入定居之前，其社会制度大致有两类：一类是氏族、部落制；另一类是奴隶制下的分封制。前一种制度下，社会阶级分化不明显，如有奴隶出现，则这些奴隶主要是来自战俘；后一种制度下，奴隶数量较多，牧民的贫富分化较为明显，这些奴隶除了来自战俘外，还来自债务奴。侵入希腊的多利安人（Dorian）内部较多显示了第一种社会制度的特点，而与东汉、西汉争霸的匈奴民族及与隋唐争锋的突厥族则较多地显示了后一种社会制度的特点。征服农耕民族后，游牧民族一般往往向定居的农耕民族转化。

③ 罗马共和国推行农业扩张政策，移民驻防，从而产生了大量的自由小农；与罗马共和国不同的是，在东方的中国，秦以前的土地主要为公有制，秦以后的土地以私有为主，而在自西汉建立至清初的漫长的封建社会期间，王朝建立之初的大量小农往往产生于土地所有关系的重新调整和土地的再分配。有关中国土地制度问题的论述参见赵冈、陈钟毅著：《中国土地制度史》，北京：新星出版社2006年版第145-147页。

而无偿在土地上替土地所有者耕种土地的农业奴隶①。在近现代社会，除了佃农、自有土地的小农之外，在资本主义农场里，还出现了根据契约关系从大土地所有者处租得大块土地而雇佣自由人耕种的农业资本家，而受雇的自由人即农业工人。在由传统向现代过渡的转型中，广大发展中国家可能还存在具有一定人身依附关系的租佃农民与庄园制残余下的农业劳动者阶层②。

除农业从业人员外，传统社会尤其是古代社会中还存在不少的手工业工匠与商人。③就工匠而言，在古代社会，他们中既有在民间自己开设作坊从事生产的工匠，也有充当手工作坊的奴隶的工匠，还有专门为政府服务的平民工人或奴隶工匠。④至中世纪，城市兴起之前，工匠主要是在领主庄园中从事手工制品生产的农奴；而城市兴起后，欧洲城市的行会制度对于工匠（师傅、帮工、学徒）身份的等级、工匠开业与工匠经营的产品都有严格的规定（包括技术上的、非技术上的），其中，帮工和学徒所受的限制颇多，处于工匠的底层，而师傅以

① 在古代罗马存在大量的奴隶制庄园，从事耕作的奴隶地位低下，以致罗马社会中的不少自由农民鄙视农业劳动而奔向罗马城，成为无产的平民。罗马帝国后期，奴隶制难以为继，具有私产但依附于大地产者的隶农出现，这种隶农至中世纪的欧洲时期演变成为农奴。中国西汉至清代以前的古代社会，由于赋税和徭役的繁重，大量自由农民如同西欧封建社会早期一样，出现“带产投靠”以求富豪、寺院荫庇来逃避徭役而成为佃客的现象。从耕种者的身份自由程度来看，从自由农民到佃农、农奴（隶农）、奴隶这一序列中，虽然在历史上始终存在着从这一序列的前端向后端演变的可能，但从历史发展的总体趋势而言，是由这一序列的后端向前端的发展，即耕作者人身的日益解放和自由程度的日益增大。本书此处为了理论分析的需要而提出的土地耕作者之间的区别在具体的历史实践中可能因为各种复杂的因素而不会如此泾渭分明，耕作者的实际身份状态可能呈现出一种模糊的过渡性特点而兼有上述某些身份的局部特征。

② 有关人身依附关系的描述，参见【美】塞缪尔·亨廷顿、【美】琼·纳尔逊著：《难以决策——发展中国家的政治参与》，北京：华夏出版社1989年版，第57-62页；Otto T. Solbrig, “Structure, Performance, and Policy in Agriculture”, in Victor Bulmer-Thomas, John H. Coatsworth, Roberto Cortés Conde eds., *The Cambridge Economic History of Latin America Volume* Ⅱ: *The Long Twentieth Century*, New York: Cambridge University Press, 2006, p. 485.

③ 工匠和商人中也有等级之分，少数人可能会因财富的积累而得以接近权贵或通过买爵的方式获得权贵的身份，擢升为上层，甚至有些贵族还乐于从事工商业致富。古代雅典有经商致富的改革家梭伦，中国则有犒劳秦师的郑国大商人弦高和秦国因商致富的大政治家吕不韦等。

④ 参见李瑞兰主编：《中国社会通史·先秦卷》，太原：山西教育出版社1996年版，第233-235页。

及有着一技之长的作坊主往往挤进了市民阶层，拥有较高的经济与政治地位。在中国，直至明代，匠户才获得了相当大的人身自由；而在元代，他们的身份还相当于工奴，终身服役，没有人身自由。①在近代社会，伴随着手工工场的发展，大量的农民成为工场手工业工人，而机器工业与以大机器为工具的工厂的发展则导致了手工工场的倒闭与手工业工人经济地位的进一步下降和大量的具有人身自由但经济地位低下而靠出卖劳动力为生的工厂工人的出现；除了这种经济地位低下的特点之外，他们还与早期的手工工场主和大工厂时期的工业资产阶级一样，在国家政治上处于无权的地位。工业化和现代化的发展，使工人的人口规模在总人口中的比例得到进一步的增加。

商人阶层的构成在古代社会有着复杂的演变历程。从人类社会学和经济学的角度思考，不论是为满足上层社会的权威象征需要（有点类似于当今的身份经济消费），还是为满足政治单位的生活的或战争的实际物质需求，商人阶层早在古代埃及、两河流域、克里特、迈锡尼文明时期以及中国的夏商时期就已经出现。这一时期的商人构成与军事远征和海上冒险有着密切的联系，其成分中的贵族因素占据主流。②及至希腊雅典、罗马文明时期，地中海的商业文明已经相当繁盛，众多城邦如科林斯、麦加拉、雅典、迦太基等更以商业而出名，在这些城邦，存在着众多的来源复杂的商人，这些人往往具有身份的自由，在有些城邦，他们中的不少人还获得了公民权，从而对国家的政策走向产生了重要的影响。及至中世纪，伴随着城市的复兴，城市的商人阶层获得了事实上的自由，他们中的上层往往发展成城市贵族而占据城市的统治地位。③但相对于世俗封建主、教会领主而言，他们与城市里的工匠阶层和普通商人阶层一样，需要为城市自治而斗争。在中国漫长的古代社会中，与工匠阶层一样，商人也受到社会整体的重农抑商思想的影响，尽管民间可能对于从商致富有着广泛的认同，但是商

---

① 毛佩琦主编：《中国社会通史·明代卷》，太原：山西教育出版社1996年版，第215–219页。

② 有关古代埃及、两河流域、克里特、迈锡尼文明时期的商业情况，参见【英】M. M. 波斯坦等主编：《剑桥欧洲经济史（第二卷）：中世纪的贸易和工业》，钟和等译，北京：经济科学出版社2004年版，第24–49页。

③ 有关中世纪商人的法律地位与事实上的自由的阐述，参见【英】M. M. 波斯坦等主编：《剑桥欧洲经济史（第三卷）：中世纪的经济组织和经济政策》，周荣国等译，北京：经济科学出版社2002年版，第15–17页。

人阶层的社会政治地位总体而言长期受到抑制，也经常成为国家掠夺的对象。① 到了近代社会，工场手工业与后来大工厂的发展使商业资产阶级的阶级地位得到进一步的提高，他们往往与土地贵族一起把持国家的政权，限制政治权利向其他阶层的扩散。

除了上述相对独立的农工商三大阶层之外，传统社会的非生产领域还广泛存在着家庭或政府的奴仆、无业流民以及为国家服役的普通士兵②等下层社会大众和身份地位较为特殊的各级宗教人士；近现代社会则出现了人数不菲、形式多样的如教师③、律师、医生那样的自由职业者和广大的中产阶级知识分子、学生。

除了上述各阶层社会大众，自古至今被排除在决策圈之外的社会大众还应当包括各社会形态的多数中上层人士，如传统社会（奴隶制或封建制下的）大部分贵族（包括庄园主、领主、地主等）、现代社会的多数资本家阶层。此外，各级军事将领/军官作为一个活跃的群体，在传统社会和现代社会中也都有过如主导分裂割据、军事政变等多种样式的积极政治参与行动。

---

① 中国古代的西周规定了“工商食官”的制度，商人主要隶属于贵族，但至春秋时期，这一制度遭到破坏，独立从事商业活动的商人阶层开始活跃起来，大商人在诸侯国的政治经济生活中占据一定的地位，普通商贩在居民中也占相当的比例（参见李瑞兰主编：《中国社会通史·先秦卷》，太原：山西教育出版社1996年版，第66–69页）；至秦汉时，因袭秦商鞅变法规定，官营和民营制度延续下来，民营商人分为行商和坐商两类，商业因为成为致富的捷径而吸引了大量的农民进入商人阶层，富商大贾也因经济地位的提高而得以显贵，但至东汉末年和魏晋南北朝时期，商业发展衰落（参见曹文柱主编：《中国社会通史·秦汉魏晋南北朝卷》，太原：山西教育出版社1996年版，第43–47页；李剑农著：《中国古代经济史稿（第二卷）》，武汉：武汉大学出版社1990年版，第81–113页）；但至隋唐时期，商业重新兴盛起来，通过买爵和科举的途径，工商业者也得以跻身统治阶层，唐后期，自秦汉以来的标志商人低贱地位的市籍被取消（参见徐庭云主编：《中国社会通史·隋唐五代卷》，太原：山西教育出版社1996年版，第254–259页）；宋代商业经济繁荣，从商的人数大大增加，商人的组织化程度得到很大的提高（参见任崇岳主编：《中国社会通史·宋元卷》，太原：山西教育出版社1996年版，第296–302页）。

② 有关从军的士兵的详细状况的分析，参见第三章“合法暴力政治参与方式”部分。

③ 教师的身份在古代社会可能由不同的人员构成：既可能像古代雅典那样来源于奴隶，也可能像中国春秋时期那样来源于等级地位较高的“士”，也可能像欧洲中世纪那样主要由教士垄断。

第二节　国家大战略缔造的层次及社会大众在其中的位置

一、国家大战略缔造的概念界定

(一) 战略、大战略与对外战略[①]

战略思想和实践是人类政治思想和实践中最为悠久的传统之一，而大战略思想和概念的形成则经历了一个基于战略思想的发展演变过程。[②]国内学者时殷弘教授指出，大战略是战略的最高层次，它既不同于原来意义上的战略——军事战略，也不同于一般做事情的总办法意义上的战略。[③]国家大战略则是指“国家政府本着全局观念，为实现国家的根本目标而开发、动员、协调、使用和指导国家所有政治、军事、经济、技术、外交、思想文化和精神等资源的根本操作方式”[④]。

对外战略实际上只是国家大战略的一个组成部分。国内学者在对外战略的认识上还存在一定的差异。例如，有的学者将其界定为国家“长期对外政策思路和策划”[⑤]；还有人将其界定为“一国对较长一个时期整个国际格局、本国国

---

① 本书在开题报告时，曾有专家委员会成员就论文标题中使用“国家大战略”一词提出过质疑，建议使用“国家对外战略”一词。

② 关于这一演变轨迹的概要阐释，参见钮先钟著：《西方战略思想史》，桂林：广西师范大学出版社2003年版，第2–4页（“导言”部分）；时殷弘：“国家大战略理论论纲”，载《国际观察》2007年第5期。详尽描述还可参见于海峰：“丘吉尔大战略思想研究：驾驭暴力与激情的战略/政治领导艺术”，中国人民大学2008年博士学位论文，第26–32页。

③ 时殷弘著：《从拿破仑到越南战争》，北京：团结出版社2003年版，第3页。

④ 时殷弘：“国家大战略理论论纲”，载《国际观察》2007年第5期，第15页。有关大战略概念的其他界定，参见于海峰：“丘吉尔大战略思想研究：驾驭暴力与激情的战略/政治领导艺术”，中国人民大学2008年博士学位论文，第32–33页。

⑤ 蔡拓著：《国际关系学》，天津：南开大学出版社2005年版，第155页。

际地位、国家利益和目标，以及相应的外交和军事政策等总的认识和谋划”①。实际上，从战略到大战略一词的演变过程来看，不论是战略还是大战略，它们都与战争、和平、国家安全问题紧密相关，都涉及对外关系和对外政策问题。所以，对外战略不能不是战略和大战略要考察的重大内容之一。特别要强调的是，根据国内研究大战略的权威学者指出，国家大战略也就是国家安全战略②，这个词语在美国官方得到频繁使用。

但是，对外战略的最终落脚点也应该是国家根本而长远的目的，而为达成这样的目的，既要动用外部资源和手段，也要充分运用内部的资源和手段来与之相协调，而这种协调正是国家大战略概念的应有之义。

因此，不管是从目的来看，还是从手段甚至目的与手段之间的关系来看，国家大战略与国家对外战略之间都存在密切的联系，它们之间的主要区别在于关注问题的视角、规划问题的侧重点有所不同。实际上，国家对外战略需要关注的内容肯定也是国家大战略关注的内容，而国家大战略要关注的内容，国家对外战略也不能完全忽视，只不过国家对外战略的概念更多用于强调国家的对外政策、军事政策，但是，国家对外战略绝不是仅仅关注对外政策、军事政策这么简单，它还需要关注甚至在一定程度上细致筹划国内诸项政策。理论的划分是为了便于理解，但是实践往往会因为环境动能的绝对性而超出理论的简单化、片面化的限制。

（二）国家大战略缔造概念的界定

要理解国家大战略缔造的概念就必须弄清以下两个问题：一是由谁缔造，二是如何缔造。很显然，作为一门艺术，尤其又事关国家生死存亡的命运前途

---

① 张季良主编：《国际关系学概论》，北京：世界知识出版社1989年版，第73页，转引自蔡拓著：《国际关系学》，第155页。

② 时殷弘：《从拿破仑到越南战争》，北京：团结出版社2003年版，第3页。有关国家安全政策概念的界定，参见Almond, G. A. “Public Opinion and National Security Policy”, *The Public Opinion Quarterly*, Vol. 20, No. 2, Summer 1956, p. 371.

问题，国家大战略的直接缔造必然应由政治精英来完成①，而要缔造出一种优良、健康的大战略，就必然要求这样的政治精英具有优秀的大战略思想家所必备的全局观念、大战略远见和特殊的智识素质。②

就战略缔造的过程来看，它被“不断地调整，以便在一个偶然性、不确定性和含糊性占优势的世界上适应变动中的条件和环境”③。就战略缔造涉及的要素而言，“那种马汉式的观念，即认为健全的战略可以靠发现和应用永恒法则来自动生成，并不符合现实”④，它是个“既涉及内部政治影响和个人行为特质，又涉及外部事态和威胁的压力的过程”⑤。

由此可见，国家大战略缔造就是由政治精英在一个动态的过程中从决策意义上考虑到各种层次的要素，这其中就包括社会大众诸层次的要素的压力，以生成、修改、发展或替换国家大战略的活动。这一活动过程如图1-1所示（虚线部分表示可能会省略的部分环节），社会大众诸层次要素的压力会存在于大战略缔造的各个阶段之中：实线部分代表了马汉式的战略缔造观念，实际上，大战略缔造还会在各种变动不居的要素的冲击下，经历调整——修改、发展甚至被替换的可能，而替换后的大战略也会经历调整——修改、发展，乃至再次被替换而循环往复的可能。

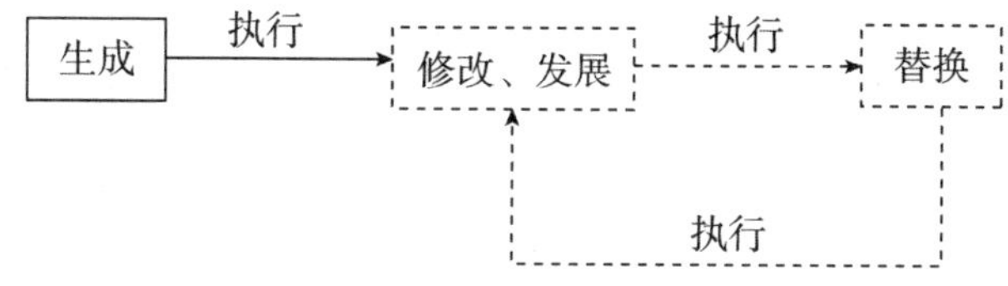

图1-1　大战略缔造的过程

① 加布里埃尔·A. 阿尔蒙德认为，作为国家对外政策的国家安全政策缔造是一门艺术，由于其高度的技术要求、保密要求以及决策中会遇到的巨大的危险这三大特点，要求决策者具备特殊的能力，以便作出明智的判断，而公众在此问题上展开公开讨论也就受到了很大的限制，参见Almond, G. A., “Public Opinion and National Security Policy”, *The Public Opinion Quarterly*, 1956, 20（2）, p. 371-372.

② 时殷弘：“国家大战略理论论纲”，载《国际观察》2007年第5期，第18-19页。

③ 【美】威廉森. 默里等编：《缔造战略：统治者、国家与战争》，时殷弘等译，北京：世界知识出版社2004年版，第1页。

④ 威廉森. 默里等编：《缔造战略：统治者、国家与战争》，时殷弘等译，北京：世界知识出版社2004年版，第3页。

⑤ 威廉森. 默里等编：《缔造战略：统治者、国家与战争》，时殷弘等译，北京：世界知识出版社2004年版，第23页。

二、国家大战略缔造的层次

国家大战略缔造的层次就是用以辨析和区分影响国家大战略缔造活动及其结果的因素类型。这些因素类型作为一种自变量，是国家大战略缔造这一因变量的一种解释来源。因素类型的划分标准不同，则社会大众在国家大战略缔造层次中所处的位置便不同，而国际政治中最流行的因素类型的划分标准就是分析单位。①

根据西方国际政治理论，国际政治的分析单位主要涉及三个：个人、国家、国际体系。其中，在个人和国际体系之间还可以再分出其他若干个单位，如国际关系、国内社会、政府、个体决策者角色。②一般而言，个人单位分析的是有关人性，尤其是国务家、君主等决策者的人性、价值观、动机、思想观念等对决策和国家行为的影响；国家单位分析的是决策者的角色身份、政府的制度、利益集

---

① 有关国际政治分析的层次问题的阐述，可参见：Kenneth Waltz, *Man, the State, and War*, New York: Columbia University Press, 1959; Morton Kaplan, *System and Process in International Politics*, New York: Wiley, 1957; David Singer, "The Level of Analysis Problem in International Relations", in Klaus Knorr and Sidney Verba, eds., *The International System: Theoretical Essays*, Princeton: Princeton University Press, 1961;【美】肯尼思·华尔兹著：《国际政治理论》，信强译，上海：上海人民出版社2003年版。有关"分析单位"与"解释来源"这两个概念对于厘清在分析层次问题理解方面产生的混乱的论述，参见：William B. Moul, "The Level of Analysis Problem Revisited", *Canadian Journal of Political Science*, Vol. 6, No. 3 September 1973, p. 494–513; Barry Buzan, "The Level of Analysis Problem in International Relations Reconsidered", in Ken Booth & Steve Smith eds., *International Relations Theory Today*, Cambridge: Polity Press, 1995. 有关国内学者对层次分析问题的论述，可参见秦亚青："层次分析法与国际关系研究"，载《欧洲》1998年第3期，第4–10页；吴征宇："关于层次分析的若干问题"，载《欧洲》2001年第6期，第1–6页。威廉森·默里将影响缔造战略的因素类型划分为有形因素、无形因素以及位于二者之间的因素，这就是：作为一种确定的、客观存在的有形因素，如地理形状和位置，外交、经济和军事方面的资源；作为一种无形的因素，如历史经验、宗教、意识形态和文化；位于有形和无形之间的因素，如对经济实力的估计、政府和军事体制的组织方式。参见威廉森·默里等编：《缔造战略：统治者、国家与战争》，时殷弘等译，世界知识出版社2004年版，第1–25页。斯奈德（Snyder, R. C.）、布雷切（Brecher）和斯普劳特夫妇（Harold Sprout and Margaret Sprout）在研究中将影响决策者的因素分为心理环境与操作环境两类。参见Hyam Gold, "Foreign Policy Decision-Making and the Environment: The Claims of Snyder, Brecher, and the Sprouts", *International Studies Quarterly*, Vol. 22, No. 4 (Dec., 1978), p. 569–586.

② Russett, B., Starr, H. and Kinsella, D., *World Politics: The Menu for Choice*, Ninth Edition, Boston: Wadsworth Cengage Learning, 2010, p. 15–19.

团和政党等人群行为者对决策和国家行为的影响；而国际体系单位分析的是无政府状态下国家系统（国际体系）对国家行为的影响或国家间的互动。

很显然，上述三个分析单位至少也应是政治精英在缔造国家大战略的活动中必须要考虑的分析单位。结构现实主义向政治精英部分地展示了在大战略缔造中为什么要将国际体系因素而不是其他因素置于考虑的中心的原因。①不少学者对结构现实主义集中关注国际体系因素的观点进行了批判，他们强调要以其他分析单位作为大战略缔造中需要考虑的核心因素。出于对将国家视作黑箱的不满，罗杰·希尔斯曼（Roger Hilsman）对美国防务和外交事务决策中三个权力圈的考察正是从个人单位和国家单位的角度展示了这两类因素在政治精英缔造国家大战略过程中应有的理论地位。②出于同样的理由，里查德·罗斯克兰斯还与美国人阿瑟·斯坦（Arthur Stein）共同主编了《大战略的国内基础》一书，集中阐述了政治、观念、政府体制、宪法结构乃至民族主义等国家单位、个人单位因素对国家大战略缔造的关键性影响。③

三、社会大众在国家大战略缔造层次中的位置

通过将从属于本书“社会大众”概念的要素与上述不同分析单位的分析主旨加以对照，即可大致明了社会大众在国家大战略缔造层次中的位置。

社会大众概念涉及的要素主要有：公民、奴隶、公众、利益集团、政党、选民等个体或群体行为者要素，风俗、道德和现代公众舆论等社会压力要素，民族主义、宗教信仰、意识形态、政治心理、文化观念等精神要素，人口的结构、分布与变动等数量要素等。要详细辨析这些要素类型所属的分析单位着实不

---

① 根据吴征宇先生的解释，华尔兹的结构现实主义理论决不是批评者所言的“结构决定主义理论”，因为华尔兹的理论没有排斥单元层次的因素对解释国际政治的作用，他之所以将注意力集中在对国际政治的结构及效应的考察上，是出于构建理论的需要；批评者产生误解的原因是因为他们将层次分析问题与认识论上的“个体论/整体论”之争混淆在一起了。以上观点参见吴征宇著：《肯尼思·华尔兹国际政治理论研究》，北京：当代世界出版社2003年版，第156-160页。

② Roger Hilsman, *The Politics of Policy Making in Defense and Foreign Affairs: Conceptual Models and Bureaucratic Politics*, New Jersey: Prentice Hall, 1987.

③ 【美】里查德·罗斯克兰斯、阿瑟·斯坦主编：《大战略的国内基础》，刘东国译，北京：北京大学出版社2005年版。

易。K. J. 霍尔斯蒂（K. J. Holsti）在批判肯尼思·华尔兹等结构现实主义者更看重体系单位的分析时指出，“我们对国家行为的解释可以不只参照外部环境（体系），而主要参照影响决策的国内条件。战争、联盟、帝国主义、外交策略、孤立以及许多外交行为的目标可以看成是国内政治压力、国民思想观念、公众舆论或者经济和社会需要的结果”“政府不是仅仅针对外部环境或者某种神秘的平衡或不平衡而做出反应，他们的行为还要表达本国人民和政治领袖的需要和道德标准”。①所以，从研究的单位归属来看，上述有关个体或群体行为者、社会压力、精神和数量等国内社会要素实际上属于影响决策的国内条件，它们在国际政治三大分析单位上大致应属于个人、国家单位的研究范畴，而不属于体系单位的分析范畴，特别是这种对个人的分析不是针对大战略缔造者个人——政治精英个体，而是针对社会大众的个体或不同群体的个体成员，包括不同群体中的领袖个人。

值得一提的——也是可能会引起争议的就是，由有关国家实施的旨在通过包括意识形态在内的各种国际宣传活动以影响其他国家的民众进而影响其他国家对外政策的国际宣传或者公共外交活动是单元之间的互动，根据华尔兹对简化理论的界定，这种互动应属于单元层次②，但建构主义学派则将单元层次的互动界定为国际体系分析单位③，尽管在这种互动中，以整体的眼光来看，社会大众只是一个中间变量。

因此，综合以上的分析，从分析单位来理解，特别是从自变量意义上而非因变量意义上来思考，社会大众在大战略缔造层次中的位置定位在个体、国家单位之中，社会大众要素主要属于大战略缔造中国内基础——国内社会条件中的“人”的要素范畴，而且这一“人”的要素与其他国内社会条件，如物质资源、经济技术等，有着密切的联系。

---

① K. J. Holsti, *International Politics: A Framework for Analysis*, New Jersey: Prentice Hall, 1988, p. 13-14.

② 吴征宇著：《肯尼思·华尔兹国际政治理论研究》，北京：当代世界出版社2003年版，第152-153页。

③ 【美】亚历山大·温特著：《国际政治的社会理论》，秦亚青译，上海：上海人民出版社2008年版，第15、19-10页。

第三节　一种大战略分析框架：国家大战略缔造中的社会大众要素

一、大战略分析框架的核心要素

根据国内大战略研究的权威学者时殷弘教授的论说，概括地说，大战略分析框架的核心要素——大战略的基本问题及其内在机理，大致包括大战略目的、大战略手段、大战略目的间的关系、大战略手段间的关系、大战略目的与手段间的关系和大战略评估[①]，即目的、手段、关系、估算这四大要素。[②]而其最根本的要素只有两个，即目的与手段，因为关系和估算都是有关目的和手段的关系和估算，说到底，这是因为大战略“是基于经过深思熟虑的、手段和大目标之间关系的全面行动规划”[③]。以下对大战略核心要素的阐释主要根据笔者对时殷弘教授相关论说的理解。

大战略的目的主要在于阐释国家根本目标，它是基于四项基本要素的分析得以合理确定的，如国内、国际形势，国家利益，可得的国家手段或能力、资源，大战略评估。由此确定的国家根本目标间的关系内在且关键地遵循集中、平衡两大原则。

大战略手段即用以界定国家根本目标的国家能力及其资源。它有各种表现形态，如实力与潜力、总体能力与具体问题解决的能力、现实能力与想象中的能力。大战略手段关系主要涉及手段与目的间的关系和手段间的关系两个方面。国家根本目标按照手段来合理界定表明了手段与目的间注意保持平衡：第一，手段的追求不能替代目标的追求甚或毁坏目标，手段的根本在于服务于目标，由

① 时殷弘：“国家大战略理论论纲”，载《国际观察》2007年第5期，第16-18页。

② 引自《世界经济与政治》杂志一位匿名审稿专家对笔者的一篇摘自本章的稿件的批评性分析。

③ 时殷弘：“国家大战略理论论纲”，载《国际观察》2007年第5期，第15页。

此决定了政治统帅的首要地位；第二，目标的确定不能经久超越手段的许可。此外，手段之间也存在平衡的问题，特别是正确地开发、动员、指导、协调和使用手段。

大战略的估算实际上涉及的是对大战略行为结果得失的综合评估。

二、社会大众与国家大战略缔造之间的复杂关系

社会大众与国家大战略缔造之间存在复杂的深层机理，这一机理大致包括两个方面：第一，政治精英在大战略分析中积极嵌入社会大众要素考察的可能性机制，这也包括在大战略执行时以获取大战略支持的大众基础为目的的政治精英对社会大众施加的智识性影响；第二，由于环境变动的复杂，也由于人的智识性活动本身固有的认知局限性和这一智识性活动在特定时期的可能的有限性，大战略分析嵌入社会大众要素考察这一可能机制在充分性方面的不足使得客观存在的社会大众要素仍会对国家大战略缔造发挥着关键的制约功能。

所以，在大战略分析框架中积极嵌入社会大众要素的考察实际上只揭示了社会大众与国家大战略缔造关系的一个关键方面，即缔造国家大战略的政治精英能够认知社会大众要素并将其反映到大战略缔造过程之中，以生成、调整、修改甚至替换国家大战略。这是以往政治精英视角下决策理论研究特别是对外政策和安全政策研究始终关注的一个方面，尽管这一关注还缺乏系统和连贯性甚至还有忽略，但这一研究取向也可能导致的一个不良趋势就是人们对政治精英缔造国家大战略能力的过分自信，即过分自信大战略分析框架嵌入社会大众要素考察的可能性、据以制定的大战略的合理性，特别是还考虑到大战略执行过程中的调整、发展、修改甚至替换的话。

因此，大战略缔造中仅仅考虑到政治精英在社会大众要素考察中的智识能动性还不够，因为社会大众与国家大战略缔造关系中还有一个并非不重要，同

时也是本书在系统论说这一关系时竭力要弥补并引起学界关注的方面，这就是社会大众也可作为一种客观存在对政治精英缔造国家大战略这一智识性过程发挥制约作用。特别重要的是，这一制约作用主要是由于环境的复杂变动而致始料不及情况的出现和智识性活动自身固有的局限性和历史局限性。实际上，这种关系的存在要求人们对政治精英缔造国家大战略的能力应保持足够的谨慎理性。

一般地说，社会大众与国家大战略缔造之间的复杂关系大致如图1-2所示。其中，箭头①包括两类：一是从社会大众指向大战略缔造各个环节——生成、修改、发展、替换的箭头，这表明，作为一种信息输入，政治精英尽可能对社会大众要素作出反应，并将这种反应结果——主观认知体现到政策决策——大战略中去；二是从大战略缔造过程指向社会大众的箭头，这主要表明政治精英将会采取措施对社会大众施加各种智识性影响。总体来说，箭头①实际上反映的是政治精英在大战略分析中积极嵌入社会大众要素考察的可能性机制。箭头②则表明，作为一种反馈机制，社会大众要素将会对大战略的执行产生重要的制约作用。

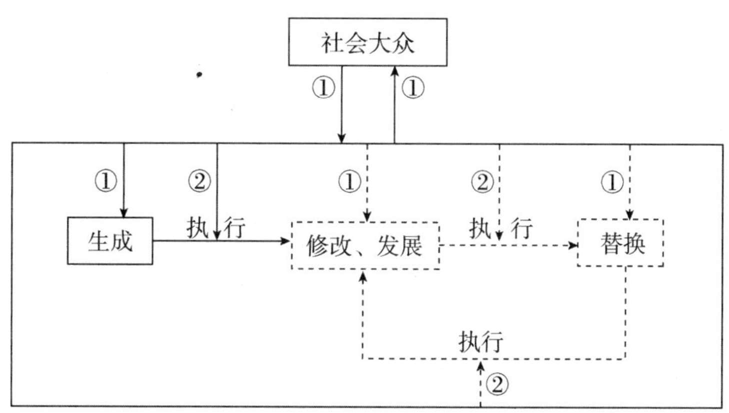

图1-2　社会大众与国家大战略缔造之间的复杂关系

三、大战略分析框架中的社会大众要素考察

如前文所述，在大战略分析框架中嵌入社会大众要素的考察，这是以往政

治精英视角下决策理论研究特别是对外政策和安全政策研究中始终关注的一个方面。然而，以往的理论研究，特别是大战略研究中对于大战略框架下社会大众要素的考察缺乏足够系统、连贯的揭示，这也是本书意图有所突破并做出贡献的一个方面。将社会大众要素置于大战略框架下系统、连贯地思考，除了首先要明了这样做在大战略理论研究中的地位外，即前文已经揭示的，它是要在个体、国家单位层面揭示大战略缔造国内基础方面非决策者的"人"对决策精英的决策过程与结果的影响，其中最重要的方面就是要思考社会大众要素对于大战略框架中四大核心要素的影响，即社会大众之于大战略目的、大战略手段的意义，社会大众之于大战略关系的价值，社会大众之于估算的影响。而要清楚分析社会大众对于大战略四大核心要素的核心影响，关键的一步就是要首先厘清社会大众要素的类型，以便为深入分析每一要素类型对大战略核心要素的影响做好前提准备。

（一）社会大众要素的层次

作为大战略缔造环境之一存在的社会大众要素可大致概括为三个层次——能力、行为、原因/动机。本书的第二章、第三章、第四章将分别详细阐述这三个层次要素及其与大战略缔造的关系。这三个层次要素的结构如图1-3所示。

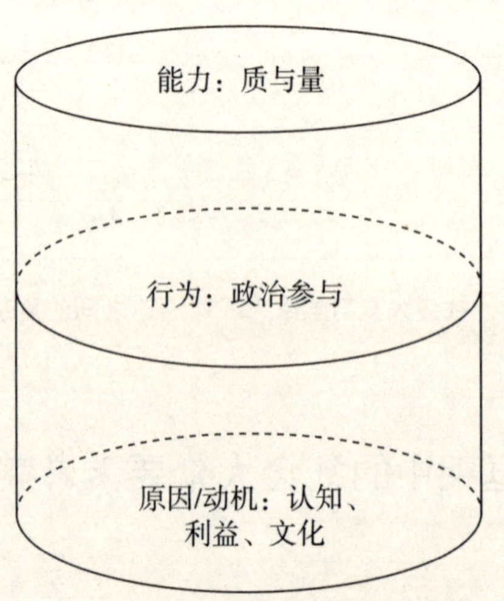

图1-3　社会大众要素层次结构

社会大众能力层次的要素由数量与质量两类要素构成，其中，理性和非理性双重政治特质隶属于质量类要素，推理、判断官能构成了理性特质，而情感、习俗、惯例等则构成了非理性特质。数量要素包括人数规模、人数增长率现状与未来趋势，以及包括人口迁移在内的人口分布等。社会大众的质量问题涉及影响社会大众个人和群体精神性状的诸多因素，这些因素除了人口学通常强调的较易检测的以教育为核心的人口素质外，还涉及民族性格、民族士气，包括政治价值、意识形态在内的政治倾向①，社会大众的政治意识，政治激情等。

社会大众的行为层次要素即政治参与行为要素。一般来说，社会大众的政治参与主要有合法的和“非法”的两类方式②，而每一类方式又可以根据暴力手

① John R. Zaller, *The Nature and Origin of Mass Opinion*, New York: Cambridge University Press, 1992, p. 22-28.

② 为便于分析，本书所谓的“合法”与“非法”的划分是以现政权明示的法律规定或隐示的习俗认同（习俗认同更多地表现在传统社会的政权身上）为依据，兼考虑权力分配现状可能的变动。因此，当国内出现两个或多个政权并存的无政府状态时，如果前政权仍存在，则在论述中仍以前政权为“合法”性分析的视角；如果前政权退出了历史舞台，则视国内各割据势力为各自割据范围内的合法性依据。所以，本书在政治参与方式的合法与非法手段的认定方面主要采用的是描述性而非规范性的方法。这与现在流行的有关“合法性”概念的界定有着很大的不同。有关“合法性”概念问题的探讨，参见Bruce Gilley, “The Determinants of State Legitimacy: Results for 72 Countries”, *International Political Science Review*, Vol. 27, No. 1, January 2006, p.47-71; Peter G. Stillman, “The Concept of Legitimacy”, *Polity*, Vol. 7, No. 1, Autumn 1974, p. 32-56.有关“合法性”与政治稳定之间关系的论述，参见Bert Useem, Michael Useem, “Government Legitimacy and Political Stability”, *Social Forces*, Vol. 57, No. 3, March 1979, p. 840-852;【美】利普塞特著：《政治人：政治的社会基础》，刘钢敏、聂蓉译，北京：商务印书馆1993年版，第53-68页。有关合法性源泉问题的探讨，参见【德】马克斯·韦伯著：《经济与社会（上卷）》，林荣远译，北京：商务印书馆1997年版，第64-66页；【美】戴维·伊斯顿著：《政治生活的系统分析》，王浦劬译，北京：华夏出版社1999年版，第348-374页。有关因为获得权威的方法和滥用权威这两种缘故而导致权威合法性丧失的论述，参见【意】托马斯·阿奎那著：《阿奎那政治著作选》，马清槐译，北京：商务印书馆1963年版，第34-35、150-151页。有关合法性与政治能力之间关系的论述，参见【美】罗伯特·杰克曼（Robert W. Jackman）著：《不需暴力的权力：民族国家的政治能力》，欧阳景根译，天津：天津人民出版社2005年版。其他有关合法性问题的探讨，参见Charles W. Mueller and Miriam J. Landsman, “Legitimacy and Justice Perceptions”, *Social Psychology Quarterly*, Vol. 67, No. 2, June 2004, p. 189-202; Richard H. Fallon Jr., “Legitimacy and the Constitution”, *Harvard Law Review*, Vol. 118, No. 6, April 2005, p. 1787-1853; M. Stephen Weatherford, “Measuring Political Legitimacy”, *The American Political Science Review*, Vol. 86, No. 1, March 1992, p. 149-166.

段的有无大致分为暴力和非暴力两种类型①，如表1-1所示。

表1-1 社会大众的政治参与方式

	合法	"非法"
暴力	合法的暴力参与方式	"非法"的暴力参与方式
非暴力	合法的非暴力参与方式	"非法"的非暴力参与方式

通常情况下，暴力政治的合法性手段主要由国家垄断，在国家提供了诸多合法政治参与方式的背景下，社会大众一般无须诉诸暴力手段就可以自发地通过合法政治参与以实现自己的价值诉求。但是，当合法的政治参与无法实现自身的价值诉求时，社会大众则可能诉诸非法的政治参与来实现自身的价值诉求。

与有些著作或宗教思想中的所谓的人民拥有反抗压迫的权利的内涵这样一种"非法"的暴力政治参与方式不一样的是，合法暴力手段由国家垄断，是指经国家广泛动员而由社会大众广泛参与的有组织的武力活动②，它主要用于对外的军事征服、抵御入侵者或者对内镇压反叛等军事行动。合法的非暴力政治参与在传统社会已出现并得到相当程度的发展，经近代社会的进一步演变，逐渐形成了现代社会的五种主要方式：政治投票、选举、结社、表达、接触。

"非法"的政治参与方式有暴力和非暴力两种：暴力方式既包括奴隶、农民

① 有关暴力（violence）、非暴力（nonviolence）、力量（force）、力量的使用（use of force）等概念的探讨，参见Johan Galtung, "On the Meaning of Nonviolence", *Journal of Peace Research*, Vol. 2, No. 3, 1965, p. 228-257; Robert Paul Wolff, "On Violence", *The Journal of Philosophy*, Vol. 66, No. 19, October 1969, p. 601-616; Francis C. Wade, "On Violence", *The Journal of Philosophy*, Vol. 68, No. 12, June1971, p. 369-377; John Keane, *Violence and Democracy*, New York: Cambridge University Press, 2004, p. 30-41. 本书所言的暴力一般指武力的使用，由于"力量的使用"是一个比"武力的使用"含义更为宽广的词语，因而非暴力至少还要包括一部分不属于"武力的使用"但仍属于"力量的使用"的内涵，如经济的、道义的力量的使用等。因此，本书在合法暴力政治参与方式中未言及经济封锁、心理战等对外战争中常用的手段，但在非法的非暴力政治参与部分则论及了流民、"带产投靠"等荫蔽现象。

② 与合法使用武力相关的有关战争现象和战争政策的理论探讨，参见Martin Wight, *International Theory: The Three Traditions*, Gabriele Wight and Brian Porter eds., Leicester and London: Leicester University Press, 1991, p. 206-232;【英】詹姆斯·梅奥尔（James Mayall）著：《民族主义与国际社会》，王光忠译，北京：中央编译出版社2009年版，第34-38；有关正义战争的条件问题的较早论述，参见【意】托马斯·阿奎那著：《阿奎那政治著作选》，马清槐译，北京：商务印书馆1963年版，第135-136页。

起义，近代资产阶级、无产阶级革命，殖民地半殖民地人民的民族、民主革命运动以及其他类型的革命运动，也包括诸如政变、暴力性的抗议等；非暴力方式包括以诸如绝食、静坐形式开展的政治斗争等，如甘地的非暴力运动，以及其他形式的和平主义运动等。①

除了上述四类政治参与方式外，政治不参与作为一种特殊的政治参与方式，实际上属于现代社会的非暴力政治参与方式。

社会大众政治参与行为背后的原因/动机层次要素由心理认知、利益选择、观念文化三类构成。认知心理学的诸多特点，如知觉的选择性、记忆的重构性、认知吝啬与寻求认知一致性，都对人的政治参与产生重大的影响；个体认知与群体认知之间存在密切的联系；具有集体心理特征的群体具有非理性的情绪性特征和认知上的群体归属意识两大特征；类别化信息加工的知觉倾向和认知失调是群体归属现象产生的两个认知原因，对不同群体的政治态度和政治参与行为具有重要的预期作用。

由需要决定的多样性、多层次利益的存在为社会大众的个体和不同群体的选择提供了多种可能，从而使社会大众的个体和不同群体的政治参与具有显著的倾向性并导致政治参与方式差别的产生。

社会大众政治参与的根源与文化的共享与多样性特征存在密不可分的联系：文化的共享特征及整合功能有助于政治认同的培育和合法政治参与方式的产生；多元的亚文化社会群体之间既可以合作共处，也可能发生激烈冲突；文化植入对国民社会分层及不同阶层心态造成影响，进而影响政治参与方式的选择。

---

① 甘地和托尔斯泰的非暴力主张到底是抵抗性的还是不抵抗性的是有争议的。参见Quincy Wright, *A Study of War*, Vol. 2, Chicago, Illinois: The University of Chicago Press, 1942, p. 1090；【美】威廉·H. 布兰察德著：《革命道德：关于革命者的精神分析》，戴长征译，北京：中央编译出版社2004年版，第135–136页。英国学派的代表人物之一马丁·怀特认为，“和平主义”是一个意思宽泛而含混不清的词语，当今和平主义的主流是他所谓的“倒置的革命主义”（Inverted Revolutionism），有两大来源：一是印度教哲学及其范例甘地，二是盎格鲁–撒克逊基督教及其范例贵格会信徒，后者的理论家是俄国人托尔斯泰。具体参见Martin Wight, *International Theory: The Three Traditions*, Leicester and london: leiaster university press, 1991, p. 108–110. 另外，在英美等西方国家，一些属于具有和平主义理想的公认的教派的拒服兵役者曾被免除过兵役义务，参见Quincy Wright, *A Study of War*, Vol. 2, Chicago, Illinois: The University of Chicago Press, 1942, p. 1103.

(二) 在大战略分析框架中考察社会大众要素

在大战略分析框架中考察社会大众要素主要系统地、连贯地关注哪些常在问题？按照前述对大战略分析框架中核心要素和社会大众要素的分析，简单地说，这些常在问题就是：在审慎考察大战略目的、手段等大战略分析框架中的核心要素时，如何积极嵌入社会大众诸要素的思考，使大战略合理反映社会大众要素的影响。因此，一般地说，在大战略分析框架中考察社会大众要素的常在问题至少需要探讨六个主要问题，即由两大大战略核心要素和三大社会大众要素层次组合而成的六个问题，如表1-2所示。

表1-2　大战略分析框架中考察社会大众要素的常在问题

	能力	行为	原因/动机
目的	①	③	⑤
手段	②	④	⑥

需要强调的是，以往的（古代和现当代的）理论和战略史双重研究（特别集中体现于中国古代的系列兵书中）已表明，一国社会大众整体在能力（数量与质量）方面展现的力量（特别是其自然具有的国家权势效应）是政治精英估算本国和别国力量（实在和潜在）以确定本国的大战略目的和思考大战略手段时当然考虑的因素。特别值得一提的是，以往的大战略实践似乎表明，与其他两个层次的要素相比，在能力层次的要素中，质量因素的思考与数量规模效应的结合在成就大战略目的设计与手段配置中往往占据更加重要的地位，这可能不仅仅是因为在很大程度上行为与原因/动机要素并非完全独立于能力要素而存在，正如后者也并非完全独立于前者而存在一样，二者本身就有机地内在联系着，还可能因为对一国经济、技术因素的衡量在很大程度上就透着对质量因素的思考，不然我们可能就无法解释世界近代史中发达的殖民小国对落后的被殖民大国（尤其是数量规模意义上）的反复入侵与征服活动；而历史长河

中落后民族对先进民族入侵和征服的历史，连同现当代落后的被殖民国家抗击殖民国家或发展中国家抗击外来干涉的成功历史案例，则又尤为显著地提示我们：在政治精英的大战略思考中，在一定的国内国际条件下，不仅仅复杂的质量因素可能会比数量因素更重要，而且质量因素中的某些诸如勇武、坚韧等精神性状的要素会比一定程度上也反映了质量因素成分的其他诸如经济、技术因素更重要。

此外，就能力、行为与原因/动机之于大战略目的的作用机理来看，社会大众（不同的阶层、利益集团、政党、群体等）在政治参与行为的原因/动机上存在的价值诉求（认知的、利益的、文化的）差异会对国家大战略诸项目的轻重缓急次序安排的设计与选择产生倾向性影响。因为由于价值诉求差异的存在，社会大众会采取多种政治参与行为（合法的或非法的）展现给或施压于政治精英（如当选的压力、政策推行的受阻等）。政治精英在进行大战略目的的设计与选择时，或者会主动考虑上述作用机理而妥协性地兼顾不同的价值诉求，或者也可能会漠视某些价值诉求的存在而只集中关注主导性的价值诉求。后一种情况有时会导致另一种情况的出现，那就是在包括社会大众政治参与在内的诸多形势发展的必需要求面前，政治精英不得不在一定程度上对大战略的设计做出调整或修改。这种大战略选择难题发生的历史背景往往在优势群体与弱势群体、旧式群体与新式群体、传统势力与现代势力多种价值诉求发生矛盾与冲突之时。由此，在历史上，一国大战略目标的设计往往就会呈现出一个在诸项目的安排上的优先次序选择问题。

同样，就能力、行为与原因/动机之于大战略手段的作用机理来看，虑及本国或别国社会大众的不同部分（不同的阶层、利益集团、政党、群体等）在价值诉求上展现的差异性以及他们由此可能会采取的不同的政治参与方式，政治精英会通盘思考本国社会大众作为可得的而非想象中的手段、资源的价值、配置方式。这里面涉及手段或资源配置的平衡问题、具体的配置方式与具有轻重缓急次序安排的大战略目的的匹配关系等诸多复杂的内在机理。

通常情况下，政治精英会遇到很多与动员和配置社会大众资源相关的矛盾问题。以政治情感的冲突为例，一国常常面临三类政治情感争夺社会大众不同群体的政治忠诚。这三类政治情感即：地方宗派主义的（如部族的、民族的）情感或价值，中央式的（城邦的、王朝的、现代民族国家的）国家/爱国主义，国际主义（普遍性宗教、和平主义、人道主义、世界主义）思潮/运动。为应对不同的情感、价值诉求带来的实在或潜在挑战，根据国家大战略目标和手段的需要，政治精英在动员本国的社会大众的时候，往往以中央式的国家/爱国主义为号召，抑制地方宗派主义（在现代复合制国家中则以联邦主义抑制邦联主义）和国际主义的离心倾向。特别是在一国要实施对外战略扩展的目标时，政治精英们还会进一步将这种国家/爱国主义情感渲染为某种具有国际主义色彩的意识形态或政治信仰，但实质上反映的只是本国对普遍权力的渴望①，以唤起他国地方宗派主义对该国中央权力的离心倾向，分裂他国国家/爱国主义激起的凝聚力。具体到大战略手段、资源的配置上，政治精英则往往把对大战略实施可能造成伤害的国内群体资源、力量从宗派主义的发源地调离，以配置于包括边疆在内的境内其他地区或境外地区，总之，远离宗派主义发源地，如果这类群体反抗性价值诉求难以消弭或尽管对其实施了包括说服、教育等手段在内的动员，但对其对国家的政治忠诚仍难以放心的话。同时，政治精英通过多种方式，积极开发和动员他国可资利用的社会大众资源，唤起他们对本国政府的敌对性或不合作性的行为为我所用。总体来看，在政治情感的连续体中，上述三类政治情感对国家权力的影响——增强或削弱，大致如图1-4所示。

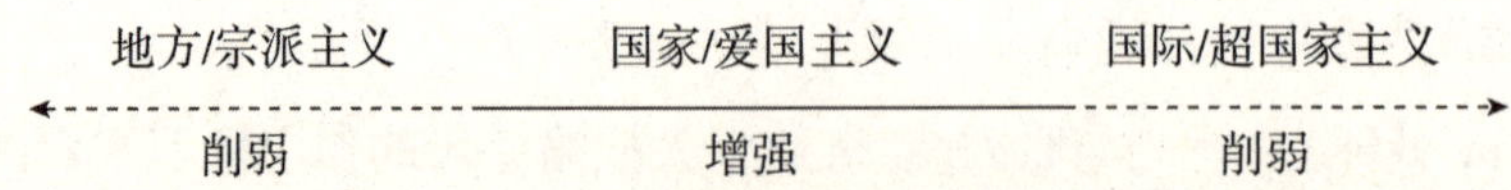

图1-4　三类政治情感与国家权力的关系

① 对于当今民族世界大同主义的分析，参见【美】汉斯·摩根索著：《国家间的政治——为权力与和平而斗争（第7版）》，徐昕等译，北京：北京大学出版社2006年版，第417-420页。

四、社会大众对大战略缔造过程的制约

由于多种原因的存在，在大战略分析框架中嵌入社会大众要素考察这一可能机制在充分性方面还存在严重的不足。因此，在大战略缔造中，政治精英如果忽视这一客观现实，缺乏适当的应对举措，则社会大众要素还可能会对大战略缔造发挥着重要的制约功能。面对制约的挑战，政治精英会被迫适时地对大战略目的和手段做出适当的调整、修改，甚至会做出替换。

上述的多种原因有：（1）重大突发性公共事件对社会大众要素产生的影响；（2）难以避免的认知偏差的存在；（3）主观上存在的对社会大众某些要素的漠视或忽视。

第一种原因——重大突发性公共事件可能是不以人的意志为转移的不可抗事件，也可能是出乎意料的重大人为事件。不可抗事件如天灾——重大流行性疾病的爆发、地震、水旱灾害等。重大人为事件往往是渐进积累、堆积的政策性矛盾以突发事件为爆发点而集中、大范围扩展所致，如，一国在对外作战的过程中，国内突发大规模群体性冲突，以致国内政治发生了根本性的变化，对外战争难以为继或改变了原有的性质。由自然灾害导致的意外事件按现在的流行术语属于非传统安全范畴，这在历史上的经典案例如伯罗奔尼撒战争中雅典大瘟疫的爆发对伯里克利的雅典大战略产生的巨大冲击。对此，伯里克利和雅典其他诸多政治家始料未及，也缺乏应对的预案。在大瘟疫的冲击下，雅典的社会大众（特别是公民阶层）不仅在数量上遭受了巨大的损失，公共生活和公民精神也遭受了沉重的打击，力量受到了巨大的削弱，城邦内的党派纷争现象加剧，政治精英向公民大众竞相兜售自己的战略决策，伯里克利的大战略自然而然地被修改、替换。①因国内重大人为事件的爆发而致国内政治发生根本变化，从而改变了国家发展方向的事例，如法国大革命的爆发；在对外战争进程中由于国内发生突发人为事件而致对外战争难以为继的事例，如第一次世界大战（以下简

① 有关大瘟疫对雅典公共生活和公民精神、大众情绪的冲击，以及对伯里克利大战略影响的论述，参见修昔底德的评述和伯里克利在大瘟疫中的演说。【古希腊】修昔底德著：《伯罗奔尼撒战争史》，谢德风译，北京：商务印书馆2008年版，第155-161、163-171页。

称“一战”）后期的德国。从这个角度来看，政治精英在大战略缔造中应该尽可能建立应对国内各类应急事件的预案，对于大战略目标的确定应留有足够的余地，对大战略手段的选择要注意平衡，特别是对武力的使用应尤为慎重，以便在重大意外公共事件发生时，大战略的执行还有足够的回旋空间。

第二种原因的产生与智识性活动自身固有的局限性相关。认知心理学揭示：知觉的选择性、记忆的重构性特点、根据有限的启发原则简化认知的信息处理特点和认知一致性的作用机理都会导致人们在认知上出现系统错误，产生认知偏差，而认知偏差又会使人们做出错误决策。①因此，政治精英在做大战略分析时如果不经意和社会大众一样犯有这种根据启发原则简化认知处理信息的错误时，系统性的认知偏差也是难以避免的，由此加固了而不是引导了社会大众的认知错误，这种情况可能进而会导致政治精英深受社会大众这种认知后坐力的被动影响。

第三种原因与政治精英特定身份赋予的认知局限性有关。这种认知局限性或者来自对自己所属的社会群体身份（如阶层的、宗教的群体身份）的认知，或者来自对自己所属的职业身份（如从属的政府部门身份）的认知等，政治精英大战略缔造如果受到这种身份认知的影响，就有可能先入为主而忽视甚至漠视其他群体的价值诉求。被忽视或漠视的群体则会通过自己的政治参与对政治精英的大战略执行施加重要的制约作用，并在现实必需挑战下迫使政治精英对大战略进行修改和调整。这种情况在社会不公较为严重的前现代社会尤为明显。

---

① 根据有限的启发原则简化认知，会导致认知偏差产生并进而影响决策甚至安全政策决策。参见Amos Tversky and Daniel Kahneman, “Judgment under Uncertainty: Heuristics and Biases”, *Science*, New Series, Vol. 185, No. 4157, September 27, 1974, p. 1124-1131; Nancy Kanwisher, “Cognitive Heuristics and American Security Policy”, *The Journal of Conflict Resolution*, Vol. 33, No. 4, December 1989, p. 652-675.

第二章　社会大众的特质与政治精英的决策

本章旨在探讨如何从大战略框架系统出发连贯分析客观存在的社会大众能力层次要素对国家大战略缔造的影响。这种客观存在的社会大众能力层次要素大致包含两个方面：一是理性与激情双重政治特性，二是数量与质量两大权力问题。其中，理性与激情特性可以看成是质量特质的某种细化。这种客观存在的能力和政治精英对这种能力的认知，不仅对国家权势的界定具有重大作用，而且对大战略目的与手段的选择还具有极其重要的影响。

对能力要素特别是质量特质的深入剖析还需进一步分别研究第三章、第四章的主题——社会大众的行为和行为的根源性机理——原因/动机层次的要素。

第一节　社会大众的双重特性：理性与激情

千百年来，在复杂多变的政治舞台上，社会大众的理性与激情这两种不同的政治特性，犹如一枚硬币的正反两面，常常相互作用，以致纠结在一起，有时成为一种建设性的力量，有时又作为一种破坏性的力量，深刻地塑造着政治进程的方向。

一、社会大众的理性

作为一种难以否认的判断、推理能力，社会大众的理性不仅体现在个体思维层面，在群体政治中也得到了相当的展示，而现代认知心理学则论证了社会大众理性特性的认知基础。但是，对于这种特性，我们既不能像理想主义那样过于乐观，以致看不到它受诸多因素影响的作用的有限性；也不应像现实主义那样过于悲观，以致近乎否认它的存在。在政治实践中，理性有余而激情不足的社会大众有时如同激情有余而理性不足的社会大众一样，都可能限制大战略的顺利实施。

从思维特质的角度来看，学者们一般不否认人（特别是作为个体的人）具有理性思维的能力，尽管他们对于人的理性思维的程度、限制理性的因素，甚至对理性的内涵都存在一定的争议。①

---

① 昆西·赖特指出，洛克、休谟、康德、边沁等理性主义哲学家的理性人思想和李嘉图等古典经济学家的经济人理念都认为人是理性的。参见Quincy Wright, *A Study of War*, Vol. 2, Chicago, Illinois: The University of Chicago Press, 1942, p. 1215. 约翰·洛克指出，理性指人的一种由两种官能——机敏和推理——构成的能力，参见【英】洛克著：《人类理解论》，关文运译，北京：商务印书馆1959年版，第666页。现代决策理论认为，理性实际上就是数学、统计学、经济学意义上的预期效用的最大化。有限理性决策理论的提出者——赫伯特·西蒙（Herbert Simon）指出："不管有机体在学习和选择情境中的行为多么具有适应性，这种适应能力都远远无法达到经济理论中理想的'最大化'状态。显然，机体的适应性往往只能够达到'满意'，而不是'最优'。"参见H. A. Simon, "Rational Choice and the Structure of the Environment", *Psychological Review*, Vol. 63, 1956, p. 129，转引自【美】斯科特·普劳斯著：《决策与判断》，北京：人民邮电出版社2004年版，第84页。对有限理性进行的详尽证明，参见【美】赫伯特·西蒙著：《现代决策理论的基石》，杨砾等译，北京：北京经济学院出版社1989年版。有关"理性"一词的行动导向、规范评价、心理解释和预期三个维度的含义论述，参见José Luis Bermúdez, *Decision theory and rationality*, New York: Oxford University Press Inc., 2009, p. 11-19.

对于个体思维的理性问题，近代理性主义的创立者笛卡尔指出：

良知，是人间分配得最均匀的东西。因为人人都认为自己具有非常充分的良知，就连那些在其他一切方面全都极难满足的人，也从来不觉得自己的良知不够，想要再多得一点。这一方面，大概不是人人都弄错了，倒正好证明，那种正确判断、辨别真假的能力，也就是我们称为良知或理性的那种东西，本来就是人人均等的；我们的意见之所以分歧，并不是由于有些人的理性多些，有些人的理性少些，而只是由于我们运用思想的途径不同，所考察的好像不是一回事。①

对于社会大众在政治领域的理性问题，乐观的理论家们——从启蒙运动的倡导者到边沁（Jeremy Bentham）乃至当代政治实践者和学者——不仅论证、倡导和坚信公众或社会大众政治理性的存在，有的还提出了诸如教育、讨论、信息公开、专家引导等诸多保障和促进社会大众政治理性的办法。法国大革命前夕，启蒙运动的倡导者们提出了驱逐偏见、无知与独裁政府，将政治共同体建立在理性、公民美德基础之上的理性主义成人教育计划。②边沁对代议制政府下公众的激情受到克制而理性得到张扬做了多角度的详细论证，如大脑的良知官能、媒体的冷却、竞争性的辩论与信息公开等。③“一战”结束之后，尤其是20世纪二三十年代，美国总统威尔逊大力倡导政治理性主义。④威尔逊相信大众的理性判断力，相信舆论的力量，认为“政治家必须遵从大众的清晰思想，否则他们必遭失败”⑤。这一时期，在美国出版的系列教科书之一——《公众舆论

---

① 【法】笛卡尔著：《谈谈方法》，王太庆译，北京：商务印书馆2000年版，第3页。

② Hans Speier, “Historical Development of Public Opinion”, *The American Journal of Sociology*, Vol. 55, No. 4, January 1950, p. 383. 值得一提的是，启蒙运动作家对于“公众舆论”的非理性特质的消极影响并非没有认识，例如，卢梭在《关于波兰政府的思考》中说：“凡是将施予一个民族以法律当作自己的事务者一定知道如何摆脱舆论并通过它们来驾御人们的激情。”

③ Jeremy Bentham, “A Plan For An Universal and Perpetual Peace”, *The works of Jeremy Bentham*, Vol. 2 , edited by John Bowing, Edinburgh: William Tait, 1843, p. 553; Jeremy Bentham, “An Essay on Political Tactics”, *The works of Jeremy Bentham*, Vol. 2, edited by John Bowing, Edinburgh: William Tait, 1843, p. 310–315.

④ 【英】爱德华·卡尔著：《20年危机（1919—1939）：国际关系研究导论》，北京：世界知识出版社2005年版，第28页。

⑤ 转引自【英】爱德华·卡尔著：《20年危机（1919—1939）：国际关系研究导论》，北京：世界知识出版社2005年版，第33页。

与大众政府》就将公众舆论看作理性力量，认为大众政府的本质就在于由公众舆论来控制政治事务。①越南战争后，米勒（Mueller）、本杰明·佩奇（Benjamin Page）与罗伯特·沙皮罗（Robert Shapiro）通过研究认为，美国公众的态度是稳定而理性的；而态度的变化是可以解释的，是对现实世界做出的合情合理的、受事件驱动的反应。其他一些人坚持公众舆论的理性特质，并认为公众会运用各种启示来组织自己的政治思考，因而其政治态度是有结构的，公众舆论对政策发挥了有力的影响。②

现代认知心理学的发展不仅揭示了人类思维理性特性的存在机理，也揭示了这种理性认知的局限性，这些论证为理解个体和群体政治理性的认知有限性提供了坚实的理论依据。正如本书第四章论述的：认知个体遵循一定的认知原则——知觉的选择性、记忆的重构性、认知吝啬与寻求认知一致性——简化认知过程，处理认知信息以便快速进行判断和推理，但也可能形成认知偏差；社会群体中的个体则在认知机理的作用下产生群体归属现象，从而据以选择自己的政治倾向。

社会大众的理性特性对大战略缔造具有正负双向作用。一方面，基于判断、推理能力的政治理性使社会大众能够明了重大议题的利害关系和自己的得与失，从而对政治精英本人及其提出的竞争性方案做出倾向性选择，并对国家据此方案开展的政治动员做出正面回应。另一方面，理性自身的弱点又可能会使社会大众个体过于关注私利而忽略公益，会使社会大众惮于死亡而产生恐惧、沮丧、忧虑等消极情绪，还会使社会大众因反复思考、衡量行为的结果，以致犹豫不决而延迟和耽搁行动。这些无疑会增加政治精英争取社会大众政治支持的难度，更会影响快速实施大战略的成效。③

---

① A. Lawrence Lowell, *Public Opinion and Popular Government*, New York: Longmans Green and Co., 1913, p. 4.

② Ole R. Holsti, "Public opinion and Foreign Policy: Challenges to the Almond-Lippmann Consensus Mersshon Series: Research Programs and Debates", *International Studies Quarterly*, Vol. 36, No. 4, December 1992, p. 443-444.

③ 有关理性弱点影响生命冲力，以致促成宗教产生的论述，参见【法】亨利·柏格森著：《道德与宗教的两个来源》，王作虹等译，贵阳：贵州人民出版社2000年版，第106-124页。

二、社会大众的激情

作为一种热烈的情感，激情可能是暂时的冲动，也可能是持久的坚守甚或狂热般的痴迷。与理想主义对社会大众的政治理性表现得过于自信不同的是，群体心理学和政治现实主义过于强调包括政治激情在内的社会大众的政治非理性情绪特性，并探讨了非理性情绪的消极作用及其带来的诸多政治问题，如多数人暴政、公众舆论对政府政策特别是对外政策的干扰等。然而社会大众的政治激情迸发的政治力量除了可能会作为一种消极因素干扰甚至破坏政治精英的决策外，也会作为一种积极因素襄助政治精英成功缔造和顺利实施大战略。

群体及群体中的个人激情有其特殊的运行机理。勒庞认为，在特定条件下，聚集成群的人形成了一种集体心理，受其影响，群体中个体成员的个性自觉消失而表现出与独处时截然不同的非理性情绪性特质。①弗洛伊德和塞奇·莫斯科维奇也分析了个人在集体中发生的这种情绪性变化：心理的情感倾向变得格外激烈，智力能力则显著下降。②

群体中的领袖对于群体政治激情的产生具有非常关键的作用。群体心理学认为，崛起于群体中的领袖作用就是将少数人通过理智产生的观点转变成所有人共同的激情。然而要说服群体，首先他本人要痴迷于这些观念。③然后，领袖人物以自己独特的品质，如坚定的信仰、顽强的意志和百折不挠的精神、行动的勇气，吸引和影响着群体，从而使他可以组织群体、说服和动员群体。由此，作为集体的整体对作为个人的社会原子就会产生强大的一致性影响，在这样一种影响的

① 【法】古斯塔夫·勒庞著：《乌合之众：大众心理研究》，北京：新世界出版社2010年版，第11–12页。

② 【奥】西格蒙德·弗洛伊德著：《弗洛伊德后期著作选》，林尘等译，上海：上海译文出版社1986年版，第94页；【法】塞奇·莫斯科维奇著：《群氓的时代》，许列民等译，南京：江苏人民出版社2003年版，第17页。

③ 【法】古斯塔夫·勒庞著：《乌合之众：大众心理研究》，北京：新世界出版社2010年版，第97页。

作用下，个人将外来的态度和感情内化后，“沉溺于暴行，纵情于狂欢”①。

作为一种强大的政治力量，社会大众的政治激情对人类历史具有巨大的影响。塞奇·莫斯科维奇指出：

一个骚动的、情绪高昂的群体，就是人群的真正特点。它也是一股盲目的不可控制的力量，能够移山倒海，克服任何障碍，甚至摧毁人类几个世纪所积累的成就。②

政治现实主义积极贬低社会大众政治激情的作用，分析了由这种力量导致的诸多弊端，例如，影响政府的稳定，产生多数人暴政，尤其是会干扰理性而视野长远的对外政策的制定与执行。从古希腊柏拉图在《理想国》中谈论的远航船只上舵手与船员关系的寓言③，到近代早期的英国学者休谟、霍布斯和洛克等人对公众诸如偏见、激情等易变情绪因素的关注，都论及了社会大众的非理性情绪会影响政府的稳定。近代法国学者托克维尔根据美国民主的经验，继杰斐逊和麦迪逊之后，阐述了民主制下政治精英屈从于多数政治激情而导致多数暴政的问题。④

鉴于政治激情的消极作用，政治现实主义主张政治精英要积极行动起来，支配和操控社会大众的政治激情。英国人格雷厄姆·拉沃斯在《政治中的人性》一书中认为，在政治实践中，政治精英往往通过多种手段打动大众的情感以操纵控制大众而非相反。美国人沃尔特·李普曼在《公众舆论》一书中认为，在现实中，政治精英是政策设计师和宣传员，而公众只是被动地接受宣传；公众舆论是政治精英主动利用公众的非理性特质制造、操纵的结果，目的是为政治精英的政策制定与执行服务。

---

① 【法】塞奇·莫斯科维奇著：《群氓的时代》，南京：江苏人民出版社2003年版，第22页。有关领袖对群体情绪操控的研究参见Janice R. Kelly and Jennifer R. Spoor, “Affective Influence in Groups”, *Chapter prepared for the 8th Annual Sydney Symposium of Social Psychology*, March 14-17, 2005, Sydney, Australia, p. 14-15; A. T. Pescosolido, “Emergent leaders as managers of group emotion”, *The Leadership Quarterly* 13, 2002, p. 583-599.

② 【法】塞奇·莫斯科维奇著：《群氓的时代》，南京：江苏人民出版社2003年版，第5页。

③ 【古希腊】柏拉图著：《理想国》，郭斌和、张竹明译，北京：商务印书馆1986年版，第214-215、235-236页。

④ 【法】托克维尔著：《论美国的民主》，董果良译，北京：商务印书馆1991年版，第287-310页。

政治现实主义特别强调，在对外政策领域，政治精英要引导社会大众的政治激情。托克维尔强调，民主在特殊的外交领域要为对外政策让步。①美国学者汉斯·摩根索在《国家间的政治——为权力与和平而斗争》一书中援引托克维尔的观点，分析了外交政策领域国家利益要凌驾于公众舆论之上的精英主义看法。他认为，与具备特殊品质、关注国家利益、从长远着想的政治家不同，情绪性的公众往往头脑简单、只顾眼前虚名，公众舆论是一种非常活跃、不断变化的具有爱憎特点的东西；政治精英必须承担起对公众舆论的领导而不是沦为公众舆论的奴隶，公众舆论的产生是政治精英不停地加以制造和再制造的结果。②

然而社会大众的政治激情也会作为一种积极因素，襄助政治精英成功缔造和顺利实施大战略。不仅国内政策，对外政策的制定与执行同样需要争取社会大众的支持。政治现实主义强调的对公众舆论的制造或操控，其目的就在于，在公众舆论与政策之间的关系上，政治精英要化被动为主动，争取公众舆论转向，以便借力于社会大众的政治激情，顺利推动政策的实施。汉斯·摩根索甚至还再三指出，高明的外交政策与公众舆论的爱憎之间的差距虽然永难消除，但需要尽可能缩小，为此，政府要不惜在非本质问题上向公众舆论进行妥协。在大战略的制定与执行中，爱国主义、民族主义、宗教、意识形态情感都是可资利用的优质精神资源。

三、理性与激情间的相互作用机理

20世纪80年代以后认知心理学的发展揭示了认知与情绪之间存在的三种复杂机理。这为管窥理性与激情之间的相互作用机理提供了相当严密的学理支撑，理解这些复杂的机理对于在大战略缔造中合理、有效地驾驭社会大众的双重特性具有重要的借鉴价值。

认知与情绪之间的三种复杂机理如下。

---

① 【法】托克维尔著：《论美国的民主》，董果良译，北京：商务印书馆1991年版，第258-262页。

② 【美】汉斯·摩根索著：《国家间的政治——为权力与和平而斗争（第7版）》，北京：北京大学出版社2006年版，第201-202页。

首先，情绪的产生、情绪的强度和性质深受诸多认知根源的影响。本书第四章就揭示了诸多节省认知的方式，如信念体系、图式、认知启发，以及认知一致性倾向和群体归属意识对人类的偏见、刻板印象等情绪产生的影响。①

其次，认知的内容和方式深受情绪的影响，情绪具有信息效应和加工效应两大功能。②推理机制与以记忆为基础的心理机制揭示了情绪对人们思考内容的影响。③

---

① 其他有关认知因素影响情绪的论述，参见【美】S. T. 菲斯克、【美】S. E. 泰勒著：《社会认知：人怎样认识自己和他人》，张庆林等译，贵阳：贵州人民出版社1994年版，第308-309、312-319、51-57页。

② 较早时期的心理学，如弗洛伊德的心理分析学说（心理动力学）、联想主义心理学均强调了情绪对认知的影响。参见J. P. Forgas, "Affective Influences on Attitudes and Judgments", in Richard J. Davidson, Klaus R. Scherer & H. H. Goldsmith (eds.), *Handbook of Affective Sciences* (1st Edition), New York: Oxford University Press, 2003, p. 598-599.现代认知心理学中研究情绪对认知影响的理论模式主要有三种：一种称为情绪注入模式，一种称为作为信息的情绪理论，一种称为情绪预测理论。关于这三种理论的简要概述，参见T. B. Matthew and B. Howard, "The Bidirectional Relations Between Affect and Belief", *Review of General Psychology*, Vol. 14, No. 3 (Sep 2010), 227-239. 要详细了解这三种理论，分别参见J. P. Forgas, "Affective Influences on Attitudes and Judgments", in Richard J. Davidson, Klaus R. Scherer & H. H. Goldsmith (eds.), *Handbook of Affective Sciences*, New York: Oxford University Press, 2003, p. 596-618; G. L. Clore, K. Gasper & E. Garvin, "Affect as information", in J. P. Forgas (ed.), *Handbook of affect and social cognition*, Mahwah: Lawrence Erlbaum, 2001, p. 121-144; T. D. Wilson, & D. T. Gilbert, "Affective Forecasting: Knowing what to want", *Current Directions in Psychological Science*, Vol. 14, 2005, p. 131-134.

③ 对心理推理机制（很大程度上就是情绪信息模式的主张）的阐述与批判，参见J. P. Forgas, "Affective Influences on Attitudes and Judgments", in Richard J. Davidson, Klaus R. Scherer & H. H. Goldsmith (eds.), *Handbook of Affective Sciences*, New York: Oxford University Press, 2003, p. 600-601. 存储箱模式（storage bins model）的解释认为，近期激发的概念因其处于储存箱顶部的易得性位置，在接下来寻求解释信息的时候，这一概念便更可能得到使用：心情快乐的人会主动使用正价效的概念，而愁眉不展的人则会主动使用负价效概念。联想网络模式（associative network model）的解释认为，情绪、认知、态度一体地连接在心理表示的联想网络中，情绪状态会有选择地自法启动在建设性认知任务中更可能使用的相关思想和表示。参见J. P. Forgas, "Affective Influences on Attitudes and Judgments", in Richard J. Davidson, Klaus R. Scherer & H. H. Goldsmith (eds.), *Handbook of Affective Sciences*, New York: Oxford University Press, 2003, p. 599; 有关"情绪一致性"问题的解释，还可参见S. T. 菲斯克、S. E. 泰勒著：《社会认知：人怎样认识自己和他人》，张庆林等译，贵阳：贵州人民出版社1994年版，第319-325页。对作为信息的情绪理论的近期阐述，可参见N. Schwarz, & G. L. Clore, "Feelings and Phenomenal Experiences", in A. W. Kruglanski & E. T. Higgins (eds.), *Social Psychology: Handbook of Basic Principles* (2nd Edition), New York: Guilford, 2007, p. 385-407.

情绪的加工效应则揭示了情绪对信息加工战略选择的影响。①

再次，情绪和认知处于彼此相互影响但又部分分离的独立系统控制之中，情绪反应是首要的，有时可以不依赖认知过程的参与。②

① 对情绪影响的不同加工风格在努力程度方面呈现差异的两种原因——认知容量、动机——的分析，学术界对以努力程度区分不同加工风格做法的近期批判，对福格斯（J. P. Forgas）的情绪注入分析模式（AIM）的阐释，参见J. P. Forgas, "Affective Influences on Attitudes and Judgments", in Richard J. Davidson, Klaus R. Scherer & H. H. Goldsmith (eds.), *Handbook of Affective Sciences* (1st Edition), New York: Oxford University Press, 2003, p. 601–602, 612–613.

② R. B. Zajonc, "Feeling and Thinking: Preferences Need no Inferences", *American Psychologist*, Vol. 35, No. 2 (Feb. 1980), p. 151–175; R. B. Zajonc, "On the Primacy of Affect", *American Psychologist*, Vol. 39, No. 2 (Feb. 1984), p. 117–123. 其他有关情绪反应的独立性特征的分析，还可参见S. T. 菲斯克、S. E. 泰勒著：《社会认知：人怎样认识自己和他人》，张庆林等译，贵阳：贵州人民出版社1994年版，第330–333页。

第二节　社会大众的权力内涵：数量与质量

社会大众对国家权势的效能，即社会大众的权力内涵，是使社会大众的数量与质量问题最易为缔造国家大战略的政治精英所关注的直接缘由。考察社会大众塑造国家大战略的能力必须综合、平衡研究社会大众的数量与质量这两大核心问题，顾此失彼，特别是只重数量问题而忽视甚至漠视质量问题的研究做法，不仅与国际政治学研究的传统相悖，与现当代人口学研究的主流方法也是相背离的。①前面的章节对社会大众双重特性的思考实际上只是部分地揭示了社会大众质量问题的内涵，下面将从更为广泛的能力视角综合考察社会大众数量与质量两大问题的权势效能。

一、两大问题的政治实践

在不同的历史发展阶段，政治精英对数量与质量两大问题权势内涵的思考和实践存在较大的历史差异性。然而作为一种客观存在的能力，这两大问题对国家权势的影响乃至对大战略的影响实际上却是一种不争的客观事实。

---

① 结构现实主义和新自由主义采纳的研究方法就是这种背离的体现。关于汉斯·摩根索对人口问题权力内涵的研究，参见【美】汉斯·摩根索：《国家间的政治——为权力与和平而斗争（第7版）》，北京：北京大学出版社2006年版，第167–204页。关于昆西·赖特对人口变化与战争原因关系的集中论述，参见Quincy Wright, *A Study of War*, Vol. 2, Chicago, Illinois: The University of Chicago Press, 1942, p. 1118–1143. 他对人口问题的两大方面的论述还散见于《战争研究》一书的其他章节之中。马丁·怀特对人口问题研究的理论分析集中在有关"野蛮人"的人类理论、战争理论上，详细内容参见Martin Wight, *International Theory: The Three Traditions*；他对信仰之于国际政治的影响的论述，参见【英】马丁·怀特著：《权力政治》，宋爱群译，北京：世界知识出版社2004年版。爱德华·卡尔论述了社会大众质量方面的问题，如对理想主义舆论观的批判、对支配舆论的力量和国际宣传的阐述等诸多方面，具体参见【英】爱德华·卡尔著：《20年危机（1919—1939）：国际关系研究导论》，北京：世界知识出版社2005年版。亚·莫·卡尔—桑德斯（A. M. Carr–Saunders）因为在《人口问题——人类进化研究》一书中采用将人口的数量问题和质量问题统一起来研究的方法，而成为现代人口学的奠基者。

(一) 18世纪末期以前时期

在近现代以前，尤其是18世纪末期以前的政治实践中，世界各地的政治精英一般都认识到了社会大众的数量与质量问题对国家权势的影响，因此，这两大问题也就很自然地成为他们制订和执行国家政策时必然要思考的诸多因素之一。但是，这些思考还比较松散，且主要集中在数量问题而非质量问题上，以致对两大问题之间的内在联系也缺乏考虑。

数量问题是这一时期人们关注的重点。在中国古代的农业社会，以奠定富国强兵的基础为目的的鼓励人口增长和大力发展农业生产的休养生息政策为历代有抱负的帝王、重臣所看重[①]；尤其是在内战刚过、外患未除、国家统一的根基还不牢固的情况下，政治精英往往需要经过一段时间来抚慰包括社会大众的起义在内的内战创伤，积蓄国家权力的人力和物力基础，以便为即将到来的对外战争的胜利做好充分的准备。但是，人口生殖过多也会对国家权势造成复杂的影响，这导致人们在人口多少问题的认识上出现了分歧。但一般而言，多数人赞成人口多好，因为人口众多可以带来更多的财富，供给更庞大的军队，因而意味着国家的富强，因此鼓励人口增长。不少欧洲国家甚至还颁布了相关的法律作为保障。[②]但是，也有一部分人认为，人口过多可能导致人口与食物之间的紧张关系，因而有损于国家的权势地位。[③]与人口过多问题相关的流民问题造成国家权势地位的松动甚至跌落[④]，因跨界人口大迁移而对所到之地的政治生态状况造成的巨大冲击[⑤]，这些情况在世界历史上屡次出现并让政治精英伤透了

① 对中国古代以富国强兵为目的的重视人口生殖和农业生产的思想与相关政治实践进行的论述，参见钮先钟著：《中国战略思想史》，台北：黎明文化事业股份有限公司，1992年版。

② A. M. Carr-Saunders, *The Population Problem: A Study in Human Evolution*, p. 17-23.

③ A. M. Carr-Saunders, The Population Problem: *A Study in Human Evolution*, p. 23-28; T. R. Malthus, *An Essay on The Principle of Population*, vol. 1, p. 1.

④ 中国国内的流民问题常常是造成某一朝代没落更迭、社会陷入动荡战乱的一大动因，尽管流民现象出现的动因并非仅仅由人口过多所致，还有土地集中等诸多其他原因。

⑤ 跨界民族大迁徙造成的政治生态变动的现象在世界史上也屡见不鲜，如古希腊的多利安人南侵、亚洲大陆上的匈奴西迁、西罗马帝国时期的西哥特等多支日耳曼人的连续入侵、中国历史上多次出现的民族大融合运动等。

脑筋。此外，海外移民和对外殖民扩张往往也与国内人口增长的原因相关。在古希腊，海外移民这一习惯多少与解决当时人口过多问题的思考相关，拓殖的结果不仅解决了人口过多的困境，还为母邦扩展商业范围提供了重要的便利条件。① 而古罗马的殖民扩张政策，直接刺激了古罗马的对外军事征服行为。

在质量问题上，关注的重点是与军事力量相关的优生、优育问题和尚武精神的教养，但这些问题涉及的范围十分狭小，主要集中在公民、贵族层面，广大的下层社会大众被排除在外。古代斯巴达城邦形成了处罚低能男女结婚和抛弃畸形婴儿的优生习俗，在优育问题上则注重公民尚武精神、集体主义和服从意识的培育。这些措施提高了公民人口的军事素质，对增强国家防御能力起到了一定的作用。反映到理论研究中，柏拉图详细探讨了令人满意的城邦公民的人数问题，提出了控制和调节婚姻关系以生育优秀后代、控制人口数量的观点。② 在中国，根据一些学者的研究，西周井田制的推行可能具有兵农合一的国防含义③；春秋时期，管仲首创了旨在养民以勇武精神“寓兵于农”的民兵制度。④而中国古代军事家孙子则指出：“道者，令民与上同意〔者也〕，可与之死，可与之生，而(不畏危)〔民弗诡〕也。”⑤这里对质量问题的关注已经涉及政治动员的深层次问题。

与世俗精神开发不足有别的是，社会大众的宗教热情作为一种信仰的力量，其基础要深厚和牢固得多。在政教紧密结合在一起的时代里，世俗君主常常利用社会大众的宗教激情来动员他们支持自己的世俗事业。在某些时期，这种宗教热情得到了充分的动员，以致演变成宗教狂热，国家或者借此登上了权

---

① 顾准著：《希腊城邦制度——读希腊史笔记》，北京：中国社会科学出版社1982年版，第43-72页。亚里士多德提出了有关希腊人对于野蛮人权利的边疆理论，这一理论显然是为扩展希腊权势进行的理论辩护，参见Martin Wight, *International Theory: The Three Traditions*, Leicester and London: Leicester University Press, 1991, p. 49.

② A. M. Carr-Saunders, *The Population Problem: A Study in Human Evolution*, p19; T. R. Malthus, *An Essay on The Principle of Population*, vol1, London: J. M. Dent & Sons, Ltd.; New York: E. P. Dutton & Co., 1914, p. 141-143.

③ 钮先钟著：《中国战略思想史》，台北：黎明文化事业股份有限公司1992年版，第39页。

④ 钮先钟著：《中国战略思想史》，台北：黎明文化事业股份有限公司1992年版，第55-56页；孔飞力著：《中华帝国晚期的叛乱及其敌人》，谢亮生等译，北京：中国社会学科出版社1990年版，第31页。

⑤ 李兴斌、杨铃注译：《孙子兵法新译》，济南：齐鲁书社2001年版，第2页。

力的巅峰，或者因此而四分五裂。①

（二）19世纪以来时期

19世纪以来，尤其是19世纪中期以来，现代民族主义和大众政治扩展了数量问题，特别是质量问题的权势内涵，政治实践更加关注质量问题的开发和培育，这些不仅体现在数量与质量问题涉及的主体范围日益向下层社会大众扩展，更体现在对质量问题与数量问题之间联系的理解更加深入。

首先，从质量层面来理解，现代民族主义成为影响国家权势地位的强大新生力量，从而得到政治精英的重视。汉斯·摩根索揭示了现代民族主义感情对国家权势产生影响的心理机理：

国家是由许多具有某些共同特点的个人所形成的一个抽象概念。而这些共同特点则使这些个人成为同一国家的成员……并以这种身份去思考、感受和行动。②

在以前若干历史时期，个人同集体的权力和权力的追求融为一体的媒介是血缘关系、宗教信仰，或对封建王侯的共同效忠。在我们时代，同国家权力和政策的一致大体上已经替代了旧时的一致，且无论如何也是有过之而无不及的。③

在政治实践中，国家通过普及大众教育、建立大众政治制度等多种手段，确保对现代民族主义精神的开发和动员，从而增加了国家的权势资源。在18世纪、19世纪理性主义普及大众教育思想的倡导下④，大众教育在实践中逐步展

---

① 基督教和伊斯兰教在兴起和发展的漫长历史上都多次展现过这样一种惊世骇俗的力量，不管它是作为一种侵略的力量而运用于外部异教徒，还是作为一种讨伐的力量而施压于视为异己的教派。即使是在儒家思想占据统治地位的中国，历史上借助宗教群众的力量而发生的大规模农民起义的次数也不在少数，太平天国运动和义和团运动可算是时间相对晚近的两次。

② 【美】汉斯·摩根索著：《国家间的政治——为权力与和平而斗争（第7版）》，北京：北京大学出版社2006年版，第140页。

③ 【美】汉斯·摩根索著：《国家间的政治——为权力与和平而斗争（第7版）》，北京：北京大学出版社2006年版，第141页。

④ Hans Speier, "Historical Development of Public Opinion", *The American Journal of Sociology*, Vol. 55, No. 4, January 1950, p. 383; Jeremy Bentham, "An Essay on Political Tactics", *The works of Jeremy Bentham*, Vol. 2, edited by John Bowing, Edinburgh: William Tait, 1843, p. 310-315; 约翰·罗奇："教育与舆论"，载C. W. 克劳利编：《新编剑桥世界近代史（第九卷）：动乱时代的战争与和平（1793—1830）》，中国社会科学院世界历史研究所译，北京：中国社会科学出版社1992年版，第238-274页。

开，社会大众质量问题上悄悄发生的深刻变化对国家权势发生了深远影响：与政府和教会的实际期望可能大相径庭的是，被教育了的社会大众在法国大革命自由、民主思想和现代民族主义情感相结合的力量的推动下，在欧洲大陆和英国的政治生活中不断涤荡着旧势力的影响，其力量一浪高过一浪。①

与此同时，大众政治制度得以确立并普及，开发和动员社会大众质量问题权势内涵的渠道比以往要大大增加。大规模工业革命的广泛开展使人口出现前所未有的高度集中，导致了大众社会的出现；在社会大众新的社会、政治价值诉求的推动下，国内发生的社会政治变革甚至革命使大众政治制度得以确立并逐渐普及，国家政治体制和运行机制由此发生了重大变化：选举制改革使选民的范围不断扩大，现代政党、利益集团和公众舆论等形式多样的政治认同机制得以形成，由此，大众政治成为一种新的现象，对国家权势和国际政治产生了重大的影响。

在大众政治背景下，形式多样、内涵迥异的现代民族主义对国家权势和世界政治发挥着复杂而深刻的影响。首先，由法国大革命和拿破仑战争释放的欧洲现代民族主义精神的动能推动了欧陆的民族统一运动，催生了德意志帝国和意大利王国；而受夹杂着种族主义、殖民主义、沙文主义色彩的帝国主义式的民族主义的影响，欧陆强国在争夺世界殖民地的疯狂举动中，在疯狂争夺欧洲和世界霸权的战争中，几番经历着国家权势的迅猛飙升和急速下跌的惨痛教训，直至今天还不时受到民族分裂主义运动的煎熬。在非欧地区，现代民族主义的这种多重作用同样深刻影响着各国权势的起伏。

此外，与现代民族主义紧密相关的大规模现代信仰之间的战争与对峙，揭示了社会大众两大问题的权势内涵向国际层面的延伸。这些信仰之争包括：由法国大革命开始的自由、民主理想与神圣同盟理想之争，西方民主制度、法西斯的国家社会主义和苏俄的国际共产主义运动之争，以及由此发展而来的“冷战”时期的东西方两大阵营之争。这些信仰的狂热力量凝聚了信仰国的国内广

---

① 约翰·罗奇概括了这一时期的教育发展给国家权势带来的变化，参见约翰·罗奇，“教育与舆论”，载C. W. 克劳利编：《新编剑桥世界近代史（第九卷）：动乱时代的战争与和平（1793—1830）》，中国社会科学院世界历史研究所译，北京：中国社会科学出版社1992年版，第239页。

泛社会共识，分裂了对立国家国内的凝聚力，影响了这些国家社会大众政治效忠对象的选择，导致了跨国力量的大联合，它“模糊了国内与外交政策的界限，改变了外交也改变了战争”①，从而在短时期内飙升了国家权势，也对国际政治舞台产生了重大的影响，颠覆了世界旧有的原则和秩序。

其次，就社会大众的质量问题与数量问题之间的联系的意义而言，现代民族主义激发的积极情感一旦与拥有巨量人口的民族结合起来，特别是当这样的民族还掌握着先进的技术力量时，国家权势就会得到提升，它将不仅会为自己赢得民族独立，还将颠覆欧洲的政治、经济霸权，导致世界权势向东方的转移，地中海时代将为太平洋时代所取代。这种人口质量与数量结合产生的权势效应被英国历史学家杰弗里·巴勒克拉夫（Geoffrey Barraclough）的下述论断清晰地揭示出来：

大约从1900年起，正如欧洲出生率的下降所意味的，同样，亚洲死亡率下降的后果，其意义也是明白无疑的，在欧洲人和他们海外的家族后代中间，面对一个人口膨胀的亚洲，对于他们地位不稳定的忧虑简直达到了神经过敏的程度。最终他们开始自问，怎么样才能够避免为纯粹的人口数量的分量所压垮？也许，这是一种内心害怕的最初表现，或是一种直觉认识的最初反映，但他们不知，他们对亚洲和非洲的干预已激起一股强大的潜流，而当这一潜流浮出水面时，就将推动世界历史发展的潮流向新的方向前进。②

世界权势由西方向东方转移这一实际表明了这样一个道理：如果世界经济技术水平处于不均衡发展的状态下，现代民族主义国家要增强自己的国家权势甚至由此登上世界权势的巅峰，必须具有在人口质量与数量两大问题上同步领先或至少不能落后于群雄的优势。

对于人口数量与质量问题同步的权势机理，凯瑟琳·奥根斯基（Katherine Organski）和A. F. K. 奥根斯基（A. F. K. Organski）在《人口与世界权势》一书中给予了部分的揭示。他们提出，国家在当前世界等级中的地位取决于经济发

① 【英】马丁·怀特著：《权力政治》，北京：世界知识出版社2004年版，第51页。

② 【英】杰弗里·巴勒克拉夫著：《当代史导论》，张广勇、张宏宇译，上海：上海社会科学院出版社1996年版，第74页。

展水平、政府的技巧和效率、人口数量①，“一旦整个世界完成了工业化并分享了相同的技术，人口规模将成为权势的主要决定因素”②。作者认为，目前西方在前两项上占优势，但在第三项上靠后，因此，如果人口众多的亚洲欠发达国家在技术上赶上来，由人口数量优势决定，权势将会从西方转移到东方亚洲。

世界权势正在从西方消失，因为最大的国家都位于东方。正如表面看起来的那样可能，如果这些国家成功地完成了本国的工业化，仅靠他们的规模一项，西方国家就无法与之相匹敌。③

然而如果社会大众的人口质量水平未能与巨大的数量规模实现同步，那么巨量人口可能会成为一国的负资产。因此，具有数量优势的国家要成功发挥本国的人口规模的权势潜能，必须要大力发展教育，进行人力资本投资，有效开发本国的人力资源。实际上，回顾西方世界数个世纪之前之所以能够在非西方世界四处殖民，其根本的原因主要还在于他们在民族主义（这是一种自我感觉优越的帝国主义式的民族主义④）的质量问题（以科学技术水平为代表的思想文化素质）上得到了较早的开发和动员，充分挖掘了本国人口数量的潜力而领先于非西方世界一步。即使是到了战争技术已经突飞猛进发展的今天，由于战略恐怖平衡的建立，社会大众的数量与质量两大问题对国家权势效能仍没有失去意义，尤其当虑及常规战争仍是战争的主要形态、现代国防要以雄厚经济基础为后盾等因素时，情况就更是如此。

二、两大问题与国家权势

对社会大众两大问题权势效能的研究比较合理和科学的做法就是，在对

---

① Katherine Organski and A. F. K. Organski, *Population and World Power*, New York: Alfred A. Knopf, 1961, p. 27.

② Katherine Organski and A. F. K. Organski, *Population and World Power*, New York: Alfred A. Knopf, 1961, p. 33.

③ Katherine Organski and A. F. K. Organski, *Population and World Power*, New York: Alfred A. Knopf, 1961, p. 251.

④ 【英】杰弗里·巴勒克拉夫著：《当代史导论》，张广勇、张宏宇译，上海：上海社会科学院出版社1996年版，第58-60页；时殷弘著：《现当代国际关系史（从16世纪到20世纪末）》，北京：中国人民大学出版社2006年版，第129-130页。

每一问题做出详细分析的基础上再进行综合探讨。综合探讨或者采取静态方法，或者采用动态方法。本书将在静态综合研究方面做一尝试。

对社会大众的数量问题的考察主要包括以下一些内容：社会大众的人数规模、人数增长率现状与未来趋势，以及包括人口迁移在内的人口分布，影响社会大众人数规模与增长率的诸因素，尤其是政府的政策，一国社会大众的人数规模与增长率的权势效应。比较而言，在两大问题中，数量问题涉及的诸要素具有一定的可预测性，尽管这样的预测还面临诸多偶然因素的挑战而难以获得精确的效果。①以人口学为例，学者们通常根据一国人口增长率的波动情况测算该国人口规模、结构、分布的变动趋势，据以推测这一趋势对国家发展的深远影响，由此制定国家的应对策略。②有些国际政治学者则更为关注人口规模或包括人口规模这一因素在内的财富来衡量国家的潜在权力，并解释甚至预测了大国在国际政治中权势地位的变化。

社会大众的质量问题主要研究影响社会大众个人和群体精神性状的诸多因素及其权势效应。这些诸多因素除了人口学通常强调的较易检测的以教育为核心的人口素质外，还涉及民族性格、民族士气，包括政治价值、意识形态在内的政治倾向③，社会大众的政治意识、政治情感，以及政府对于这些政治精神性状的开发、教育、引导和动员等政策和政策实践。由于人的认识能力的限制和环境等诸多不确定性因素的干扰，加之人类政治激情等复杂多变的非智力情感因素的存在，要预测质量问题涉及的诸要素则困难得多。但是，当今的人类生命科学声称能够力图通过基因解码以破解和掌握这类易变情感因素的变化方向，而且，理性决策理论还认为，我们可以对人的精神智力因素做出相对合理的计算和预测。目前，学者们或者根据社会大众的教育素质（如受教育程度、受教育范围）、健康水平（如人的寿命）、幸福感，或者根据社会大众职业的、民族的、宗教的分层等方面的统计数据，对质量问题进行有限的预测；而社会心理学在情绪、认知等领

---

① 【美】汉斯·摩根索著：《国家间的政治——为权力与和平而斗争（第7版）》，北京：北京大学出版社2006年版，第171页。

② 关于人口学者对人口数量采用的研究方法，参见国家人口发展战略研究课题组：《国家人口发展战略研究报告》，载http：//www.gov.cn，上网时间：2011年6月17日14点。

③ John R. Zaller, *The Nature and Origin of Mass Opinion*, New York: Cambridge University Press, 1992, p. 22–28.

域的发展，政治学在政治心理研究方面的进展，历史研究中有关心态史学研究的深入，都推动了质量问题研究的深入。所以，对于质量问题的深入分析既有赖于科学的进步，又有赖于相关学科的推动和不同学科间的整合。

以下试对一国社会大众两大问题的权势效应进行静态综合研究。为研究的便利，本书用特定时期一国人口的具体数量（忽略了人口的分布、结构等问题）表示一国人口的数量问题，用综合指标的形式来表现一国人口的质量问题。以A国社会大众质量问题的综合指标为参照系：假定该国的人口质量问题由N个要素组成（A1，A2，A3…An），每个要素的值假定为100，而每一个要素在综合指标中所占的权重比分别为a1，a2，a3…an，其中a1+a2+a3+…+an=100%，由此，A国人口质量问题的综合指标数即为：a1A1+a2A2+a3A3+…+anAn=100，其他各国社会大众的质量问题综合指标则分别对照A国的指标算出。

例如，假定通过与A国社会大众诸质量要素的对比，B国社会大众诸要素的指标值分别为B1，B2，B3，…Bn，则B国社会大众质量问题的综合指标即为：a1B1+a2B2+a3B3+…+anBn。但值得一提的是，社会大众质量问题中的诸要素相互之间存在一种复杂的互动机理，不仅他国每一要素与参照国要素在对比时存在很大的困难，不同国家每一要素的重要性有时可能也难以通过静止不变的权重系数固定不变地反映出来。因此，探索各要素的权重系数及其变化本身就是一个非常艰巨而困难的任务。

另外，综合指标实际上更多反映的是潜在国家权势，它与以军事实力表现出来的实在权势可能还有着不小的差别。

假定存在A、B、C、D四国，这四国社会大众的数量与质量问题的数据如表2–1所示。

表2–1　A、B、C、D四国社会大众的数量与质量问题数据

国名	A	B	C	D
人口数量（亿）	3.1	10	0.2	0.7
人口质量（综合指标）	100	40	45	90

上述四国在坐标轴上的位置如图2-1所示。将X轴和Y轴位移到O点(50,1),则X',Y'轴将X,Y轴的第一象限又分割为四个象限,A、B、C、D四国分别在X',Y'轴构成的坐标的第一、二、三、四象限内。

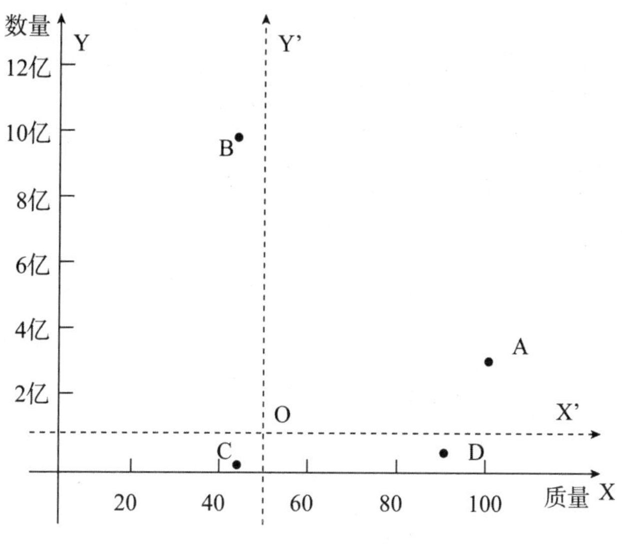

图2-1　四个象限位置与国际地位

因此,在上述四个象限内,第一象限揭示的要义就是:一国社会大众在数量和质量两大问题上同步领先于其他象限内的国家,尽管就单独的数量问题而言,第一象限国家可能会落后于第二象限国家;而就单独的质量问题而言,第一象限国家则又可能落后于第四现象国家。因此,此时该国将居于世界强国地位,19世纪中叶的英帝国、20世纪下半叶以来的美国大概属于此象限国家。第二象限揭示的要义就是:一国社会大众在数量问题上领先于第三、第四象限国家,甚至可能领先于第一象限国家,但在质量问题上却落后于第一、第四象限国家,甚至还可能落后于第三现象国家。因此,此时该国由于在世界人口的智力因素——技术水平的掌握上或在非智力因素的精神性状中,或者在这多种质量要素的综合方面都落后于第一、第四象限国家,以致该国的国家权势难以傲视群雄,而且还很有可能处于第一、第四象限列强欺凌、压迫的状态之中,这种状况可能类似于农奴制改革前后的沙俄(与英、法之间的比较),基本类似于近代时期的土耳其、中国。第三象限揭示的要义就是一国社会大众在数量问题和质量问题两大要素上同步落后于其他象限国家的机理。因此,此时该国的国家权势无从谈起，国际地位更苦不堪言，它不仅面临处于第一象限地位的国家欺凌，而且还可能会面临处于第二象限甚至第四象限地位国家的威胁。统一前的德意志诸小邦国，以及近代时期的南斯拉夫、朝鲜等与此象限的地位类似。第四象限揭示的要义就是一国社会大众在质量问题上领先于第二、第三象限国家甚至可能领先于第一象限国家，但在数量问题上落后于第一、第二象限国家，甚至可能落后于第三象限国家的机理。此时，该国由于在世界人口的智力因素——技术水平的掌握上，或者在非智力因素的精神性状中，或者在这多种质量要素的综合方面，都可能领先于其他国家，以致该国的国家权势仍然非常有可能傲视周边的群雄而成为地区强国，只要该国社会大众在数量问题上还不至于落后到差别极其悬殊的地位。当今的以色列与此类似，甚至当今的英、法、德之所以难以成为世界一流强国，其原因大概也在于人口总量过于稀少。欧洲联合的缘由可以从此处获得部分启示：努力改变身份归属位置，从第四象限国跳入第一象限国。

如将上述若干个不同时期的静态分析综合起来，就会获得一个较长时间段内的动态分析结果，由此，一国因社会大众两大问题的变化而导致的国家权势的变动趋势就得以清晰地勾画出来。

第三节　社会大众的能力及其被政治精英的认知

如果要全面分析社会大众的能力，前述的能力要素只是这种能力的一种客观实在的展现，事实上，社会大众能力的大小还部分取决于政治精英对此的认知，它在一定程度上体现了对政治精英的影响力。所以，社会大众的能力实际上是一种客观存在与政治精英主观认知互动的显现。

一、心理环境、操作环境①与国家大战略缔造

从政治精英的视角来分析国家大战略缔造的环境，这一过程可以简化为：环境—政治精英—国家大战略。其中，作为国家大战略直接缔造者的政治精英起着连接环境与国家大战略的枢纽作用。由此，环境之于国家大战略的作用

① 有关操作环境、心理环境的论述，可以参见Harold Sprout and Margaret Sprout的以下论著：*Man-Milieu Relationship Hypotheses in the Context of International Politics*, Princeton: Princeton University Centre of International Studies, 1956; "Environmental Factors in the Study of International Politics", *The Journal of Conflict Resolution*, Vol. 1, No. 4 (Dec., 1957), p. 309-328; *The Ecological Perspective on Human Affairs with Special Reference to International Politics*, Princeton: Princeton University Press, 1965; *An Ecological Paradigm for the Study of International Politics, Research Monograph 30*, Princeton: Princeton University Centre of International Studies, 1968.

经由政治精英的智力活动而体现到国家大战略之中。①根据美国学者斯奈德、布雷切和斯普劳特夫妇的研究，上述过程实际上就是操作环境（Operational Environment/Operational Milieu）—心理环境（Psychological Environment/Psychological Milieu）—决策之间的关系。②

所谓心理环境，就是个体据以明确选择并做出决定的环境，也即由相关决策者根据以往经验察知的环境，是行为体观察到的世界③；这是一种主观环境，它既可能是正确认识的产物，也可能是错误认识的结果。所谓操作环境，就是在决策处于执行中时对可以发生的事情施加限制的环境，即独立于决策者自身的察知之外的实际上的或者至少对某个假设的全知观察者来说可能显现的环境，是政策得以实施的世界④；这是一种客观存在的真实环境。所以，心理环境与

---

① 不同的学者对于"环境"一词的认识有所不同。Snyder用 setting（即environment，作者之所以不使用environment，据他解释，或者是因为该词语范围太大、包容性太强，或者是因为在其他科学中，该词具有技术含义）一词概括处于决策者自身或决策者作为其中一部分的政府组织之外的诸如国内政治、非人类环境、跨文化和社会关系等非政府因素与关系的集合。详细论述参见Snyder, Richard C., H. W. Burck, and Burton Spain, "Decision-Making as an Approach to the Study of International Politics", in Richard C. Snyder, H. W. Burck and Burton Spain eds., *Foreign Policy Decision-Making*（Revisited）, New York: Palgrave Macmillan, 2002, p. 60. Harold Sprout and Margaret Sprout认为，由于environment一词对于不同的专家具有不同的含义，所以，他使用法语词Milieu代替environment，作为"环境"一词的总概念，它包括了除被包围的单位自身遗传因素之外的与被包围的单位的活动可能相关的所有现象，既指真实的对象，如非人类的和人类的、静止的和运动的，又指社会模式的总体，如有些体现在正式的法规中，其他的则表现在与人类行为相关的多少有些僵化的期望和非人类现象的运动、变化之中；而environment被具体的限制性形容词修饰，指Milieu这一"环境"总概念的有限的方面。这些论述参见Harold Sprout and Margaret Sprout, "Environmental Factors in the Study of International Politics", *The Journal of Conflict Resolution*, p. 311; 相关的其他阐述参见【美】詹姆斯·多尔蒂、小罗伯特·普法尔茨格拉夫著：《争论中的国际关系理论》，阎学通、陈寒溪等译，北京：世界知识出版社2003年版，第193页。

② Hyam Gold, "Foreign Policy Decision-Making and the Environment: The Claims of Snyder, Brecher, and the Sprouts", *International Studies Quarterly*, Vol. 22, No. 4（Dec., 1978）, p. 569-586.

③ Harold Sprout and Margaret Sprout, "Environmental Factors in the Study of International Politics", *The Journal of Conflict Resolution*, p. 314, 318; Hyam Gold, "Foreign Policy Decision-Making and the Environment: The Claims of Snyder, Brecher, and the Sprouts", *International Studies Quarterly*, 1978, 22（4）, p. 571;【美】罗伯特·杰维斯著：《国际政治中的知觉与错误知觉》，秦亚青译，北京：世界知识出版社2003年版，第2页。

④ Harold Sprout and Margaret Sprout, "Environmental Factors in the Study of International Politics", *The Journal of Conflict Resolution*, p. 314, 318; Hyam Gold, "Foreign Policy Decision-Making and the Environment: The Claims of Snyder, Brecher, and the Sprouts", *International Studies Quarterly*, 1978, 22（4）, p. 570;【美】罗伯特·杰维斯著：《国际政治中的知觉与错误知觉》，北京：世界知识出版社2003年版，第2页。

操作环境之间的关系就是主观认识的环境与客观存在的环境之间的关系，就是反映环境与真实环境之间的关系。而国家大战略就是这种政治精英对主观认识的环境、反映环境的政策输出结果。因此，环境对于国家大战略缔造的作用至少有两种途径：一种是通过政治精英感知的心理环境，形成政治精英对环境的意象、态度和决定，并由政治精英根据这些意象、态度和决定生成国家大战略；另一种是操作环境对执行中的国家大战略产生限制作用。因此，在大战略缔造过程中做决策分析时，区分清楚以下两种情况很重要：一是环境因素与政策决定之间的关系，二是政策决定的操作结果。①

就决策和政策决定的内容而言，重要的是决策者如何设想环境的情况而不是环境事实是怎样的；就政策决定的操作结果而言，重要的是环境事实是怎样的而不是决策者如何设想事情怎样。②

但是，由于政治精英感知的心理环境可能是对操作环境的正确认识，也可能是对操作环境的错误认识，或因为未来过多的不确定因素的存在而是一种不全面的认识③，因此，从政策决定的操作结果来看，如果心理环境是对操作环境的错误认识或者不全面的认识，作为客观环境的操作环境尽管没有被决策者感知，但可能会对决策的执行产生重大的影响④，其结果可能就是：战略决策失误导致重大的潜在甚或实在性灾难。因此，为了尽可能避免这种战略性的失误，在决策分析阶段，政治精英面临的重大而艰巨的任务就是尽量缩小心理环境和操作环境之间的差距，使对环境的主观认识尽可能与客观环境相符，并对客观环境中众多不确定因素在未来的可能出现和发展做出尽可能准确的预测。在大战略缔造中，作为操作环境范畴之一的社会大众的能力内化为政治精英心理环境的成效，实际上反映的就是这种客观实在的能力对政治精英主观认知的影响，因而这也是社会大众的能力考察的应有之义。

---

① Harold Sprout and Margaret Sprout, "Environmental Factors in the Study of International Politics", *The Journal of Conflict Resolution*, p. 327.

② Harold Sprout and Margaret Sprout, "Environmental Factors in the Study of International Politics", *The Journal of Conflict Resolution*, p. 327-328；亦可参见Luard, E. *Basic Texts in International Relations: The Evolution of Ideas about International Society*, New York St. Martin's Press, 1992, p. 239.

③ 有关未被感知到的环境因素的作用发挥机制的论述，参见Hyam Gold, "Foreign Policy Decision-Making and the Environment: The Claims of Snyder, Brecher, and the Sprouts", *International Studies Quarterly*, 1978, 22(4), p. 582-584.

④ B. P. White, "Decision-Making Analysis", *Classic Readings of International Relations*, Phil Williams, Donald M. Goldstein, and Jay M. Shafritz eds., Belmont, California: Wadsworth Publishing Company, 1994, p. 113.

二、大战略缔造环境中的社会大众

作为大战略缔造环境内容之一的社会大众诸层次的要素，包括社会大众能力层次的要素在内，在环境—政治精英—国家大战略这一大战略缔造过程中；或者是作为被政治精英感知的心理环境——被政治精英认知，而对政治精英的意象、态度、偏好和决定产生重要的影响而反映到国家大战略之中，尽管政治精英对社会大众诸因素的这种感知可能是不全面的甚至可能存在重大的误解；或者是作为一种独立存在的操作环境，而对国家大战略的实施产生重大影响。

前述的操作环境和心理环境之间的矛盾在作为大战略缔造环境内容之一的社会大众能力层次的要素问题上同样存在。正如前文所述，在现有的经济社会条件下，由于诸多条件，包括政治精英自身可能存在的如语言文化障碍、掌握的信息量大小、与实际发生情况的距离远近等因素的限制，要准确理解和把握社会大众的两大特质和两大问题，实际上存在巨大的困难。特别是当我们探查社会大众的质量问题，包括探查社会大众的理性与政治激情问题时，我们常常无法做到像对待数量问题那样自信和有把握。我们对社会大众这一心理环境的感知只能尽可能做到趋向接近社会大众的操作环境，而难以消除二者之间实际存在的或大或小的差距这一矛盾。因此，从对社会大众能力要素的感知来看，政治精英缔造国家大战略的过程只可能是生成、调整甚至替换国家大战略的一个复杂的、动态的智力活动的过程，任何一劳永逸的想法实际上都是漠视甚至可能是无视作为政治精英心理环境内容之一的社会大众能力要素被正确感知这一可能的有限性的幼稚而不现实的举动，如果将这一想法付诸大战略缔造的政治实践，则会贻害无穷。

三、社会大众的能力与大战略艺术

心理环境和操作环境之间难以避免的或大或小差距甚至误解的存在，为政治精英艺术地处理国家大战略问题提供了广阔的空间和思考的余地①，尽管这种差距的存在同样可能意味着政治精英的大战略规划存在某种失误。

第一，心理环境和操作环境的差距要求政治精英具备特定的领导素质，在缔造大战略的过程中，在坚持原则的基础上，充分认识到包括社会大众政治激情在内的非理性特质的存在，灵活应对由此产生的不确定性因素。汉斯·摩根索对于政治精英在制定和执行国家对外政策时灵活而有原则地应对社会大众的非理性特质带来的不确定性因素做过精辟的阐述：

为了顺利执行外交政策所需要的思想方法，与打动群众及其代表时所用的那类理由，有时必然是针锋相对的。政治家头脑中的特殊品质未必准会在民众的头脑中得到良好的反映。政治家必须依照国家利益，即国家之间的权力来考虑问题。民众的头脑不了解政治家思想中的细微区分界限，往往按照简单的伦理和立法标准来划分绝对的善和绝对的恶。政治家必须从长远角度看问题，要缓慢地、迂回地前进，宁吃小亏，以求大利。他们必须能够随机应变，适当妥协以待时机。民众的头脑则要求立见成效，为了今天的虚名，宁可牺牲明天的实利。②

第二，心理环境和操作环境的差距要求政治精英在危险和困难面前坚定胜利的信念，利用包括个人魅力在内的各种手段成功动员社会大众支持、追随自己规划的大战略目的，并为这一目的贡献他们作为手段而存在的物质力量和精神力量。在古希腊希波战争时期，有着动员天赋的地米斯托克利对于雅典公民的动员技巧是大战略执行中值得借鉴和思考的经典范例。在面临薛西斯入侵的当口，当其他希腊人都退到地峡固守而将雅典暴露于波斯大军面前，从而导致危机来临的时候，地米斯托克利，这位雅典伟大的政治精英人物，在雅典公民欲与岸上家园共存亡的艰难时境下，利用人们的宗教信仰，导演了一出天上来的征兆，以及有关“木制的墙”和萨拉米是“神圣的”等上帝的神谕，给人们施加压力，说服雅典人舍弃家园，弃岸登舟，坚决贯彻他的海上大战略，从而为他日后在海上战胜波斯人、赢得希波战争的胜利和维护雅典人的安全迈出了关键的

---

① 有关大战略的艺术特性的分析，参见John Lewis Gaddis，“The Past and Future of American Grand Strategy”，Charles S. Grant Lecture，Middlebury College，4/21/05，http://www.freerepublic.com/focus/f-news/1405703/posts.

② 【美】汉斯·摩根索著：《国家间的政治——为权力与和平而斗争（第7版）》，北京：北京大学出版社2006年版，第201页。

一步。①

第三，心理环境和操作环境的差距还要求政治精英能冷静思考、准确判断，善于驾驭本国舆论的力量，使舆论力量能为国家大战略服务，而不是成为国家大战略连贯实施的羁绊。面对社会大众情绪的波动，俾斯麦将公众舆论更多地看作由情绪主导的因变量，对其道德主张亦抱有漠视的态度，因而在公众舆论与对外政策的关系问题上，俾斯麦时期的普鲁士表现出的常常不是把公众舆论作为制订对外政策的依据或来源力量，因而公众舆论更多的表现是对获得成功的德国对外政策结果的尾随，也即是说公众舆论在与对外政策制订之间的关系上失去了应有的相当程度的主动性。②而俾斯麦开创的这种惯例又成为其后德国其他国务家在对待公众舆论与对外政策关系问题上依例效仿的对象。

第四，心理环境和操作环境的差距还要求政治精英对于本国和敌国境内的社会大众情绪具有较好的控制能力，正如群体心理学揭示的那样，这就要求政治精英在缔造大战略的过程中具备高超的政治艺术，具备能够有力影响民众的诸项才能，如熟练的演说、宣传技巧和娴熟的说服、动员能力。希特勒在德国上台的成功在某种程度上来说与他能很好地通过演说能力控制国内民众的情绪有关，而他在大战爆发前成功在国际上吞并多处领土，与他在国外的成功宣传以博得民主国家社会大众对德国作为“一战”的受害者形象的同情紧密相关。作为战争中经常使用的一个策略，鼓动和利用一国内部社会大众之间的不和并防止本国因社会大众之间的不和而导致叛乱的发生是政治精英在大战略缔造中通常需要考虑和警惕的重大问题，如果在这一问题上没有认识，或者说社会大众的这一因素没有内化为政治精英的心理环境，则国家大战略的执行就可能因为与操作环境的冲突而受到严重的阻碍。

---

① 【古希腊】普鲁塔克著、黄宏煦主编：《希腊罗马名人传（上）》，陆永庭、吴彭鹏译，北京：商务印书馆1990年版，第245–246页。

② 有关俾斯麦对于普奥战争前后普鲁士国内“公众舆论”的驾驭的描述，参见【美】科佩尔·S. 平森著：《德国近现代史：它的历史和文化》，范德一译，北京：商务印书馆1987年版，第193–195、198–199页。

第三章　社会大众塑造大战略缔造的途径：政治参与①

前一章从能力层次分析了大战略框架下考察社会大众要素的内容，本章将深入研究社会大众展示这种能力的具体行为途径——政治参与，即从行为层次要素分析大战略框架下考察社会大众要素的主要内容。

① 有关“政治参与”一词的不同定义和观点的介绍，参见王浦劬主编：《政治学基础》，北京：北京大学出版社1995年版，第205–210页；【英】戴维·米勒、韦农·波格丹诺编：《布莱克维尔政治学百科全书》，北京：中国政法大学出版社2002年版，第563–564页；【日】蒲岛郁夫著：《政治参与》，谢莉莉译，北京：经济日报出版社1989年版，第23–40页。本书认为，政治参与是社会大众通过合法或非法途径试图影响价值分配，进而可能影响政府政策的活动。就政治参与合法与否而言，本书的观点比较接近塞缪尔·亨廷顿的观点，但是，正如一般的研究者一样，塞缪尔·亨廷顿的关注点也是现代社会政治参与扩大现象，因而他的定义更适用于现代社会。参见【美】塞缪尔·亨廷顿等著：《难以抉择——发展中国家的政治参与》，汪晓寿等译，北京：华夏出版社1989年版，第1–7页。

第一节　合法的政治参与方式

按照暴力手段的有无，合法的政治参与方式分为两种：合法的非暴力政治参与方式和合法的暴力政治参与方式。

一、合法的非暴力政治参与方式

孕育于西方古代传统社会的合法的非暴力政治参与方式经历了近代社会的发展变化，及至现代社会逐渐形成五种基本的政治参与方式，即政治投票、选举、结社、表达、接触。①

政治投票与政治选举常常结伴使用，尽管二者各自还有着不同于对方的活动内容，如政治选举还包括筹措选举费用、政治选举的组织与宣传等，而政治投票则还包括全民公决性的公投活动。在从传统到现代的发展过程中，政治选举中可能会经历以"保护人—依附者关系"为基础、社区群体为基础、职业阶层为基础的多种不同的政治投票模式②，而成熟、强大的政党的发展对于弥合各种不同的政治参与基础、促进政治参与起到重要的作用。③

在五种基本的政治参与方式中，政治结社，如政党、利益集团，作为向上影响政府、向下组织社会大众选民的中介手段，与其他四种政治参与方式之间存在着密切的关系，如图3-1所示。

---

① 有关这五种政治参与方式的解释，参见王浦劬主编：《政治学基础》，北京：北京大学出版社1995年版，第214-219页。作为政策输入的类型划分，公众的政治参与也可以划分为三种传统的活动——投票、竞选活动、社区活动；四层次递进式的非传统的活动——合法非暴力的签名请愿、示威，直接行动的联合抵制活动，非法非暴力的非正式罢工与和平占领建筑物行动，非法的暴力式的人身伤害和财产毁坏行动。参见Russell J. Dalton, *Citizen Politics in Western Democracies: Public Opinion and Political Parties in the United States, Great Britain, West Germany, and France*, New Jersey: Chatham House Publishers, 1988, p. 35-73.

② 对于这三种投票模式的探讨，参见【美】塞缪尔·亨廷顿、琼纳尔逊著：《难以抉择——发展中国家的政治参与》，北京：华夏出版社1989年版，第57-69页。

③ 【美】塞缪尔·亨廷顿、琼纳尔逊著：《难以抉择——发展中国家的政治参与》，北京：华夏出版社1989年版，第63-64页。关于没有政党的选举和存在政党的选举在政治参与范围上差异的论述，参见【美】塞缪尔·亨廷顿著：《变革社会中的政治秩序》，李盛平等译，北京：华夏出版社1988年版，第391页。

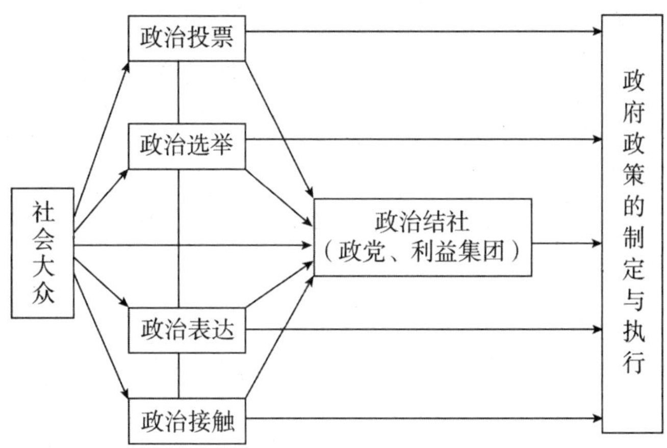

图3-1　社会大众的合法政治参与

在现代大众社会，政党作为社会大众进行政治参与的重要机制已经成为一种普遍的历史现象。①一般来说，西方社会议会体制内的政党一般都采取合法的非暴力政治参与方式，如英国的自由党、保守党，美国的民主党、共和党。情况比较复杂的是议会体制外的政党：多数政党都采取合法的非暴力的政党竞争手段积极参与政治，如英国的工党、各国的社会党及社会民主党等；有些政党采取包括非法的政治参与在内的各种手段来推翻现存的政治制度，如俄国的布尔什维克、"一战"后在匈牙利和德国曾经短暂掌权的共产党以及第二次世界大战（以下简称"二战"）中在沦陷地区坚持秘密斗争的东南欧政党；有些则在非法的政治参与尝试失败后争取走合法的非暴力的议会政治道路，如"二战"后的西欧各国的共产党。此外，在频繁发生革命的国家，如西班牙、葡萄牙等国，军事政变和人民起义往往成为国家政体发生往复变化的转折点，各个政党、政治派别根据情势的变化交替运用合法与非法手段。②

在非西方社会/非欧洲地区，政党的政治参与情况如下：第一，殖民地和半殖民地地区面临民族、民主两大任务的民族主义政党，通过各种非法手段推翻

① 【英】杰弗里·巴勒克拉夫著：《当代史导论》，上海：上海社会科学院出版社1996年版，第146页。有关政党议会内、议会外产生方式的描述，参见赵晓呼主编：《政党论》，天津：天津人民出版社2002年版，第25-29页。有关反对政党的力量来源以及无政党国家政治稳定的脆弱的论述，参见【美】塞缪尔·亨廷顿著：《变革社会中的政治秩序》，李盛平等译，北京：华夏出版社1988年版，第391-396页。

② 第三共和国之前的法国，革命不断，第三共和国建立后（除去维希政府和法西斯德国占领时期），法国议会体制内的政党基本采用合法的非暴力手段参与政治。有关法国自1600—2006年在民主化与非民主化间震荡前行以及与这每一次震荡紧密相关的革命或叛乱的论述，参见Charles Tilly, *Democracy*, New York: Cambridge University Press, 2007, p.33-40.

旧的政治制度，然后在新建立的政治制度下采取合法的非暴力政治参与方式。第二，在获得独立的前殖民地和半殖民地地区，如亚洲、非洲、拉美等地，在构建国内民主政治的过程中，包括反对派政党在内的各种政党或者走制度化的合法非暴力政治参与道路，或者可能与频繁的军事政变相伴，也可能因为当局对政党活动的限制甚至取缔政党活动而在制度化的边缘徘徊，根据具体情势的不同而灵活采取了非法或合法的多种政治参与方式。①

与政党一样，利益/压力集团②的存在并非某国特有的政治现象，它是社会大众进行政治参与的主要中介手段之一。③制度化的利益/压力集团采用的基本

---

① 有关东亚和东南亚政党政治参与状况，参见【美】罗兹·墨菲著：《亚洲史》，黄磷译，海口：海南出版社2004年版；有关中东地区的政党政治参与，参见曲洪著：《当代中东政治伊斯兰：观察与思考状况》，北京：中国社会科学出版社2001年版；有关现代非洲国家政治状况的演变参见John Parker and Richard Rathbone, *African History: A Very Short Introduction*, New York: Oxford University Press Inc., 2007, p. 115-134；有关现代拉美国家政党政治参与情况，参见袁东振、徐世澄著：《拉丁美洲国家政治制度研究》，北京：世界知识出版社2004年版，第23-26、151-167页；Leslie Bethell ed., *The Cambridge History of Latin America Volume VI: Latin America since 1930: Economy, society and politics*, Part 2: *Politics and Society*, New York: Cambridge University Press, 1992.

② 西方学者称呼利益集团的术语也有用压力集团、有组织的集团等称呼来替代的，有关利益集团的较为规范的定义参见【美】D. B. 杜鲁门著：《政治过程——政治利益与公共舆论》，陈尧译，天津：天津人民出版社2005年版，第37页；有关对多种不同的利益集团定义的概述，参见李寿祺著：《利益集团与美国政治》，北京：中国社会科学出版社1988年版，第1-5页。有关压力集团这一术语的缺陷的论述，参见Duncan Watts, *Pressure Groups*, Edinburgh: Edinburgh University Press, 2007, p. 6-7；【美】D. B. 杜鲁门著：《政治过程——政治利益与公共舆论》，陈尧译，天津：天津人民出版社2005年版，第42-43页。有关不同学者对于压力集团的不同定义的概述，参见Rob Baggott, *Pressure Groups Today*, Manchester: Manchester University Press, 1995, p. 2-3. 压力集团的较早定义还可参见Mary Earhart Dillon, "Pressure Groups", *The American Political Science Review*, Vol. 36, No. 3 (Jun., 1942), p. 472; Paul W. Facey, S. J., "Social Control and Pressure Groups", *The American Catholic Sociological Review*, Vol. 6, No. 4 (Dec., 1945), p. 230-231.

③ 西方学者在利益/压力集团政治作用的认识上一般经历了由贬到褒的发展过程，参见Mary Earhart Dillon, "Pressure Groups", *The American Political Science Review*, Vol. 36, No. 3 (Jun., 1942), p. 472-473. 有关政党与利益/压力集团之间的关联性论述，参见Duncan Watts, *Pressure Groups*, Edinburgh: Edinburgh University Press, 2007, p. 11-12. 利益集团与政党之间的影响是双向性的，二者互为弥补，为社会大众提供了政治参与的不同渠道，参见Hugh A. Bone, "Political Parties and Pressure Group Politics", *Annals of the American Academy of Political and Social Science*, Vol. 319, (Sep., 1958), p. 74. 有关利益集团与政党之间的主要区别，参见Duncan Watts, *Pressure Groups*, Edinburgh: Edinburgh University Press, 2007, p. 10-12；也可参见Rob Baggott, *Pressure Groups Today*, Manchester: Manchester University Press, 1995, p. 3-4; Mary Earhart Dillon, "Pressure Groups", *The American Political Science Review*, Vol. 36, No. 3 (Jun., 1942), p. 473-475.

上都是合法的非暴力的政治参与方式，如通过劝说、游说、宣传、公众舆论、请愿甚至集会等运动式的和平抗议形式，影响国家立法、行政、司法机构及国会议员，支持政党初选的提名、全国大选等。①但对于广泛存在的、非组织化的潜在利益②的严重干扰也可能导致大规模的合法的暴力政治参与，如国家政治制度受到大规模外敌入侵的威胁时，发展中国家跨阶层的运动因其争端所具有的感情色彩而具有暴力倾向。③此外，正如选举、投票、政党等政治参与方式一样，利益/压力集团在活动中也可能因为使用了行贿、威胁甚至暴力等手段而带有非法的色彩。非制度化的利益/压力集团则可能因结社行为在某些国家被视为非法，而被迫转为地下状态秘密活动；突发性事件对于集团成员情感的猛烈刺激可能导致和平抗议运动的急剧扩大并演变为非法的暴力行为。

除了可以独立发挥政治参与的作用外，政治表达与政治接触在以政党和利益集团这两种基本的政治结社形式的政治参与活动中也担负着重要的作用。不论是政治集会、政治请愿还是政治言论④，政治表达既可以作为反对党/政治反对派和利益集团组织社会大众向执政党或现政府施加压力，影响政府决策的有力工具⑤，也可以作为执政党或现政府在国内或国际政治博弈中向相关的国

---

① 有关压力集团的制度化政治参与方式的论述，参见Mary Earhart Dillon, "Pressure Groups", *The American Political Science Review*, Vol. 36, No. 3 (Jun., 1942), p. 473-481; Hugh A. Bone, "Political Parties and Pressure Group Politics", *Annals of the American Academy of Political and Social Science*, Vol. 319, (Sep., 1958), p. 73-83; Henry A. Turner, "How Pressure Groups Operate", *Annals of the American Academy of Political and Social Science*, Vol. 319, (Sep., 1958), p. 63-72，有关利益集团对公共政策的塑造及途径的论述，参见Richard W. Gable, "Interest Groups as Policy Shapers", *Annals of the American Academy of Political and Social Science*, Vol. 319, (Sep., 1958), p. 84-93; D. B. 杜鲁门著：《政治过程——政治利益与公共舆论》，天津：天津人民出版社2005年版，第231-540页。

② 关于广泛存在的、非组织化的潜在利益的解释，参见【美】D. B. 杜鲁门著：《政治过程——政治利益与公共舆论》，天津：天津人民出版社2005年版，第555-558页。

③ 【美】塞缪尔·亨廷顿、琼纳尔逊著：《难以抉择——发展中国家的政治参与》，北京：华夏出版社1989年版，第131页。

④ 同样作为政治态度表达的不同类型，游行、示威甚至骚乱更多的是一种行动，而包括公众舆论在内的政治言论则是一种言辞和书面的语言。参见Robert S. Erikson, Kent L. Tedin, *American Public Opinion: Its Origins, Content, and Impact*, 6th ed. Boston: Addison Wesley Longman, 2003, p. 6.

⑤ 参见范成东著：《英国工业革命时期的利益集团和议会立法》，南京：东南大学出版社1993年版。该书详细展示了英国工业革命时期，由土地利益集团控制的政府在非土地利益集团的诸种压力下开展政治改革的实践。

内或国际政治力量表达强大的国内社会大众政策倾向的有力手段。①与游行、示威、请愿、集会这些有形的大规模群众运动产生的赫赫声势相比，公众/大众舆论②则通过诸种现代传播手段展示出无形的强大政治力量。③而且，不管政治表达在公众舆论的理论研究上是被精英主义学者视为受操控的结果，还是被多元主义思想家看作是对政治精英决策的约束④，在政治实践中，在有形和无形力量的互动下，作为一种有组织的政治力量的宣泄，社会大众政治表达的理性官能和激情动能常常纠缠在一起，实际上已成为现政府无法忽视也无法回避的一股强大的现实力量，这股力量有时甚至搅动并牵引着整个国内政治情势的走向。作为一种有组织的力量，政治表达常常与政治宣传存在密切的联系：受政党、利益集团甚至（本国或敌对国家）政府组织与鼓动的宣传，可能会直接操纵社会暗示、影响人们的精神状态、控制公众舆论和态度⑤，而这些宣传效果的达成往往又会产生与前述有形行动相关的政治表达。在实际操作中，作为合法非暴力政治参与形式的政治表达也可能会逾越临界点而演变成为非法的（和平

---

① 西方国家民调机构经常开展民意测验，公布大选中的候选人的胜率预测或现任政府领导的民意支持率，这种民调已成为公众/大众舆论影响政府政策的有力手段。被称为“声望政治学”的理论强调，总统出于多重原因非常关注公众支持率，参见Eugene R. Wittkopf, Charles W. Kegley, Jr., James M. Scoot, *American Foreign Policy: Pattern and Process*, 6th edition, Thoms learing: Wadsworth, 2003, p. 262-265.

② 关于对公众舆论概念内涵演进进行的较为系统的梳理的论述，参见【美】文森特·普赖斯（Vincent Price）著：《传播概念·Public Opinion》，邵志择译，上海：复旦大学出版社2009年版。有关大众舆论本质与由来的阐述，参见John R. Zaller, *The Nature and Origin of Mass Opinion*, New York: Cambridge Univesity press, 1992.

③ 书刊、报纸、广播、电视、网络等现代大众传媒在公众/大众舆论的形成中具有关键的地位。有关报纸、学校、无线电通讯、剧院、教堂等传播渠道被美国利益/压力集团用来塑造美国大众，使之成为影响立法者的大众压力的作用的描述，参见Belle Zeller, “Lobbies and Pressure Groups: A Political Scientist's Point of View”, *Annals of the American Academy of Political and Social Science*, Vol. 195, (Jan., 1938), p. 80-81, 83; 有关因特网在美国政治参与中作用的论述，参见Samuel J. Best and Brian S. Krueger, “Analyzing the Representativeness of Internet Political Participation”, *Political Behavior*, Vol. 27, No. 2 (Jun., 2005), p. 183-216.

④ 理论界对公众舆论与公共政策关系的研究有五种模式：理性行为者模式、政党模式、利益集团模式、角色扮演模式和共享模式。参见Robert S. Erikson, Kent L. Tedin, *American Public Opinion: Its Origins, Content, and Impact*, 6th ed. Boston: Addison Wesley Longman, 2003, p. 17-20.

⑤ 【美】哈罗德·D. 拉斯韦尔著：《世界大战中的宣传技巧》，张洁等译，北京：中国人民大学出版社2003年版，第22页。

甚至暴力方式的）政治参与方式。①

政治接触有两种基本形态：一种是个人为了私利或部分人的利益而接触政府官员和议员，这是一种临时性的、缺少甚至没有组织性的接触②；另一种是作为院外集团的压力而持久、有组织地存在的，包括大大小小、类型繁多的利益/压力集团，他们为维护各自可能相互冲突的利益，接触并游说政府官员、议员。政治接触的方式包括写信、打电话、递交请愿书、专访等。③此外，在第二种接触形态中，利益/压力集团主要采用的接触方式是专门雇佣院外人员向政府官员和议员进行包括"社交性游说"在内的各种游说活动。④政府官员和议员对于政治接触的重视则可能源于多方面的原因，如选举和公职连任的压力、经济利益的诱惑、解决具体议案的知识与技术的缺乏等。就合法性问题而言，与其他几种政治参与方式一样，宪法规定下的政治接触的合法性在政治实践中常常受到非法行为的挑战，从而产生了众多的丑闻。

由以上分析可以看出：上述五种基本的政治参与方式在实际操作上往往

---

① 对具体的、从合法到非法形式的抗议政治递进式演变的探讨，参见Russell J. Dalton, *Citizen Politics in Western Democracies: Public Opinion and Political Parties in the United States, Great Britain, West Germany, and France*, New Jersey: Chatham House Publishers, 1988, p. 59–73.

② 【美】塞缪尔·亨廷顿、琼纳尔逊著：《难以抉择——发展中国家的政治参与》，北京：华夏出版社1989年版，第131页。在这种类型中尤其是小团体一次性的行为，更多的是代表低收入的底层邻里群体的福利问题而进行的，这些问题尤其集中出现于都市化过程中的强占定居点。

③ 此种个人接触也有源于利益集团对社会大众尤其是其成员进行动员的结果，是利益集团开展的"间接游说"（或称"基础游说"）活动。参见李道揆著：《美国政府和美国政治》，北京：商务印书馆1999年版，第306页；【美】斯蒂芬·施密特等著：《美国政府与政治》，梅然译，北京：北京大学出版社2005年版，第176–177页。有关社会大众对议员采取邮寄信件的方式进行接触的效果的评说，参见【美】D. B. 杜鲁门著：《政治过程——政治利益与公共舆论》，北京：华夏出版社1989年版，第423–425页。

④ 有关利益集团对立法者的游说活动，参见Belle Zeller, "Lobbies and Pressure Groups: A Political Scientist's Point of View", *Annals of the American Academy of Political and Social Science*, Vol. 195（Jan., 1938）, p. 79–87; 对利益集团在国会中的游说策略的探讨，参见Marie Hojnacki and David C. Kimball, "Organized Interests and the Decision of Whom to Lobby in Congress", *The American Political Science Review*, Vol. 92, No. 4（Dec., 1998）, p. 775–790. 游说活动可能并非是利益/压力集团向政府官员、议员的单向活动，也可能还包括了反向的活动。有关社交性游说的评述以及这种对于议员与利益/压力集团之间关系的不同看法，参见【美】D. B. 杜鲁门著：《政治过程——政治利益与公共舆论》，北京：华夏出版社1989年版，第369–373页。有关游说活动的主要内容，参见【美】斯蒂芬·施密特等著：《美国政府与政治》，梅然译，北京：北京大学出版社2005年版，第174页。

是相互联系的，割裂相互联系来孤立地理解某一参政方式是欠妥当的，也就是说，与其他几种方式没有任何联系的政治参与是难以存在的①；而作为社会大众政治参与中介手段的政党和利益集团，则担负着动员社会大众参政和贯通各种政治参与方式之间联系的关键作用；受各种具体的不同因素的影响，这五种合法的非暴力政治参与方式也可能向合法的暴力、非法的非暴力和非法的暴力政治参与方式中的一种或数种转变。

二、合法的暴力政治参与方式

合法的暴力政治参与，即社会大众经国家广泛动员而参与国家组织的武力活动。这种政治参与方式一般主要用于对内镇压和对外战争两类军事目的。自古至今，社会大众的不同群体都不同程度地受到国家军事动员的影响。

对内镇压的军事行动，大致因为阶级矛盾、民族矛盾以及包括宗教、意识形态在内的信仰矛盾或者上述诸多因素的结合导致的反叛、起义、动乱所致。②对外战争依据是否具有侵略性大致可分为两类——对外军事征服的战略扩展和抵御外来军事侵略的战略防御。这两类战争的性质往往会因为战争形势的逆转而在战争双方之间发生变换。

从战略扩展的历史动力来看，对外征服又包括两类：一类是根源于外部的压力，如其他民族的扩张活动或诸如气候异常等自然原因迫使本民族在生存压力下进行的迁徙式军事征服行动；另一类是根源于内部的动力，如殖民扩张或宗教征服活动。根源于外部压力的民族迁徙式的军事征服多是在生存压力的自

---

① 即使是任何方式的自动参与，参与者也可能因政党或利益集团宣传所塑造的公众舆论的潜在影响，或者被政府官员和议员看作值得争取的选民来对待，而使这一参与方式可能与其他四种参与方式相互紧密联系起来。

② 具体分析参见本章后文“非法”形式的暴力政治参与方式部分。国内武力强制的使用除了军事镇压这种严厉形式外，还有很多种温和的形式，如逮捕、监禁、取缔等，但这些手段的使用往往不一定表明社会大众对国家政权认同的提高，而很可能表明国家权威在某种程度上的丧失。

然冲动下出现的。①这种对外战争方式主要包括大规模的流动式的掠夺或永久性的占有两种方式，历史上，在欧亚大陆游牧部落自东向西的大迁徙中曾多次反复出现上述两种民族迁徙式的征服方式。

根源于内部的殖民征服行动除了是由政府动员组织的大规模的军事征服外，既可能是小规模自发性的和平式的或具有武装性质的移民活动，也可能是一种性质较为复杂的超国家行为，所有这些和平的或军事的行动往往与宗教征服的动机结合在一起，难以分开。和平式的或具有武装性质的移民活动可能并没有得到母国政府大张旗鼓的支持，但往往可能也不被母国政府禁止，甚至或许为母国政府所乐见其成，因而很有可能会进一步引发母国政府动员组织大规模的军事征服活动。出于对民族分离主义势力（可能还夹杂着历史遗留问题）的担心，这种民间和平式的移民往往会导致移入国对移民来源国的重大战略警觉。

超国家行为的对外军事行动大致有两种：一种是属于国家或城邦联盟性质；另外一种则具有类似于世界政府的性质。就国家或城邦联盟而言，在古代，希波战争和伯罗奔尼撒战争展示了很好的范例；在现代大众社会，两次世界大战则展示了史例的经典；而由北约发动的所谓人道主义战争则是这种对外军事行动的最新示范。就世界政府性质的对外军事行动而言，古代社会的经典就是十字军的宗教狂热。在当代，这种类似于世界政府性质的军事行动的表现，如联合国名义下开展的反恐战争。

如果从国家动员的广泛内涵来理解②，从传统社会到现代社会，社会大众的不同群体都程度不同地受到国家军事动员的广泛影响。首先，很多国家从对

---

① 根源于外部压力的对外军事行动往往与其他民族对迁徙民族的征服相关。有关征服民族对待被征服民族的三种形式的论述，参见本章后文“‘非法’形式的暴力政治参与方式”部分对民族矛盾引起的非暴力形式政治参与方式的论述。根源于外部压力的迁徙式的对外军事行动的经典史例即是匈奴西迁对欧洲、亚洲的影响。有关日耳曼诸部落对罗马帝国的入侵原因的论述，参见【美】卡尔顿·约·亨·海斯等著：《世界史》，上海：三联书店1975年版，第367–368页；有关匈奴西迁入欧与罗马帝国衰亡的关系，参见陈序经著：《匈奴史稿》，北京：中国人民大学出版社2007年版，第471–549页。有关月氏西迁及其对中亚和西亚的影响，参见王治来著：《中亚通史·古代卷·上》，乌鲁木齐：新疆人民出版社2004年版。

② 有关国家动员内涵的阐述，参见时殷弘、陈潇：“现代政治制度与国家动员：历史概观和比较”，载《世界经济与政治》2008年第7期，第32页。有关英、俄、法语中“动员”一词的来源以及世界主要国家对动员内涵的阐释，参见刘鸿基著：《战争动员学》，北京：国防大学出版社1992年版，第1–4页。

战略资源的获取和战略能力的构建的考虑出发，在法律制度上都规定了一套有关国家人口生殖、经济发展、赋税缴纳、物资运输与储备、军事人才的选拔和任用、军事教育与训练等诸多方面的奖惩措施。①其次，就兵役而言，在社会发展的不同阶段，承担兵役的战士可能由下面不同来源的一部分单独构成，也可能同时由几种不同的来源共同构成，尽管他们在战争中承担的任务和兵种还存在较大的差别：部落、氏族的成年男丁成员，专习战事的士族、平民，自耕农、隶农、农奴，游牧民，与民户有别的军籍人员，市民阶级，罪犯、招募来的其他人员、雇佣兵，公民。然而随着现代社会日益步入总体战时代，战争如同打开的潘多拉之盒，其动能被极大地释放出来，战争的目标、手段，以及作战的规模、范围等都发生了剧烈而根本的改变。

---

① 有关中国自古以来军事制度方面的专门论述，参见陈高华、钱海皓总主编：《中国军事制度史》（6卷本），北京：大象出版社1997年版。这6卷本即，刘昭祥主编的《中国军事制度史：军事组织体制编制卷》（第1卷）、郝治清主编的《中国军事制度史：军事教育训练卷》（第2卷）、李新达主编的《中国军事制度史：武官制度卷》（第3卷）、童超主编的《中国军事制度史：后勤制度卷》（第4卷）、王晓卫主编的《中国军事制度史：兵役制度卷》（第5卷）、季德源主编的《中国军事制度史：军事法制卷》（第6卷）。此外，还可参考雷海宗著：《中国文化和中国的兵》，北京：商务印书馆2001年版。有关西方自古以来军事制度方面的论述，参见Philip Sabin eds., *The Cambridge History of Greek and Roman Warfare VolⅠ: Greece, the Hellenistic world and the rise of Rome*, Cambridge: Cambridge University Press, 2007; Philip Sabin eds., *The Cambridge History of Greek and Roman Warfare VolⅡ: Rome from the late Republic to the late Empire*, Cambridge: Cambridge University Press, 2007；【美】杰弗里·帕克著：《剑桥插图战争史》，傅景川等译，济南：山东画报出版社2004年版；【美】麦克尼尔（McNeill, W. H.）著：《竞逐富强——西方军事的现代化历程》，倪大昕等译，上海：学林出版社1996年版；【英】富勒（J. F. C. Fuller）著：《西洋世界军事史》（3卷本），钮先钟编译，台湾：军事译粹社1976年版。关于人口数量与质量问题的探讨，参见本书第二章的揭示。

第二节　“非法”的政治参与方式

按照暴力手段的有无，“非法”的政治参与方式分为两种：“非法”的非暴力政治参与方式和“非法”的暴力政治参与方式。

一、“非法”的非暴力政治参与方式

“非法”的非暴力政治参与方式采取的是一种与当时的国家规定相冲突且又属非武力斗争形式的参与方式。其具体表现形式多种多样，不一而足，如军事①、经济或政治等行为，但都是针对现政府的一种“不支持”，本书在此只对其加以概括性的阐述。

“非法”的非暴力政治参与方式古已有之。古罗马共和国早期（王政结束到公元前3世纪初期），平民为抗议贵族的专权而主动数度武装撤离至圣山②，这些行为对于古罗马国家移民扩张政策的形成、未来国家公民精神的塑造和国家阶级结构的变化等都产生了深刻的影响。此外，广泛存在的下层社会大众逃离奴役、压迫的行为③，沉重打击了流行的经济制度，推动着经济变革的出现，

---

① 对于军事形式的非暴力行为的判定，不仅仅在于该行为没有在发生互动的双方之间出现武力冲突，更为重要的是，这样一种行为也没有造成实际的人员伤亡，但对行为的受动者造成精神恐慌则无疑是存在的，而这仅是“力量的使用”而非“武力的使用”。有关暴力行为判定的“行为”与“伤害”两个要件的探讨，参见Francis C. Wade, “On Violence”, *The Journal of Philosophy*, Vol. 68, No. 12 (Jun. 17, 1971), p. 369–377.

② 有关平民数度武装撤离至圣山行动的前因后果的阐述，参见Titus Livius, *The History of Rome*, Vol. 1, p. 134–152, 270–291; Titus Livius, *The History of Rome*, Vol. 2, Translated by George Banker, A. M., New York: J. Maxwell, Printer. 1823, p. 387;【古罗马】阿庇安著：《罗马史》（下），谢德风译，北京：商务印书馆1997年版，第1页。

③ 工匠农奴逃离庄园至封建城堡、主教驻地、寺院附近和交通方便的渡口、港口、要道、关隘等地。这些地方则慢慢地发展成为工商业集中的城市。在中国古代，工匠逃役和逃亡也是一种繁重压迫剥削背景下的常见现象，尤见于大乱之年。有关大乱之年工匠流徙的情况，参见李剑农著：《中国古代经济史稿（第二卷）：魏晋南北朝隋唐部分》，武汉：武汉大学出版社1990年版，第54–57页。有关明代工匠逃亡行为的情况，参见毛佩琦主编：《中国社会通史·明代卷》，太原：山西教育出版社1996年版，第217–218页。

而且由这种变革产生的新生社会力量、新型的经济制度、新的思维方式对国内中央和地方权力结构与国家对外政策的变化等都产生了重大的影响。古今中外历史上摆脱官府赋税压迫的行为有时与逃亡行为有着密切的关联，形式多样，如以献产的形式请求僧俗特权的庇护①，甚或丢弃田产而成为漂泊不定的流民等。②这些逃脱赋税的行为小到影响中央政权的税源，大到可能造成地方势力的崛起、下层社会大众的暴力起义和中央权力的式微，甚至在内外力量的巨大压力下导致国家权力的倾覆。

与上述消极逃避现行体制的行为不同的是，还有一类采取非暴力的手段积极寻求变革现行体制的行为，如城市下层手工业者的“非法”结社、集会。他们为了争取自身的权益，有时秘密结成兄弟会，以对抗封建行会的各种禁令。③这些禁令实际上无法真正起到禁止下层社会大众积极抗争的作用，它要么使得抗争活动被迫采取秘密的形式而进入地下状态集聚动能，要么迫使社会大众铤而走险采取武力斗争的极端形式。

现代大众社会“非法”的非暴力政治参与方式大致分为体制内和体制外两种类型。体制内的非暴力政治参与方式之所以被称为“非法”的，可能主要源于三个原因。原因之一，参与者采取的诸种参与方式本身可能就是违法的，这种情况既可能出现在殖民地时期，也可能出现在由传统向现代化转型时期的国

---

① 国家为了政权和赋税来源的稳定，常常限制特权庇护的田产和人口数量；而特权者为了扩大自己的地产和势力，常常会无节制地接受献产庇护的请求。

② 因丢弃田产而成为流民的现象在中国王朝末期非常普遍，在古代罗马帝国时期也广泛存在。尽管这些流民中有些当初可能还是相对自由的自耕农，但封建社会繁重的赋税徭役（苛政猛于虎）加之社会的动荡可能会逼迫他们远走他乡，有些人干脆就成为到处漂泊的商贩性质的流民。有关流民问题的探讨，参见池子华著：《流民问题与社会控制》，南宁：广西人民出版社2001年版。全景式概览中国自古以来的流民问题的论著，参见：江立华、孙洪涛著：《中国流民史·古代卷》，合服：安徽人民出版社2001年版；池子华著：《中国流民史·近代卷》，合服：安徽人民出版社2001年版；王俊祥、洪泰春著：《中国流民史·现代卷》，合服：安徽人民出版社2001年版。

③ 1799—1824年，托利党保守内阁执政时颁布了禁止结社的《结社法》，1817年又颁布了《反煽动性集会法》。1875年制定的《密谋与财产保护法》废除了1871年刑法修正案中对罢工纠察行为的限制，这与同年制定的《雇主与雇工法》使工会获得了较为完整的法律地位。

家中。在上述两个时期，不仅参与者本人可能无投票权、选举权，结社、政治集会、政治表达这些政治参与方式可能也属于被禁止之列；除此之外，在由传统向现代转型的城市化过程中，不论是西方世界还是非西方世界（当前主要以第三世界的发展中国家为主），还广泛地出现过非法的强占居民点的行为，这些居民点的居民有时还诉诸选举、政党、政治集会等合法的政治参与方式以追求与居民点密切相关的利益诉求。①原因之二，尽管参与者采取的政治集会、政治表达、结社等方式为合法的，但在具体操作中可能存在诸如恐吓、贿赂等非法的手段。原因之三，尽管采取了政治集会、政治表达、结社等合法的方式②，但参与者通过这些方式需要达成的（全部或部分）目标在运动进行的时候是非法的，如所谓的包括争取自治、反对种族隔离、争取民权等在内的民间不服从运动（Civil Disobedience）/非暴力（抗议）运动③，以及类型多样的和

① 印度学者帕萨·查特杰（Partha Chatterjee）对第三世界都市化过程中出现的强占居民点的政治生活从不同于国家vs. 公民社会的所谓“政治社会”的分析视角做过独特的分析，有关这一“政治社会”的分析，参见【印度】帕萨·查特杰著：《被治理者的政治：思索大部分世界的大众政治》，田立年译，桂林：广西师范大学出版社2007年版。对于强占居民点的政治生活的较早分析，还可参见塞缪尔·亨廷顿等著：《难以抉择——发展中国家的政治参与》，北京：华夏出版社1989年版。

② 其中还包括罢工、静坐以及经济上的抵制货物、抗捐抗税等。

③ 民间不服从运动是一个含义广泛、常常与非暴力运动相替换的概念。有关不服从运动的概念及其与非暴力运动的关系，参见Paul F. Power, “Civil Disobedience as Functional Opposition”, *The Journal of Politics*, Vol. 34, No. 1（Feb., 1972）, p. 37–55; A. D. Woozley, “Civil Disobedience and Punishment”, *Ethics*, Vol. 86, No. 4（Jul., 1976）, p. 323–331.有关甘地和马丁·路德·金的非暴力策略/思想的论述，参见Robert E. Klitgaard, “Gandhi's Non-Violence as a Tactic”, *Journal of Peace Research*, Vol. 8, No. 2（1971）, p. 143–153; Anima Bose, “A Gandhian Perspective on Peace”, *Journal of Peace Research*, Vol. 18, No. 2（1981）, p. 159–164; Warren E. Steinkraus, “Martin Luther King's Personalism and Non-Violence”, *Journal of the History of Ideas*, Vol. 34, No. 1（Jan. — Mar., 1973）, p. 97–111. 有关“二战”以后美国黑人民权运动的描述，参见【美】阿瑟·林克（Arthur S. Link）、威廉·卡顿（William B. Catton）、刘绪贻等著：《1900年以来的美国史（下册）》，北京：社会科学出版社1983年版，第43–53、130–134、162–172页。有关南非的非暴力民间不服从运动的论述，参见Gay W. Seidman, “Blurred Lines: Nonviolence in South Africa”, *Political Science and Politics*, Vol. 33, No. 2（Jun., 2000）, p. 161–167; 有关20世纪30年代印度的民间不服从运动的论述，参见Burton Stein, *A History of India*, 2nd Edition, edited by David Arnold, Wiley-Blackwell, 2010, p. 308–309.

平主义运动。①

体制外的“非法”的非暴力政治参与方式主要有两种。一种属于积极行为：通过结社形式组成反对派，动员群众开展多种形式的政治集会，向现政府施加压力，实现旨在推翻现行体制的政治诉求。获得民族独立后的发展中国家的国内政治斗争与20世纪80年代末90年代初的东欧剧变中都出现过此类行为。另一种属于消极的躲避行为：通过出逃/逃离等形式表达对现政权的不满或不支持，如“二战”结束后逃离东德的群众自发行为，出现于当今的某种程度上的跨境难民潮、偷渡行为等。

二、“非法”的暴力政治参与方式

“非法”的暴力政治参与方式主要有三种：反抗暴政和压迫的阶级暴力斗争、反抗民族压迫的被压迫民族的暴力斗争、宗教群众的暴力斗争。在政治实践中，这三种斗争形式可能难以在一场暴力行为中严格区分开来而同时表现出多重特性。

（一）传统社会的三类“非法”的暴力政治参与方式

传统社会下层阶级的暴力斗争主要有：古代社会的奴隶大起义、农民起义、手工业者和商人的各种武力反抗斗争，近代由农民、手工业者（主要是手工工场的手工业者）、一般商人推动的革命斗争。值得一提的是，在近代欧洲史上，与法国下层阶级多次采取的“非法”的暴力政治参与方式不同的是，英国则主要

① 有关英国贵格会和平主义运动的详细评述，可参见Thomas C. Kennedy, “The Quaker Renaissance and the Origins of the Modern British Peace Movement, 1895—1920”, Albion: *A Quarterly Journal Concerned with British Studies*, Vol. 16, No. 3（Autumn, 1984）, p. 243-272；有关当代世界和平运动的成效的评述，参见Tamar Hermann, “Contemporary Peace Movements: Between the Hammer of Political Realism and the Anvil of Pacifism”, *The Western Political Quarterly*, Vol. 45, No. 4（Dec., 1992）, p. 869-893；关于和平主义的反思，参见G. C. Field, “Some Reflections on Pacifism”, *Proceedings of the Aristotelian Society*, New Series, Vol. 44（1943—1944）, p. 43-60.

表现出非暴力色彩。

传统社会的民族斗争分为两类：被征服的或藩属的民族反抗统治民族的斗争，其他具有民族矛盾性质的反抗斗争。这两类斗争的形成与征服民族处置被征服民族的三种基本方式相关：（1）直接侵占被征服民族的领土，由征服民族的成员驱使被征服民族的成员充当劳力①，如古代斯巴达人役使美塞尼亚的黑劳士那般；（2）将被征服民族的人民屠杀、贩卖或驱赶到其他地区而由征服民族的成员移民垦殖，如古罗马共和国推行的移民扩张的殖民政策那般②；（3）让被征服民族留居在原地，实行藩属管理③。在第一种和第三种处置方式下，被征服民族的某些诸如宗教的、部族的因素往往承担了组织和号召的功能，因而容易出现被征服民族大规模参与的反抗斗争。在第二种处置方式下，征服民族的成员或者成为小农场的自耕农，或者成为大地产的所有者，而在大地产上耕作的则可能是来源广泛的各种劳动者，这些劳动者可能是从市场购得的各类奴隶，也可能是隶农或身份自由的佃农。在此情况下的民族斗争，有的是对母邦的殖民统治的反抗，有的是夹杂着阶级矛盾的对殖民地政府的反抗。

传统社会的宗教斗争大致包括三类：同一宗教的不同派别（包括正统与异端）间的斗争；不同宗教之间的斗争；以民间宗教（包括具有浓厚的宗教色彩的秘密会社在内）为鼓动、宣传、斗争的组织形式反抗政府统治，并可能追求理想社会形态的斗争。第一类宗教斗争在以基督教、伊斯兰教为国教的地区都大

---

① 伴随着土地上劳作者身份自由程度的变化，这种处置变化可能会出现奴隶制、农奴制甚至资本主义性质的不同的耕作形式。

② 根据占有者所占面积的大小，可能会出现小土地占有者和大土地占有者等多种形式的混杂。其中，大土地占有者非常可能购买奴隶耕种自己的大地产，而这种奴隶和奴隶主之间的矛盾往往是在阶级矛盾的基础上掺杂着强烈的民族矛盾。另外，罗马殖民扩张政策下因移民垦殖的范围往往是有限的，被征服民族往往得以允许保留大部分的土地。

③ 根据藩属者自治程度和被征服民族人民在国家公民权享有等方面的差异，藩属管理也有多种样式。

规模地发生过，尤以基督教盛行的欧洲表现明显。①第二类宗教斗争既表现为多神教与成为国教前的一神教，如基督教、伊斯兰教的对立②，也表现为国教一神教在国家战略扩张过程中与其他宗教之间的对立，如基督教与伊斯兰教之间的激烈碰撞③，基督教、伊斯兰教与其他宗教派别（如袄教、印度教）的激烈对抗。④民间宗教反抗政府统治的斗争在世界各地的各个历史阶段也都广泛地出

---

① 有关对基督教异端问题的论述，参见徐怀启著：《古代基督教史》，上海：华东师范大学出版社1988年版，第336-366页；【英】约翰·麦克曼勒斯主编：《牛津基督教会史（插图本）》，张景龙等译，贵阳：贵州人民出版社1995年版；【英】吉尔·R. 埃文斯（Gill R. Evans）著：《异端简史》，李瑞萍译，北京：北京大学出版社2008年版；有关早期伊斯兰教派间的纷争，参见钱学文著：《简明阿拉伯伊斯兰史》，银川：宁夏人民出版社2005年版；【英】伯纳·刘易斯著：《阿拉伯人的历史》，蔡百铨译，台湾：聊经出版事业公司1986年版，第111-130页；王宇洁著：《伊朗伊斯兰教史》，银川：宁夏人民出版社2006年版。

② 有关早期基督教遭受到的包括犹太教在内的其他宗教的迫害的论述，参见徐怀启著：《古代基督教史》，上海：华东师范大学出版社1988年版，第123-142页；【英】爱德华·吉本著：《罗马帝国衰亡史（上）》，黄宜思、黄雨石译，北京：商务印书馆1997年版；Margaret M. Mitchell and Frances M. Young eds., *The Cambridge History of Christianity Volume 1: Origins to Constantine*, Cambridge: Cambridge University Press, 2006. 有关伊斯兰教遭受迫害的论述，参见D. I. Margoliouth, *Mohammed and the rise of Islam*, New York: The Knickerbocker, 1905；【英】爱德华·吉本著：《罗马帝国衰亡史（下）》，黄宜思、黄雨石译，北京：商务印书馆1997年版，第364-385页。

③ 有关罗马帝国与萨珊朝之间的宗教矛盾的论述，参见【美】威廉·兰格主编：《世界史编年手册（古代和中世纪部分）》，刘绪贻等译，上海：三联书店1981年版，第260-267页；【美】卡尔顿·约·亨·海斯、帕克·托马斯·穆恩、约翰·威·韦兰等著：《世界史》，上海：三联书店1975年版，第393-395页。有关基督教与伊斯兰教在西班牙的关系的论述，参见C. R. Haines, M. A., *Christianity and Islam in Spain, A. D. 756—1031*, London: Kegan Paul, Trench and Co, 1889; M. Florian, History of the Moors of Spain, New York: Happer and Brothers, 1857. 有关基督教与伊斯兰教在东方叙利亚的冲突的论述，参见William Barron Stevenson, *The crusaders in the East: a brief history of the wars of Islam with the Latins in Syria during the twelfth and thirteenth centuries*, Cambridge: Cambridge University press, 1907；有关十字军问题的较早论述，可参见【英】爱德华·吉本著：《罗马帝国衰亡史（下）》，北京：商务印书馆1997年版，第475-540页。

④ 有关袄教与其他宗教间的关系的论述，参见【英】约翰·布克主编：《剑桥插图宗教史》，王立新等译，济南：山东画报出版社2005年版，第219-216页。有关伊斯兰教与印度教的碰撞的论述，参见【印度】R. C. 马宗达、H. C. 赖乔杜里、卡里金卡尔·达塔合著：《高级印度史（上、下）》，张澍霖等译，北京：商务印书馆1986年版；林承节著：《印度史》，北京：人民出版社2004年版，第119-151、154-205页；Judi E. Walsh, *A Brief History of India*, New York: Facts On File Inc, 2006, p. 59-88；有关德里苏丹和莫卧儿帝国时期的印度状况，参见Hermann Kulke, Dietmar Rothermund, *A History of India (fourth edition)*, New York: Routledge, 2004, p. 162-224；有关莫卧儿帝国阿克巴（Akbar）与奥朗泽布（Aurangzeb）时期的宗教政策反差及其社会影响的论述，参见John F. Richard, *The New Cambridge History of India I.5: The Mughal Empire*, Cambridge: Cambridge University Press, 1995, p. 34-40, 171-184.

现过。①

（二）现代社会的三类“非法”的暴力政治参与方式

不论是为生存机会而战，还是为摆脱等级或种姓身份的束缚而战，阶级暴力斗争依然难免会成为现代社会大众的一个不得已而为之的选择，尽管并非主要的选择。这不仅仅是因为合法政治参与在具体的操作过程中可能会异化为“非法”的暴力政治参与，而且还因为那些面临应得权利扩展和供给扩大两大问题②难以同步协调解决的矛盾的转型国家，往往会为了经济发展而选择压制

① 中世纪，欧洲广大农民、平民等对教会、贵族的不满不仅与从中世纪晚期英国的威克里夫（John Wyclif）改革与罗拉德运动到捷克的胡斯（John Hus）运动以及路德和卡尔文的宗教改革思想的广泛传播有着内在的密切关系，也与如汉斯·贝姆、托马斯·闵采尔（Thomas Müntzer）等这些广泛接触下层社会大众的宗教革新思想的倡导者与宣传、组织者有着紧密的联系。有关威克里夫宗教思想和罗拉德派宗教异端运动的论述，参见钱乘旦、徐洁明著：《英国通史》，上海：上海社会科学院出版社2012年版，第57–65页；【英】吉尔·R. 埃文斯（Gill R. Evans）著：《异端简史》，李瑞萍译，北京：北京大学出版社2008年版，第99–103页。有关胡斯运动的论述，参见【英】吉尔·R. 埃文斯（Gill R. Evans）著：《异端简史》，李瑞萍译，北京：北京大学出版社2008年版，第103–112页。有关汉斯·贝姆的“鞋会”起义，参见【英】托马斯·马丁·林赛著：《宗教改革史（上册）》，北京：商务印书馆1992年版，第91–103页。有关宗教与“鞋会”起义以及此后德国农民战争的关联性的论述，还可参见【德】马克斯·布劳巴赫等著：《德意志史·第二卷（上）》，北京：商务印书馆1998年版，第82–84页。有关路德、卡尔文宗教改革思想的论述，参见R. Po-Chia Hsia ed., *The Cambridge History of Christianity Volume 6: Reform and Expansion 1500—1660*, New York: Cambridge University Press, 2007, p. 3–142. 有关中近东地区犹太人长期的、不屈不挠屡次三番开展的反抗斗争，参见Bernard Reich, *A Brief History of Israel*, 2nd edition, Washington D. C.: George Washington University Press, 2008, p. 7–8. 有关萨珊王朝治下的马资达克大起义，参见【美】威廉·兰格主编：《世界史编年手册（古代和中世纪部分）》，上海：三联书店1981年版，第264页。有关莫卧尔王朝奥朗泽布统治时期，南亚次大陆地区民间宗教的反抗的论述，参见林承节著：《印度史》，北京：人民出版社2004年版，第190–194页。有关中国民间宗教及其在社会运动中的作用的论述，参见马西沙、韩秉方著：《中国民间宗教史（上、下）》，北京：中国社会科学出版社2004年版；【美】欧大年著：《中国民间宗教教派研究》，刘心勇等译，上海：上海古籍出版社1993年版；冯佐哲、李富华著：《中国民间宗教史》，北京：文津出版社1993年版；Hubert Seiwert (in collaboration with Ma Xisha), *Popular religious movements and heterodox sects in Chinese history*, Koninklijke Brill NV, Leiden, The Netherlands, 2003.

② 有关应得权利、供给内涵的阐释，以及20世纪90年代若干类国家面临的应得权利问题的解决方案的探讨，参见【英】拉尔夫·达仁道夫（Ralf Dahrendorf）著：《现代社会冲突——自由政治随感》，林荣远译，北京：中国社会科学出版社2000年版，第19–24、230–233页。

合法政治参与的政策，而发展政策的推行除了可能带来族群关系的紧张之外，又往往还会使得由民族独立事业带来的民族国家共同体的内部凝聚力沿阶级层面裂解开来，从而造成下层社会大众自发的或有组织的暴力抗争行为的频发。实际上，在从独立到转型的过程中，殖民地/转型国家的下层社会大众参与了多种类型的有组织的暴力抗争行为：（1）主要针对殖民主义的民族独立运动，既包括温和、渐进的独立运动，也包括猛烈、彻底的独立战争①；（2）旨在反对封建王朝势力，分裂割据势力以及包括落后、保守、腐败的势力在内的革命、反叛、起义、军事政变。②

由民族/种族/部族/族群矛盾导致的“非法”的暴力政治参与，不仅广泛出现在非西方世界，即使是在西方世界也并不少见。这种政治参与主要有两种形式：一种是少数族裔诉诸包括武装斗争在内的多种暴力手段，提出了诸如民族分离甚至是推翻现政权的政治/社会革命的要求；另一种是多数族裔部分人受诸种如民族的、宗教的传统思想观念的影响，自行采取了暴力手段以阻挠少数族裔的上述要求。

在现代社会，除了少数国家之外，一般情况下随着政教分离原则的坚持和民主政治的建立与发展，宗教力量对国家政治的参与往往采取了政党道路的

---

① 这种民族独立斗争虽然说主要是民族矛盾性质的，但阶级斗争的性质也很明显，因为不仅殖民地各阶层人民从广义上来说是处于征服民族的统治状态之中，更重要的是，民族独立斗争中，殖民地不同的阶层对独立运动以及独立后未来的国家走向都有着不同的理解，这种不同的理解时时从独立运动内部的各阶层之间的矛盾甚至是武力斗争中得到反映，这种争斗在民族共同体目标得到实现后往往进一步就发展成国内不同阶级之间的内战。

② 现代的反叛、起义、军事政变往往以“革命”一词来称呼自己的行动，当代西方有些学者甚至将主要诉诸于非暴力手段成功推翻现政权的行为也称为“革命”，“革命”一词的使用出现了泛化现象。有关革命概念的深刻、全面的探讨，参见【英】哈利迪（Fred Halliday）著：《革命与世界政治》，张帆译，北京：世界知识出版社2006年版，第26-52页；有关把主要诉诸于非暴力手段推翻现政权的行为称为“革命”——如称呼1989年东欧剧变为革命——的理论说明，可参见Stefan Auer，“Violence and the End of Revolution After 1989”，*Thesis Eleven*，No. 97（May, 2009），p. 6-25; Zygmunt Bauman，“A Revolution in the Theory of Revolutions?” *International Political Science Review*, Vol. 15, No. 1, 1994, p. 15-24.军事政变在拉美有些国家被视为合乎宪法的行动，因此这些地方的军事政变应该属于合法的暴力政治参与方式，参见袁东振、徐世澄著：《拉丁美洲国家政治制度研究》，北京：世界知识出版社2004年版，第277页。

合法方式。但即便如此，由于各国发展的速度和所处的发展阶段不同，加之现代社会宗教/意识形态的信仰矛盾有时又与阶级的、民族的矛盾密切地纠缠在一起，难以拆解，因而由宗教/意识形态的信仰矛盾导致的暴力政治参与方式仍会有种种不同的表现。具体来说，它们可能表现为同一宗教的不同派别之间的暴力斗争、不同宗教之间的暴力斗争、反对世俗政权的宗教暴力斗争。同一宗教不同派别之间的暴力斗争在当今集中表现在中东伊斯兰国家和地区，如中东伊拉克、黎巴嫩和约旦境内广泛存在着穆斯林逊尼派与什叶派之间的争斗；不同宗教之间的暴力斗争在当代世界的典型表现就是印度和东南亚国家内部伊斯兰教徒与印度教徒、伊斯兰教徒与基督徒——如菲律宾境内——之间的斗争。一国境内同一宗教不同派别之间的暴力斗争以及不同宗教之间的暴力斗争往往因为与民族和宗教因素相关的国际政治——如以色列与阿拉伯国家之间的暴力冲突、伊朗革命的溢出效应、阿富汗原教旨主义恐怖势力与国际反恐怖主义战争的发展——等形势的发展而得到强化。一国境内宗教与世俗政权之间的紧张关系主要由于现代民族国家一般采取政教分离原则剥夺教会的特权所致，同时，不同宗教因为受其自身宗教世界观的影响，对于世俗国家这种做法采取的不同态度也会对国家与宗教之间的关系产生重大的影响，其中天主教与伊斯兰教可能是各种宗教中最难以容忍世俗国家坚持的政教分离原则的两大宗教，如拉美历史上漫长的反教权斗争①，以及伊斯兰世界世俗国家中广泛出现的伊斯兰阶层对世俗政权的激烈抵制与反抗。

① 有关拉美世俗国家与天主教会之间的斗争经过及对这一暴力斗争的经典史例——The Cristero Rebellion（1926—1929）的评述，参见Ondina E. Gonzalez and Justo L. Gonzalez, *Christianity in Latin America: A History*, New York: Cambridge University Press, 2008, p. 140-147. 有关天主教会与世俗权力的斗争的情况，也可参见袁东振、徐世澄著：《拉丁美洲国家政治制度研究》，北京：世界知识出版社2004年版，第283-284页。

第三节 政治不参与现象

政治不参与作为现代社会的一种特殊的政治参与形式，如果从合法与非法、暴力与非暴力的政治参与组合中来归类，应该归属于合法的非暴力政治参与方式。然而它与前文所述的五种基本的合法的非暴力政治参与方式又有着很大的不同：前述五种合法的非暴力政治参与方式是一种积极的、主动的政治参与方式，其关键是要在竞争性的体制中表达参与主体对客体给予支持或反对的政治偏好；而政治不参与主体的重要特征就是政治冷漠，以一种消极的回避姿态应对政治偏好上的选择，不管这种政治冷漠缘于何种因由。这样一种回避姿态在政治实践中会有多种表现形式，如不投票，对选举活动保持冷漠，不参与包括政党、利益集团在内的各类政治性的结社活动，对于政治集会也缺乏兴趣，对于包括公众舆论在内的书面的、口头的、有声的、有形的各类政治表达表现出消极甚至不闻不问的姿态等。在这些表现形式中，不投票是政治不参与现象中最低形式的，也是非常关键的一项认定指标。

然而对照古代希腊、罗马城邦时代的情况，政治不参与却只能是现代人享有的一种奢侈品：

> 国家不准一人轻视他的利益。哲学家、研究者亦无杜门的权。他亦需在议会投票，充任官员，这亦是他必尽的义务。方常有争执时，雅典禁止公民有中立者，他必须随一派竞争。凡不归派、不竞争而中立者，法律予以严厉惩罚，去其公民权。①

在中世纪的英法等欧洲国家也基本不存在现代人的政治不参与自由。除了少数的大贵族在郡法庭一级享有豁免权外，会议代表有义务参加各级代议会议，拒绝参加会议的行为②基本上属于非法的范畴。在选民方面，他们面临的主要问题是选举权利的保障，而非政治不参与的自由。

---

① 【法】古朗士著：《希腊罗马古代社会研究》，李玄伯译，上海：上海艺文出版社1990年影印版，第185页。

② 阎照祥著：《英国政治制度史》，北京：人民出版社1999年版，第12、28页；程汉大著：《文化传统与政治变革：英国议会制度》，大连：辽宁大学出版社1996年版，第7、36–39页；【美】R. R. 帕尔默、乔尔·科尔顿著：《近现代世界史》，北京：商务印书馆1988年版，第41页。

到了近代社会，尤其是现代大众社会，随着议会地位的提高、权力的扩大，议员竞选日益激烈，更为重要的是，选民的政治不参与已不再被定性为“非法”的，并因为诸多原因而越来越为人们所关注。这诸多原因主要有：（1）政治不参与现象的存在说明了政治生活中存在诸多缺陷，争取民主的斗争还有待继续深入。（2）何时、如何扩大政治参与的问题涉及国家大战略目标优先次序的安排，它们对政府制度的稳定有重大的影响。近现代世界史上选举权向下层社会大众的缓慢扩展虽然导致政治应得权利的扩大，但是并不能同时带来供给的扩大，尤其是无法即刻跨越社会体制方面存在的种种障碍。这些因素致使各国范围不等的下层社会大众对政治参与保持了相当冷漠的姿态。①就美国而言，有的学者指出：“通过给组织选民的努力设置障碍，从而使选票失效，这和剥夺选举权一样有效。②”实际上，剥夺选举权的因素并非仅仅来自法律，“非法律过程、社会过程、政治系统的组织和结构模式对选举权的限制可能远比法律上的限制更为有效”③。因此，“不投票反映出非参与者所需的选择范围受到限制”④，美国广泛存在的不投票问题的解决“取决于有关美国政治、政治组织以及政治组

---

① 现代学者关于政治参与思想的理解主要有两派。一派主张限制参与，代表人物及其著作参见【美】约瑟夫·熊彼特（J. A. Schumpeter）著：《资本主义、社会主义与民主》，吴良健译，北京：商务印书馆1999年版；【美】加布里埃尔·A. 阿尔蒙德（Gabriel A. Almond）等著：《公民文化——五国的政治态度和民主》，马殿君等译，杭州：浙江人民出版社1989年版；【法】米歇尔·克罗齐、【日】绵贯让治、[美]塞缪尔·亨廷顿著：《民主的危机》，马殿君等译，北京：求实出版社1989年版，第54-102页。另一派强调公民参与，代表人物及其论著如J. L. Walker, “A Critique of the Elitist Theory of Democracy”, *American Political Science Review*, Vol. 60, no. 2（Jun., 1966）, p. 285-295. 尽管罗伯特·达尔（Robert Dahl）本人反对将其归入精英论者范畴，但是，他的著作的确反映了一种精英主义与多元主义思想的混合。参见Dahl, Robert A., “Further Reflections on ‘The Elite Theory of Democracy’”, *American Political Science Review*, Vol. 60, no. 2（Jun., 1966）, p. 296-305. 罗伯特·达尔认为，现代社会“无政治阶层”不愿介入政治的原因可能有六点，关于这六点解释，参见【美】罗伯特·A. 达尔著：《现代政治分析》，王沪宁、陈峰译，上海：上海译文出版社1987年版，第132-138页。

② 【美】E. E. 谢茨施耐德（E. E. Schattschneider）著：《半主权的人民——一个现实主义者眼中的美国民主》，任军锋译，天津：天津人民出版社2000年版，第92页。

③ 【美】E. E. 谢茨施耐德著：《半主权的人民——一个现实主义者眼中的美国民主》，任军锋译，天津：天津人民出版社2000年版，第99页。

④ 【美】E. E. 谢茨施耐德著：《半主权的人民——一个现实主义者眼中的美国民主》，任军锋译，天津：天津人民出版社2000年版，第93-94页。

织的权利的政策的转变”①。

然而世界上的大多数国家，尤其是广大发展中国家的政治精英，更多只是将政治参与看作追求其他目标（如经济发展、经济平等）的一个手段，而非一个目标。因此，何时、如何扩大政治参与的问题主要与这些地区/国家需要追求的更高价值的目标相关，如何决策关系到国家安全、政府制度的稳定。对此，政治精英如果认识不清、决策不明，将会造成重大的战略性失误。

所以，虽然现代大众社会的政治不参与是作为个人自由权利之一部分的合法的政治参与的选择，但它还是一个关乎国家大战略目标选择的时间把握，具有优先次序选择的目标平衡、优化等诸多内容的复杂问题。

① 【美】E. E. 谢茨施耐德著：《半主权的人民——一个现实主义者眼中的美国民主》，任军锋译，天津：天津人民出版社2000年版，第99页。

第四节　政治参与和国家大战略缔造

作为行为层次的要素，社会大众的政治参与和政治精英的国家大战略缔造之间的关系大致包括以下两个方面：政治参与对国家大战略缔造的影响；政治精英对政治参与的智识性影响。

一、政治参与对国家大战略缔造的影响

作为一种信息输入机制，政治参与将社会大众个体或群体的诸多政策偏好义无反顾地、无可回避地投射给政治精英；作为一种客观压力，政治参与则对大战略缔造的连续性产生制约作用。

（一）信息的输入

社会大众的个体或群体，通过各种政治参与方式，将各自的差异性价值诉求展现出来，为政治精英将操作环境内化为心理环境，缩小心理环境和操作环境之间的差距，生成、修改、优化甚至替换国家大战略提供了一定的现实可能。

社会大众的个体是政治社会化的个体①，他们输入的信息很大程度上反映了类型多样的集团、群体的政治文化价值。纯粹因个体原因而参与政治的现象是罕见的，因为作为个体的人从一出生开始就受周围的人、团体、组织、风俗制度的影响。从属于多个集团和群体的多重身份会对个体的团体忠诚形成竞争性压力，从而对个体政治选择的平衡性或极端趋向产生重要的影响。

具有垂直的社会分层特征或水平的政治分野特征的社会大众群体输入的

① 有关“Political Socialization”的论述，参见Roger Hilsman, *The Politics of Policy Making in Defense and Foreign Affairs*, New Jersey: Prentice Hall, p. 238–242.

异质性信息，反映了等级的或跨阶层的不同群体的价值诉求。在传统或现代等级式的社会分层体系中，不同的社会大众群体，或者采取“非法”的政治参与方式，否定现存的政治体制和国家政策；或者采取合法的政治参与方式，在现存的政治体制下，对政治的过程施加包括政治支持在内的各种合法性影响①；或者通过政治不参与，自由无声地表达他们对于现行体制推行的政策的疏离与道德质疑（也可能是政治支持）。在由传统向现代社会转型的广大发展中国家，面对社会不公正、不平等，下层社会大众则通过参加政治、社会革命，表达对于国家根本战略目标优先次序安排的不满与抗议。而就族群（民族/种族/部族等）的、教派的、政治信仰的、政治议题的水平政治分野而言，少数族群、教派面对主导的族群和教派的支配性地位，既可能通过合法性的政治抗议表达自身对于国家政策偏向的不满，也可能根据民族自决原则，通过暴力或非暴力的多种手段追求民族分离的政治目标。

（二）影响大战略缔造的连续性

作为一种客观压力，政治参与对政治精英形成一种拷问机制，从而对大战略缔造的连续性产生影响。大致说来，这种影响（当然远非社会大众层面的单一原因造成）有以下几种。

（1）国家体制内的变化。第一种情况，现政府经受住了社会大众政治参与的经久压力的冲击。政治精英在社会大众政治参与提供的新信息基础上，主动对原先的国家大战略核心要素作出局部调整，比如，适当兼顾下层社会大众在某些方面的价值诉求，以便动员这些群体的政治支持，优化国家大战略资源配置。第二种情况，在社会大众政治参与的冲击下，现政府在党派竞争、利益集团间互助的基础上发生合法性的更迭。被替换了的政治精英对国家大战略

---

① 有关“政治支持”术语的分析，参见R. J. Dalton, *Citizen politics in western democracies: public opinion and political parties in the United States, Great Britain, West Germany, and France*, New Jersey: Chatham House Publishers, 1988, p. 227-229；【美】戴维·伊斯顿著：《政治生活的系统分析》，王浦劬译，北京：华夏出版社1999年版。

进行了新的调整、规划。体制内情况的典型代表就是美国政府在两党竞争背景下的战略缔造：连任的或新任的政治领导人及其决策智囊和顾问班底，为回应选民的要求，重新审视国家大战略，并对其作出适宜的调整，甚至是根本性的变更；两届政府选举之间，现政府根据社会大众在即时的舆论要求和情绪方面发生的重大变化，对国家大战略作出重大的调整。体制内变化的最大危险倾向就是，利益集团间建立互助联盟，以互助的方式控制国家政策，对国家大战略作出重大变更，推行战略扩展的帝国主义政策，导致大战略扩张过度风险的产生。①

（2）国家体制发生了根本变化。被替换了的政治精英在新的体制环境下，依靠体制变革中社会大众高涨的政治激情，对国家大战略进行根本性改造，其涉及的范围遍及大战略目的与大战略手段的各个层次和环节。这种情况的典型代表就是革命国家对国家大战略的根本性变革。

（3）在征服或被征服环境中发生的变化。征服的结果使国家大战略得到扩展，并使其在新的帝国范围内重新进行合理缔造；而被征服的结果将使国家不复存在，被征服国家的大战略缔造也无以为继。②

所以，综合以上分析，社会大众政治参与拷问的结果就是：一国大战略可能出现连续性和非连续性两种变化特征，即大战略在调整、根本性的改造或消亡中出现的连续和非连续性特征。

---

① 在卡特尔体制、民主制和单一制这三种体制中，因利益集团互助导致的国家战略过度扩展风险的分析，参见【美】杰克·斯奈德著：《帝国的迷思：国内政治与对外扩张》，于铁军等译，北京：北京大学出版社2007年版，第46–58页。

② 本书此处不讨论藩属国意义上的大战略缔造，因为从根本上来说，藩属国的安全和民生等系列问题皆可以置于宗主国的大战略缔造中考察，也许“二战”后的西德（统一实现后的德国）、日本是一种特例。

二、政治精英对社会大众的政治参与施加智识性影响

积极对社会大众的政治参与施加智识性影响，既有助于政治精英排除社会大众消极因素的干扰，赢得国家大战略缔造的主动性，又有助于政治精英尝试解决社会大众与国家大战略缔造中存在的关键问题——动员社会大众支持政治精英制定和执行国家大战略，即争取社会大众对国家大战略缔造给予广泛而持久的政治支持。

政治精英对社会大众的政治参与施加智识性影响的可得手段主要有：塑造和引导公众/大众舆论、功利性刺激、强制性力量的约束。[①]公众/大众舆论是政府和社会相互博弈、相互影响的结果。竭力对公众/大众舆论施加影响的不仅有社会政治派别、利益集团、社会大众的群体和个人，政府也当仁不让。一旦政府能够成功塑造和引导公众/大众舆论（理性的甚至非理性的狂热激情），那么政府在与社会的互动中就赢得了主动，这种公众/大众舆论的力量就可以穿透社会的层层阻力，动员起社会大众对国家大战略缔造的理解和支持。

与社会大众的个体、群体以及其他社会力量相比，政府/国家在对公众/大众舆论的影响中占据了无可比拟的有形和无形资源优势。首先，政府占据了信仰的优势。在传统社会，当政教没有分离的时候，宗教信仰是国家动员社会大众、引导和掌握舆论方向的支柱性力量。近代民族国家兴起之后，根源于民族主义、革命信仰的政治仪式和象征符号，在激励社会大众的爱国主义情绪、国际主义精神，引导公众/大众舆论方面发挥了非常重要的作用。其次，国家掌握了重要的信息传播渠道[②]，可以借此对公众/大众舆论发挥重要的影响。国家通

---

① 有关国家动员可得资源分类的概述，参见【美】查尔斯·蒂利（Charles Tilly）著："革命运动与集体暴行"，赵知廉译，载Fred I. Greenstein, Nelson W. Polspy eds.，幼狮文化事业公司编译：《政治科学大全（第三卷）：总体政治论》，台北：幼狮文化事业公司1982年版，第681页。

② 有关优质媒体和大众媒体的区别以及不同质量的媒体在外交政策讨论中所发挥的不同作用的论述，参见G. A. Almond, "Public Opinion and National Security Policy", *The Public Opinion Quarterly*, Vol. 20, No. 2 (Summer, 1956) p. 374, 376–372.

过大众教育、电台、电影、报刊、网络等渠道引导社会大众舆论①，聚集社会大众的爱国情感和政治理性，维持社会大众的战斗士气，以支持国家大战略的政治。②再次，国家还可利用领导人的魅力，赢得社会大众的信任以及对领导人政治理想和政治目标的支持。在非正常状态下，甚至会出现社会大众对政治领导人狂热而盲目追随的现象。

然而在塑造和引导公众舆论方面，政府/国家存在三项致命的弱点。第一，政治精英本人可能因为受到选举压力的拷问，未必会有足够的耐心坚持对公众舆论加以理性的引导。③他们会将社会大众的非理性情绪视为"雷池"，往往是尾随而不是智识性地引导。第二，国家大战略所固有的技术性、秘密性的特点使得组织公众就大战略议题开展实质性讨论难以实施，更不用说政治精英在此问题上对公众舆论进行理性的引导。④第三，一旦情况有变，政治精英本人有可能被自己塑造和引导的公众舆论所劫持，以致失去大战略缔造中应有的灵活性。⑤

对社会大众施以功利性的刺激是政治精英智识性活动加之于政治参与的重要影响手段之一。其表现形式主要有安全性的、经济性的和其他一些功利性的刺激。

安全性的和经济性的刺激往往是国家大战略追求的两项主要目标，也是

① 随着工业化的发展，民主国家的传媒也趋向被少数企业控制，但集中化的传媒集团往往采取和政府合作的态度，所以，"舆论的国家化与工业的国家化同步发展"。然而尽管如此，由于大量利益集团的存在，美国媒体各种不同声音的存在为"舆论国家化"设置了很多障碍。有关"舆论国家化"倾向的论述，参见【英】爱德华·卡尔著：《20年危机（1919—1939）：国际关系研究导论》，秦亚青译，北京：世界知识出版社2005年版，第122–123页。

② 有关战时宣传在激起社会大众对敌人的仇恨和对本国必胜的信念、鼓舞对敌斗争的士气方面的作用，参见【美】哈罗德·D. 拉斯韦尔著：《世界大战中的宣传技巧》，北京：中国人民大学出版社2003年版，第22页、73–100页。

③ 有关美国对外政策的情绪/利益理论的分析，参见J. E. Holmes, *The mood/interest theory of American foreign policy*, Lexington: University Press of Kentucky, 1985.

④ 有关安全政策内容的技术性、保密性特点使公众在安全政策议题上的讨论基础薄弱的观点分析，参见A. Almond, "Public Opinion and National Security" Policy, *The Public Opinion Quarterly*, Vol. 20, No. 2 (Summer, 1956) p. 372.

⑤ 【美】杰克·斯奈德著：《帝国的迷思：国内政治与对外扩张》，于铁军等译，北京：北京大学出版社2007年版，第44–45页。

国家对外政策追求的两项核心利益。[①]英国著名的战略家利德尔·哈特（Liddell Hart）曾深刻地指出："所谓胜利，其真正的含义应该是在战后获得巩固的和平，人民的物质生活状况比战前有所改善。[②]"在利德尔·哈特看来，社会大众的安全和福利应是国家大战略的根本目的。安全这一目标由于具有公共物品的特性，是政治精英引导社会大众采取合法性政治参与的最为有力也最为常见的功利性刺激。这种刺激既可以表现为伯里克利所谓的"保卫城邦""公共的安全""保全自由""帝国的丧失以及管理这个帝国时所引起的仇恨而产生的危险"[③]，也可以表现为今日的"美国的自由"与"美国的安全"、美国"以威胁界定的利益"[④]，它们往往还与信仰、强制性的力量结合起来，能有效刺激社会大众的神经，鼓动起他们对国家武力使用的热烈支持和踊跃投军的冲动。

经济的刺激按照今日的流行说法即民众的福利。这种刺激作为看得见摸得着的物质力量，在影响社会大众选择合法的暴力政治参与方式方面发挥着强烈的吸引力。这些利益可能表现为实在地分配侵占、劫掠来的财富（如土地、人口、牲畜等），也可能表现为所谓"阳光下的地盘""生存空间"等口头说教。在发生内战的国家，以土地改革、颁布土地法令和解放黑奴宣言的形式动员部分社会大众参战也是一种非常有效的手段。在现代社会，由海外投资与国际贸易等经济风波引起的各国社会大众之间的非理性的敌视，已成为影响国家间关系

① J. E. Holmes, *The mood/interest theory of American foreign policy*, Lexington: University Press of Kentucky, 1985, p. 70;【美】卡尔·多伊奇著:《国际关系分析》, 周启朋等译, 北京: 世界知识出版社1992年版, 第125页。

② 【英】利德尔·哈特著:《战略论（间接路线战略）》, 中国人民解放军军事科学院译, 北京: 战士出版社1981年版, 第489页。

③ 【古希腊】修昔底德著:《伯罗奔尼撒战争史》, 北京: 商务印书馆2008年版, 第163–168页。

④ 国安会68号文件是美国以威胁界定利益的典型代表, 参见【美】约翰·加迪斯著:《遏制战略: 战后美国国家安全政策评析》, 北京: 世界知识出版社2005年版, 第103页。有关美国对外政策中界定的政治一军事利益（实际上就是国家安全利益）的观点, 参见J. E. Holmes, *The mood/interest theory of American foreign policy*, Lexington: University Press of Kentucky, 1985, p. 71–74.

的一大动因。[①]因此，保护本国公民和公司的海外利益是对与海外利益相关的利益团体和个人进行有效动员的重要手段。[②]近代以来的贸易保护主义和自由贸易之间的争论还与各国奉行经济民族主义政策有着内在的必然联系。

还有一些功利性的刺激，如军功、爵位、封号、衔称、职位等，有的属于纯粹荣誉性的精神鼓励，有的则是与经济利益、权力地位相关的实在的褒奖。在社会结构的变动发展中，通过合法性的政治参与以获取这些功利性刺激，既可能有助于中上层社会大众保持自身在等级分层的社会结构中既得的荣誉和地位，也可能有助于下层社会大众改变自身在等级制的社会结构中的不利地位。

约束社会大众的强制性力量既包括武力（实在的或威胁性的运用），也包括道德、习俗和法律等规范体系的约束力。武力的运用是经常困扰政治精英大战略缔造的一大难题，它涉及如何理性选择“剿、抚”和“安内、攘外”的政策。无数的历史实例表明：对这一选择问题的处理稍有不慎，就会给国家大战略带来致命性的伤害。其原因在于：对内实在性地使用武力不仅与武力的节制使用原则相背离而造成国家大战略资源的无尽靡费，而且尤其不利于大战略集中原则的实施，还可能会给国外势力的入侵以“解放”的口实。更为重要的是，这还与谋求国家的安全与民众的幸福这一国家大战略的根本目的难以绕开的主旨相悖。因此，由大战略内在道义问题造成的国内分裂，最好在综合运用塑造和引导舆论以及功利性刺激这两种可得手段以平衡社会大众各群体关系的基础上，通过对国家大战略进行某种程度的调整与修改以寻求政治途径的解决之道，而武力的使用只是一种不得已而为之的慎重选择。

与武力可以造成重大的毁伤性相比，道德、习俗和法律的强制性则似乎要

---

① 昆西·赖特认为，群体间紧张程度的增加是由于以下两种情况：在缺少制度间的融合的情况下，两个群体间的物质联系增加；或者相互间的（物质）联系在没有减少的情况下，制度间却产生了差别。参见Quincy Wright, *A Study of War*, Vol. 2, Chicago, Illinois: The University of Chicago Press, 1942, p. 1114.

② 有关美国政府对海外利益的保护的论述，参见【美】卡尔·多伊奇著：《国际关系分析》，世界知识出版社1992年版，第129页；有关美国商业自由主义者及其对经济利益的关切之间关系的论述，参见J. E. Holmes, *The mood/interest theory of American foreign policy*, Lexington: University Press of Kentucky, 1985, p. 83–88.

微弱得多。然而在有些时候，道德、习俗和法律，尤其是道德、习俗能够深入人心，从而产生一种无形的、持久的、震撼性的强制力。在平时，道德、习俗可以发挥凝聚人心、维护社会团结的功能，某种意义上也能起到调节社会权利和义务分配的功能，从而引导社会大众通过合法的政治参与支持大战略的缔造与执行。在战时，不论是传统社会求神问卜甚至制造神意、指责敌手存在逆天行道的劣迹等做法，还是现代社会通过种种手段妖魔化敌手的诸多行为，都有着异曲同工之妙，都是政治精英借助道德和习俗在社会大众身上的潜在强制力，营造国内同仇敌忾气氛的常用手段。而法律尤其是国际法借助道德、信仰的力量，当然，国内法还可以借助国家武力的威慑，在动员国内社会大众方面同样发挥着重要的作用。

第四章　影响社会大众参与大战略缔造的原因/动机：认知、利益、文化

本章旨在揭示大战略框架下，社会大众政治参与行为的原因/动机层次要素分析的主要内容，即心理认知、利益驱动、观念文化，探讨原因/动机层次要素与大战略缔造的关系。

第一节　心理解释：认知

从认知心理学的角度来思考，社会大众的政治参与无疑深受个体心理认知和社会群体认知两大因素的综合影响。①

一、个体认知因素

作为个体存在的人有自身相对独立的心理认知系统，认知系统固有的一些处理信息的特点，如知觉的选择性、记忆的重构性、认知吝啬与寻求认知一致性等，决定了认知与行为之间存在密切的关系，对人的具体政治参与行为的选择产生了重大的影响。

知觉的选择性表明，人们常常有选择地去感知其所期望和愿意看到的事物。人们的知觉倾向于建立在过去的经验和情境基础上的信念、预期，并在很大程度上还受到与希望、欲望以及情感等相关的动机因素的影响。②因此，形成性经验、期望对认知具有决定性影响，与动机相关的情感、欲望等非理性因素在认知作用中占有重要的地位。

记忆具有重构性特征。人的记忆是根据“那些填补缺失细节的逻辑推断、与原始记忆混合在一起的关联记忆以及其他一些相关信息”重建的，而不是“在我们过去经历发生的时候被我们存进记忆库中的拷贝”③。因为记忆是积极重

---

① 认知心理学研究的是大脑加工信息的方式，关注人们从外部吸收信息的方式、如何理解信息以及对信息的使用等内容；而认知的过程则包括知觉、学习与记忆储存、信息的恢复、思维等几个阶段。有关认知心理学的定义、研究方法、认知阶段的分析与介绍，参见 David Groome, Hazel Dewart, Anthony Esgate, Kevin Gurney, Richard Kemp and Nicola Towel, *An introduction to cognitive psychology: processes and disorders*, Taylor & Francis e-Library, 2005, p. 1-11.

② 【美】斯科特·普劳斯著：《决策与判断》，北京：人民邮电出版社2004年版，第14-19页。

③ 【美】斯科特·普劳斯著：《决策与判断》，北京：人民邮电出版社2004年版，第28-34页。有关记忆的重构性特点的进一步了解，可参见【美】John B. Best著：《认知心理学》，黄希亭等译，北京：中国轻工业出版社2000年版，第109-141页。

构的，所以，记忆失败、记忆偏差现象在所难免。

由此可见，社会大众的理性与激情的双重特性深受知觉、记忆的心理认知特征的影响。

在复杂和不确定的情况下，人们往往在信息缺乏的背景下采用多种方式，如信念体系、图式、认知启发和认知偏见等，节省认知运算，简化评估与选择，将复杂问题简单化，以便尽可能精确和有效地进行判断并作出决定。①

信念体系对节省认知发挥着重要的作用。所谓信念体系，是指“观念和态度的一种结构，在该结构中，观念和态度的诸要素通过某种约束或功能性相互依赖的形式结合在一起。②观念结构的上述约束作用使得行为者可以确定并搞清来自特定领域的广泛信息，这种由多样化的观念要素构成的信念体系越具有约束作用，描述和理解它就越简洁有效。③对于信念体系这种简化信息加工处理的功能，杰克·斯奈德总结道：“信念体系以几种方式来满足认知节省原则的要求。它们可以减少对信息的需求，因为信念体系中内含的预期可以被用来填补信息不足的缺口。它们可以通过给各种信念划分等级和把大量细节置于更为一般性概念之下的方式来提高理论思考的效率。另外，通过拒绝在遇到否证性的信息时改变自己，稳定的信念体系还可避免因为需要经常性地彻底重新评估而

① 【美】杰克·斯奈德著：《帝国的迷思：国内政治与对外扩张》，于铁军等译，北京：北京大学出版社2007年版，第29–33页；【美】S. T. 菲斯克、S. E. 泰勒著：《社会认知：人怎样认识自己和他人》，贵阳：贵州人民出版社1994年版，第10–12页；Bruce N. Waller, “Deep Thinkers, Cognitive Misers, and Moral Responsibility”, *Analysis*, Vol. 59, No. 4 (Oct., 1999), p. 225; Pamela Johnston Conover and Stanley Feldman, “How People Organize the Political World: A Schematic Model”, *American Journal of Political Science*, Vol. 28, No. 1 (Feb., 1984), p. 96.

② Philip E Converse, “The Nature of Belief Systems in Mass Publics”, *Critical Review*, Vol. 18 (Winter 2006), Nos. 1–3, p. 3.

③ Philip E Converse, “The Nature of Belief Systems in Mass Publics”, *Critical Review*, Vol. 18 (Winter 2006), Nos. 1–3, p. 11–12. 在大众信念体系的结构特征、连贯性问题的认识上，学者间一直存在着严重的分歧和争议，有关这种分歧和争议的概述，参见Ole R. Holsti, “Public opinion and Foreign Policy: Challenges to the Almond–Lippmann Consensus Mersshon Series: Research Programs and Debates”, *International Studies Quarterly*, Vol. 36, No. 4, December 1992, p. 443–444, 447–450; Pamela Johnston Conover and Stanley Feldman, “How People Organize the Political World: A Schematic Model”, *American Journal of Political Science*, Vol. 28, No. 1 (Feb., 1984), p. 95.

造成的心理负担。①”

图式也可以发挥节俭认知的功能。②图式代表着关于一个特定概念的有组织的知识，是用以指导人们对原始材料进行采集、记忆和推理的理论或概念，是一种自上而下的理论驱动的认知加工。③图式理论与大众信念体系具有密切的内在联系：从本质来看，个体的图式越抽象、越一般，则越类似于“核心信念体系”“一般的意识形态维度”“一般的政治倾向”；从结构方面来理解，与信念体系按照约束进行概念化的方式相似，图式是由受约束的或组织了的信息组构成。④此外，图式结构表现出的金字塔等级式的或社会类别平衡型的组织特性比政治信念的结构更加多样和丰富，而政治图式则在不同的层次上广泛涉及国内外两大领域，其中，国内领域则更涉及经济、种族和社会关切。图式简化认知的作用不仅在于其自身的功能、本质和结构，还在于这些特征所决定的所谓图式的“坚持效应”⑤。

阿莫斯·特韦尔斯基（Amos Tversky）和丹尼尔·卡尼曼（Daniel Kahneman）在对概率直觉判断的研究中提出了三大认知启发原则：代表性原则、易得性原

① 【美】杰克·斯奈德著：《帝国的迷思：国内政治与对外扩张》，于铁军等译，北京：北京大学出版社2007年版，第29–30页。

② 有关图式理论对大众信念体系研究的贡献的论述，参见Pamela Johnston Conover and Stanley Feldman，“How People Organize the Political World: A Schematic Model”，*American Journal of Political Science*, Vol. 28, No. 1（Feb., 1984），p. 95–126. 有关对图式理论的进一步了解，参见【美】S. T. 菲斯克、S. E. 泰勒著：《社会认知：人怎样认识自己和他人》，贵阳：贵州人民出版社1994年版，第147–191页；Robert Axelrod，“Schema Theory: An Information Processing Model of Perception and Cognition”，*The American Political Science Review*, Vol. 67, No. 4（Dec., 1973），p. 1248–1266. 有关图式理论与社会文化视角融合的新近发展，参见Mary B. McVee, Kailonnie Dunsmore, James R. Gavelek，“Schema Theory Revisited”，*Review of Educational Research*, Vol. 75, No. 4（Winter, 2005），p. 531–566.

③ 【美】S. T. 菲斯克、S. E. 泰勒著：《社会认知：人怎样认识自己和他人》，贵阳：贵州人民出版社1994年版，第148页。

④ Pamela Johnston Conover and Stanley Feldman，“How People Organize the Political World: A Schematic Model”，*American Journal of Political Science*, Vol. 28, No. 1（Feb., 1984），p. 98.

⑤ 有关图式的“坚持效应”的分析，参见【美】S. T. 菲斯克、S. E. 泰勒著：《社会认知：人怎样认识自己和他人》，贵阳：贵州人民出版社1994年版，第181–184页。

则、调整与锚定原则。①人们根据有限的启发原则将估算概率并预测数值的复杂任务简化为简单的判断运算，这对于快速认知和决策很有帮助，而且在多数情况下，它会有助于快速接近问题解决的最优方案，但有时也会导致严重的系统性错误，出现诸多认知偏差②。

认知偏见的产生与节省认知的心理根源有关。杰克·斯奈德指出："人们往往以环境限制来解释自己的行为，而用先天性格来解释他人的行为。纯粹的认知解释认为，当我们重新建构自己的行为时，环境压力在我们头脑中占据相当突出的位置，但是当我们重新建构别人的行为时，行为者乃是我们视野中最为突出的物体。因此，以情景归因来解释我们自己的行为时，只需付出较少的脑力工作，但是在解释别人的行为时则需付出较多的脑力工作。③"当认知偏见表现为成见、刻板印象、歧视时，它们又与感情、文化和社会因素紧密相连，虽可简化

---

① Amos Tversky and Daniel Kahneman, "Judgment under Uncertainty: Heuristics and Biases", *Science*, New Series, Vol. 185, No. 4157 (Sep. 27, 1974), p. 1124-1131.

② Amos Tversky and Daniel Kahneman, "Judgment under Uncertainty: Heuristics and Biases", *Science*, New Series, Vol. 185, No. 4157 (Sep. 27, 1974), p. 1124. 阿莫斯·特韦尔斯基和丹尼尔·卡尼曼分析指出，根源于代表性启发的认知偏差有：对先验概率的不敏感，对样本大小的不敏感，对偶然性的误解，对可预言的不敏感，对正确性的错觉（如成见、刻板印象），对回归的误解（如对惩罚效果的夸大和对奖励效果的低估）；根源于易得性启发的认知偏差有：因事例的可恢复性产生的偏差（影响事例可恢复性的因素有熟悉性、突出性），因搜寻条件设置的不同而产生的偏差，可想象性偏差，虚假相关性；根源于调整与锚定启发的认知偏差有：从初始值开始的调整的不足，对连续性和非连续性事件估计中出现的偏差，对主观概率分布估算中的锚定偏差。有关三大直觉判断的启发原则及认知偏差的分析，还可参见【美】斯科特·普劳斯著：《决策与判断》，北京：人民邮电出版社2004年版，第96-114、128-134页。有关简化认知过程在战略决策中的助益的分析，参见Charles R. Schwenk, "Cognitive Simplification Processes in Strategic Decision-Making", *Strategic Management Journal*, Vol. 5, No. 2 (Apr. — Jun., 1984), p. 111-128.借助上述三大认知启发原则和其他一些心理学研究成果，南希·坎韦什（Nancy Kanwisher）探讨了7个不同的认知启发，以及广泛存在于美国政治精英中的、被不同的认知启发加固的、有关安全政策的诸多安全谬误，参见Nancy Kanwisher, "Cognitive Heuristics and American Security Policy", *The Journal of Conflict Resolution*, Vol. 33, No. 4 (Dec., 1989), p. 652-675.

③ 【美】杰克·斯奈德著：《帝国的迷思：国内政治与对外扩张》，于铁军等译，北京：北京大学出版社2007年版，第31页。

认知，但这种认知存在知觉错误或扭曲。①

认知失调理论从认知一致的角度揭示了认知的坚持与修改等机理，为分析、说明社会大众的政治参与行为提供了有力的理论工具。

认知失调理论认为，人类努力在观点、态度、知识、价值之间建立内在的调和、一致及和谐，即存在一种朝向认知间协调的驱力。②失调产生的来源主要有四个方面：逻辑矛盾、文化习俗冲突、观点间包含关系的矛盾、经验间的相悖。失调的存在导致心理上的不舒服，这种压力驱动人们努力减少、消除或避免失调以求得认知元素间的一致。

减少、消除和避免失调的努力展现了以下两个认知机理：（1）对原来的认知元素的坚持机理；（2）修改和替代原有认知元素的机理。

坚持机理因以下几种情况得以发生：（1）改变原来的行为会遭到多种因素的抵制；（2）通过多种社会过程以争取别人支持自己的认知来构建社会现实；

---

① 有关认知的社会、文化因素，本书将在本章的第三节进行探讨。有关对国家意象问题的较早分析，可以参见K. E. Boulding，"National Images and International Systems"，*The Journal of Conflict Resolution*, Vol. 3, No. 2（Jun., 1959）, p. 120-131; Ole R. Holsti，"The Belief System and National Images: A Case Study"，*The Journal of Conflict Resolution*, Vol. 6, No. 3（Sep., 1962）, p. 244-252. 有关意象理论的综述，参见Michele G. Alexander, Shana Levin, P. J. Henry，"Image Theory, Social Identity, and Social Dominance: Structural Characteristics and Individual Motives Underlying International Images"，*Political Psychology*, Vol. 26, No. 1（Feb., 2005）, p. 27-45.

② 【美】利昂·费斯汀格（Leon Festinger）著：《认知失调理论》，郑全全译，浙江教育出版社1999年版，第218页。利昂·费斯汀格的认知失调理论是认知一致性理论中影响最大的，其他属于认知一致理论的还有平衡理论（balance theory）、调和（congruity）理论、系统紧张（system strain）理论等，有关这些理论的阐述，分别参见Fritz Heider，"Attitude and Cognitive organization"，*The Journal of Psychology*, Vol. 21, 1946, p. 107-112; Charles E. Osgood and Percy H. Tannenbaum，"The Principle of Congruity in the Prediction of Attitude Change"，*Psychological Review*, Vol 62, No. 1（Jan 1955）, p. 42-55; T. M. Newcomb，"The prediction of interpersonal attraction"，*American Psychologist*, Vol. 11, No. 11（Nov 1956）, p. 575-586. 有关上述三种认知一致性理论的综述，参见Robert B. Zajonc，"The Concepts of Balance, Congruity, and Dissonance"，*The Public Opinion Quarterly*, Vol. 24, No. 2（Summer, 1960）, p. 280-296; 有关海德（Heider）平衡理论的简要述评，还可参见【美】S. E. Taylor, L. A. Peplau, D. O. Sears著：《社会心理学》（第10版），谢晓非等译，北京：北京大学出版社2004年版，第142-144页。

（3）通过增加新的认知元素来调和失调。个体对原来认知元素的坚持，也验证了信念体系、图式在信息处理方面的“坚持效应”。正是由于认知坚持机理和这种“坚持效应”的存在，政治制度才得以维系。①

利昂·费斯汀格分析了认知元素的坚持与变更之间的内在联系：

任何两个元素之间可能存在的最大失调，等于那个较小抵制的元素的抵制改变量。失调程度不可能超过这个量，这是因为当失调达到了可能的最大值时，较小抵制的元素将被改变，于是减少了失调。②

从较小抵制的元素开始的变更，在可能的情况下会逐渐深入。“人们总是尽可能少地改变他们的认识结构。如果他们必须有所改变，他们会首先改变那些最无关紧要的部分、那些最不受证据支持的部分、那些与其他认识最无关联的部分。”在这一机制不足以解决矛盾时，则“涉及微调性或边际性变化的机制就会得以启动”。“如果这样的机制仍然不能化解矛盾，涉及比较重大的认识改变的机制就会得以启动。”③信念体系的变更经历了类似的逐步深入的过程：“当否证自己的证据如此确凿以至于无法忽略时”，首先调整的是“那些在归纳的等级中处于较低层次的信念”，而“只有在绝对必要的时候才修改比较核心的概念——也许直到此时也仍不修改”④。图式理论也指出，“团体内的不一致比个人的不一致更少需要解决”，“当不符合是不可忽视的时候，即值得考虑的、非模糊的、易记忆的、稳定的时候，不符合图式的信息最可能导致图式的改变。如果不符合是中等程度的、模糊的，不一致的例子就会被图式同化（把它曲解

---

① 有关态度维持的八种机制的论述参见【美】罗伯特·杰维斯著：《国际政治中的知觉与错误知觉》，北京：世界知识出版社2003年版，第304–310页。

② 【美】利昂·费斯汀格著：《认知失调理论》，杭州：浙江教育出版社1999年版，第24页。

③ Charles E. Osgood, “Cognitive Dynamics in the Conduct of Human Affairs”, *The Public Opinion Quarterly*, Vol. 24, No. 2（Summer, 1960）, p. 357；【美】罗伯特·杰维斯著：《国际政治中的知觉与错误知觉》，世界知识出版社2003年版，第303页。有关态度改变与核心认识关系的讨论，参见【美】罗伯特·杰维斯著：《国际政治中的知觉与错误知觉》，北京：世界知识出版社2003年版，第310–320页。

④ 【美】杰克·斯奈德著：《帝国的迷思：国内政治与对外扩张》，于铁军等译，北京：北京大学出版社2007年版，第30–31页。

成是符合的)；类似地，如果不符合的例子能够被忘掉，或归因于不稳定的原因（如情境因素)，那么它将很少有作用”①。

认知的变更逐步深入的效应启示我们，在社会大众的广泛政治参与的冲击下，政治制度遭到破坏甚至最终崩溃的根源——人们在现实环境因素难以变更的情况下，通过改变政治行为，甚至重构社会政治环境现实以争取新认知元素（如有关新的政治制度的理想）的支持者等措施，变更较小的抵制元素直至重大的认知元素，以减少认知失调程度。

二、群体认知因素

根据组织程度的差异，具有集体心理特征的群体大致分为两类，即组织化的群体和非组织化的群体。②但是，无论哪一类，非理性的情绪性特征和认知上的群体归属意识是群体的两大显著特征。本书第二章已经对群体的非理性情绪特征做了较为详细的阐述，此处阐述的是群体认知层面展现的群体归属现象，从较为宏观层面探寻大规模群体政治现象背后的认知机理。

类别化信息加工的知觉倾向和认知失调的社会支持理论很好地解释了群体归属现象产生的认知原因。社会心理学认为，当人们对一个人形成知觉的时候，往往会根据传统的社会规范将其归入（归类的标准可以是显著的肤色特征，也可以是宗教、文化的特点等）一个群体（用图式理论来解释，就是形成该个体或

---

① 【美】S. T. 菲斯克、S. E. 泰勒著：《社会认知：人怎样认识自己和他人》，贵阳：贵州人民出版社1994年版，第188-190页。

② 有的学者认为，组织化的群体具有更加明显的结构（由社会规范、社会角色、社会地位三部分构成）、凝聚力两大特征。参见【美】S. E. Taylor、L. A. Peplau、D. O. Sears著：《社会心理学》（第10版），北京：北京大学出版社2004年版，第319-322页。但是，实际上，非组织化的群体，如非组织化的利益及潜在集团，也很难说它不具有结构、凝聚力特征。有关非组织化的利益及潜在集团的结构、凝聚力的论述，可以参见【美】D. B. 杜鲁门著：《政治过程——政治利益与公共舆论》，陈尧译，天津：天津人民出版社2005年版，第551-558页。

个体所属群体的图式）——社会大众的不同部分，从而形成不同群体的水平或等级式的分类层级。这种分类化的群体归属方式除了具有在区分对象的群体归属中确认自身的群体归属功能外，往往还可以在社会沟通中起到构建归类群体的作用（即群体归属被认知对象认可），由此，不同的阶级、种族、民族、宗教群体和政治派别就得以立体地相互区分开来。不同群体的政治态度和政治参与行为在变动的政治环境中就成为相对而言可以确定和可以预期的了。

认知失调理论也揭示了群体归属现象的内在认知机理。该理论认为，社会群体既是“个体认知失调的主要来源，也是他消除和减少可能存在的失调的主要来源”①；群体内影响公开表达的意见分歧的失调程度与知道赞同自己所持观点的人数成反比，并与持不同意见的群体内聚力（包括意见分歧者的身份、地位等影响力）成正比。②所以，知道赞同自己所持观点的人数占据多数会大大降低因意见分歧而产生的认知失调程度，而内聚力强的群体会增强与群体观点相异者的认知失调程度。由此，个体无疑面临着群体内部多数的强大压力，从而产生追求群体多数的认知倾向。这种倾向一般通过三种途径来实现：第一种是通过改变自己的观点和态度以与大多数保持一致；第二种是通过对其他个体的影响使其他人赞同自己的观点；第三种是通过将不同的特点、经验或动机归因于其他人或拒绝和贬损其他人等办法，使他人与自己不可比较。在第一种途径中，群体对个人产生强大压力，个体为追求群体一致性、从众、服从权威，因而群体中的个体为降低意见分歧带来的认知失调程度而表现出来的一种常见的群体归属现象。这种群体归属现象在很大程度上也就意味着去个性化，去个性化的结果可能会导致第一章中所述的群体理性的丧失、情绪化特点的增强、道德判断的降低等群体心理特征的出现。群体内部的强大压力和追求多数的效应还

---

① 【美】利昂·费斯汀格著：《认知失调理论》，杭州：浙江教育出版社1999年版，第151页。

② 【美】利昂·费斯汀格著：《认知失调理论》，杭州：浙江教育出版社1999年版，第152–153页。

可能会导致群体决策上展现的群体极化与群体思维的特征。①群体归属现象对于解释宗教斗争、政党竞争甚至民族主义、大规模社会运动等群体性政治现象都具有很强的说服力。例如，拉尔夫·达仁道夫认为，对于确定性和安全、保护的寻求导致人们教条地排斥多样性、寻求同质性的心理。②这种追求同质性、排斥多样性实际就是一种非常普遍的群体归属现象，这种现象对国内稳定、国家大战略与国际政治造成的重大影响也许无论怎么高度强调都不过分。在第二种途径中，对他人的影响更多的在于争取与自己观点无分歧者或无关者的赞同，以努力获得社会的支持。这实际上是在改变分歧者观点不易的情况下，人们通过建构社会现实追求群体归属的表现。在第三种途径中，持有相同观点的人们在面临分歧者的强大挑战时，会加强彼此的联系，相互支持，坚持自己的观点。以上三种途径都说明了群体内甚至群体间出现意见分歧时，社会沟通发生的内在机理，尤其是后两种途径还展示了具有强大信念体系和图式支撑的人们在面临重大分歧挑战时如何坚持自己的信念与图式以争取社会支持的过程。

---

① “群体极化”（group polarization）指的是这样一种现象：在群体讨论后，群体中的个体偏向特定方向的初始倾向会得到增强。对群体极化现象研究的概述，参见D. G. Myers, and H. LammL, “The group polarization phenomenon”, Psychological Bulletin, Vol 83, No. 4, 1976, p. 602-627; J I. Daniel, “Group Polarization: A Critical Review and Meta-Analysis”, *Journal of Personality and Social Psychology*, Vol. 50, No. 6 (Jun 1986), p. 1141-1151. “群体思维”（groupthink）由欧文·贾尼斯（Irving Janis）提出，指具有很高凝聚力的群体在相对不受外界影响的情况下，群体成员对群体过分乐观，漠视异议者，产生全体同意决策的幻觉。参见Paul't Hart, “Irving L. Janis' Victims of Groupthink”, *Political Psychology*, Vol. 12, No. 2 (Jun., 1991), p. 247-278; Thomas R. Hensley and Glen W. Griffin, Victims of Groupthink: The Kent State University Board of Trustees and the 1977 Gymnasium Controversy”, *The Journal of Conflict Resolution*, Vol. 30, No. 3 (Sep., 1986), p. 497-531; 【美】 S. E. Taylor、L. A. Peplau、D. O. Sears著：《社会心理学》（第10版），北京：北京大学出版社2004年版，第328-331页。国内有的学者将“群体思维”翻译成“群体盲思”，指“心理活动的效率对现实的检验以及道德判断的一种退化，这种退化是来自群体内压力”。参见【美】斯科特·普劳斯著：《决策与判断》，人民邮电出版社2004年版，第179页；对该解释性引语的转引，亦可参见Thomas R. Hensley and Glen W. Griffin, “Victims of Groupthink: The Kent State University Board of Trustees and the 1977 Gymnasium Controversy”, *The Journal of Conflict Resolution*, Vol. 30, No. 3 (Sep., 1986), p. 499.

② 有关对教条的诉求和寻求同质性的阐述，分别参见【美】拉尔夫·达仁道夫（Ralf Dahrendorf）著：《现代社会冲突——自由政治随感》，林荣远译，北京：中国社会科学出版社2000年版，第228、230-231页。

第二节　理性选择：利益

所谓利益，简单地说，就是“基于一定生产基础上获得了社会内容和特性的人们的需要”①。需要具有引起行为的倾向的功能。②根据需要理论家的分析，人类的需要具有多样性和层次性。③因此，由需要决定的利益也具有多样性和层次性。多样性、多层次利益的存在为社会大众的个体和不同群体的选择提供了多种可能，从而使社会大众的个体和不同群体的政治参与具有显著的倾向性，并导致政治参与方式差别的产生。

一、利益的多样性、多层次性

对利益多样性、多层次性的探讨需要分清两种情况：一是利益内容的多样性和多层次性，二是利益主体的多样性和多层次性。利益内容的多样性和多层次性由主体需要的多样性和多层次性决定，而利益主体的多样性和多层次性则由社会大众的多样性分层结构决定。社会大众的个体和不同群体的政治参与方式的选择实际上反映的就是居于多样的分层结构中的不同个体和群体的多样化、多层次的特殊利益诉求。

首先，利益内容的多样性、多层次性由人的需要的多样性和多层次性决定。

---

① 王浦劬主编：《政治学基础》，北京：北京大学出版社2005年版，第53页。有关对利益概念的详尽分析，参见高鹏程著：《政治利益分析》，北京：社会科学文献出版社2009年版。对利益概念在西方知识史上演化过程的详尽分析，参见Albert O. Hirschman, “The concept of Interest: From Euphemism to Tautology”, *Rival Views of Market Society and other Recent Essays*, Cambridge and Massachusetts: Harvard University Press, 1986, p. 35–55.

② Robert E. Franken 著：《人类动机》（第5版），郭本禹等译，西安：陕西师范大学出版社2005年版，第15页。

③ 有关需要理论的权威阐述，参见【美】马斯洛著：《动机与人格》，许金声译，北京：华夏出版社1987年版。

受人的自然属性和社会属性决定，既作为主体又作为客体的社会中的人的需要主要由两大类——生理需要和心理需要构成，每一大类又由多种小类组成，这些小类由低到高呈一定的等级层次排列。这些多样性的、多层次的需要形成了人的各种活动的生理和心理基础，并在具体的社会背景下转化成人的利益的丰富多样的具体形式：物质利益、精神利益，经济利益、政治利益、文化利益。①人的物质利益在很大程度上体现着人的生理方面的匮乏性需求，反映着人对自然对象的利益诉求，与人的生存维持密切相关，构成经济利益的主要内容，对人的其他利益的追求具有基础性作用。下层社会大众政治参与的核心关切就是争取和维护自身的经济利益。②与荣誉、权力、权利的争取和维护相关的精神利益、政治利益的追求背后往往存在经济利益诉求的深层动因，这不仅是因为荣誉的维护与争取、权力的获得与巩固、权利的扩大与分享本身能够带来与之相关的经济收益，如与爵位相关的食禄、采邑等的获得，还因为这些身份性利益的获得和维护为进一步谋取和巩固自身的经济利益争得了有利的位置。文化利益的规范性内涵很大意义上就在于稳定、动摇或颠覆现存的社会利益分配现状，构建新的经济利益、精神利益和政治利益的观念存在，为受利益驱动的社会大众政治参与提供倾向性观念、意识。因此，文化利益的差异与前述经济利益、精神利益、政治利益的差异存在内在的联系，这些利益差异的存在是不同的社会大众个体或群体表现出区别性政治参与倾向性的一个内在的根源。

其次，社会大众的多样性分层结构决定了利益主体的多样性和多层次性。利益主体主要由社会大众的个体和群体构成，根据分层标准的不同，社会大众

---

① 有关需要向利益转化的论述，参见王浦劬主编：《政治学基础》，北京：北京大学出版社2005年版，第53-54页；高鹏程著：《政治利益分析》，北京：社会科学文献出版社2009年版，第56-64页。

② 西方经济学理论将经济利益解释为财富、效用、福利，参见郝云著：《利益理论比较研究》，上海：复旦大学出版社2007年版，第55-58页。

的个体又可以组成等级或水平式的不同群体。①个体是相对于群体而言的，与“己”的内涵有较大的区别，因为“己”是相对于“他”而言的，“己”既可以是个体自身，也可以是群体的自称。所以，与利己主义的“无他”思想不同，个体利益即个人利益是基于个人生存与发展之上的需要，如个人的生命、财产、平等、自由等；个体利益除了反映个体与自然之间的联系外，由于具体的个人都是社会化的个人，其又是在人与人的交往中发生的利益，除了包括个人的“自利”之外，还应包括个人的“他利”。②从个人的角度来看，当极端强调个人自身的利益时，个人主义就会演变为利己主义而与“他利”发生冲突。群体利益是社会化个体成员之间的共同需要。等级式群体利益主体包括阶级/阶层，不同的阶级/阶层由经济利益、政治利益、文化利益界定的政治、文化、法律地位具有很大的差异性，由此导致他们有着不同的利益关切和行为倾向，可能采取方式迥异的政治参与。水平式的群体利益主体沿着政治信仰、政治议题分野形成不同的群体利益主体，如政党、话题性的公众群体、利益集团等。大规模的水平式的群体利益主体，则包括族群（民族/种族/部族等）、教派甚至国家。这些具体的群体有着各不相同的、具体的、多样的利益。

二、利益的理性选择

利益内容和利益主体的多样性和多层次性使得利益选择成为影响政治参与

---

① 有的学者认为，利益的主体除了个体、群体外还有整体，如民族、城邦和现代国家等。有关国家整体利益的分析，参见洪远朋著：《整体利益论——关于国家为主体的利益关系研究》，上海：复旦大学出版社2006年版。

② 有关个体利益的论述，参见郝云著：《利益理论比较研究》，上海：复旦大学出版社2007年版，第88–138页；高鹏程著：《政治利益分析》，北京：社会科学文献出版社2009年版，第319–326页。

的一个关键因素。在利益选择问题上，虽然理性并非利益选择的唯一特征①，但理性选择观点的主张者认为，“经济人”个体遵循效用的最大化原则作出偏好性选择；而利益的群体性主体也有自身的行动逻辑。这种理性选择观点实际上将利益看作一种理性的引导和制约力量，引导和制约利益主体作出符合自身利益的行为选择。

近代西方理性利益论用“经济人”假定来化解利益选择的难题，解决利益多样性和多层次性带来的主体间利益冲突（“经济人”假定解决的主体间利益冲突主要是个体利益与群体利益冲突、个体间利益冲突。除此之外，主体间利益冲突还应包括群体间即群际利益冲突：等级式的群际利益冲突如阶级/阶层间利益冲突；水平式的群际利益冲突如利益集团之间、民族之间、不同宗教或宗教派别之间的利益冲突等）。这种理论传统认为：利益作为一种理性力量，使人的行为成为持久的、可预期的行为；“经济人”在“看不见的手”的调节下追求自身利益最大化的自利行为不仅有助于他人利益的实现，还会自动促进社会公共利益的实现。②尽管斯密对自利个体理性算计的逐利行为的肯定，解放了此前传统社会下个体对追逐私利行为的罪恶感，从而释放了自利个体追逐利益的巨大动能，但这种理性个体的解释面临一系列的现实挑战：（1）自利的理性个体自动促成公益的说法无法解释现实生活中的搭便车现象，即集体行动的逻辑是什么。（2）现实生活中存在的大量非理性的现象得不到合理的解释。

---

① 有关利益的理性与非理性特征问题，西方知识史传统中有三种声音：一种强调利益的欲望、情感等非理性特征，一种强调作为约束和指导标准的利益的理性特征，还有一种声音则强调利益的理性与非理性的二重性特征。有关三种传统的分析，参见Albert O. Hirschman, “The concept of Interest: From Euphemism to Tautology”, *Rival Views of Market Society and other Recent Essays*, Cambridge and Massachusetts: Harvard University Press, 1986, p. 35-55；【美】艾伯特·奥·赫希曼（Albert Hirschman）著：《欲望与利益——资本主义走向胜利前的政治争论》，上海：上海文艺出版社2003年版。

② 对自利个体聚合将自动促进社会公共利益的观点的最佳阐述，参见【荷兰】伯纳德·曼德维尔著：《蜜蜂的寓言：私人的恶德 公众的利益》，肖聿译，北京：中国社会科学出版社2002年版；【英】亚当·斯密著：《国民财富的性质和原因的研究》，郭大力等译，北京：商务印书馆1983年版。

团体人理论是一种建立于个体理性基础上的，试图对集体/群体行动理性进行合理解释的尝试。该理论认为，团体中的个体都是自利的理性算计者，集团就是在个体共同利益的基础上建立起来的。该理论以拟人化的办法看待集体行动：以理性的自利个人为基础的集团会像个体一样为着自身的利益采取理性行动；团体人如果有道德行为（道德行为或义务一般被视为一种非理性的行为），则这种行为可能源于普通人的期望，但与普通人相比，团体人的义务更多地受到团体自我利益的限制，甚至会比"经济人"作出更大程度的不符合个人道德认识的行为。①

然而完全竞争市场下企业与产业的关系揭示了团体人拟人化解释集体理性行动的虚弱，社会现实生活中的"搭便车"现象仍然没有得到很好的解释：个体成员的理性自利算计并不必然导致集体的理性行动。

集体选择理论家竭力探求集体行动的逻辑。奥尔森以自利算计的理性个体为基础论证指出，与大集团相比，小集团行动更加容易采取集体行动，因为尽管提供给自己的集体物品的数量一般不会达到最优水平，但"集团从集体物品获得的收益超过总成本的量要大于它超过一个或更多的个体收益的量"②，尤其是当小集团内还存在诸如规模或兴趣不平等成员、感知到自己的贡献的重要性、相互间熟悉产生的自觉的社会压力、社会激励等因素的时候；而大集团，如工会甚至国家，则需要强制的选择性激励，否则大集团不仅无法行动，甚至连生存下来都成问题，其根本的原因就在于大集团行动的功能在于提供集体物品，如同政府提供法律、秩序与国防等集体物品一样，大型工会组织的功能就在于提供"集体的讨价还价"这一集体物品，没有强制性措施，搭便车现象就难

---

① 有关团体人理论的分析，参见【美】曼瑟尔·奥尔森著：《集体行动的逻辑》，陈郁等译，上海：三联书店、上海人民出版社1995年版，第1–3页；【英】爱德华·卡尔著：《20年危机（1919—1939）：国际关系研究导论》，秦亚青译，北京：世界知识出版社2005年版，第143–146页。

② 曼瑟尔·奥尔森著：《集体行动的逻辑》，陈郁等译，上海：三联书店、人民出版社1995年版，第28页。

以避免。[①]所以，潜在的力量只有通过选择性激励——或者“通过惩罚那些没有承担集团行动成本的人来进行强制”，或者“通过奖励那些为集体利益而出力的人来进行诱导”——才能被动员起来。[②]

当代经济学以自利的理性算计的“经济人”理论为基础对社会大众个体和群体/集体的行动作出理性选择的解释，以应对个体利益与集体利益、个体理性与集体理性的矛盾情况下的搭便车问题，具有一定的说服力。但是，一方面，“利益”一词复杂而非理性方面的内容与实证经济学脱离心理学的研究取向之间存在巨大的理论反差；另一方面，历史和现实中大量非理性政治参与现象的存在向理性选择理论提出重大的挑战。当代制度经济学则在某种程度上弥补了理性选择理论的重大缺陷，并表明了观念—文化因素对社会大众政治参与的根源性解释的重大功能。

---

① 曼瑟尔·奥尔森著：《集体行动的逻辑》，陈郁等译，上海：三联书店、上海人民出版社1995年版，第80-105页；对在没有强制的或外界独立的激励条件下，大集团或潜在集团难以增进自身利益的分析，参见曼瑟尔·奥尔森著：《集体行动的逻辑》，陈郁等译，上海：三联书店、上海人民出版社1995年版，第39-40页。

② 曼瑟尔·奥尔森著：《集体行动的逻辑》，陈郁等译，上海：三联书店、上海人民出版社1995年版，第41-42页。

第三节 观念因素：文化

与心理认知、利益选择两大因素相比，文化对社会大众政治参与的影响可能会是内嵌的、根深蒂固的，而且由于文化的建构作用，心理认知与利益选择本身也难以摆脱文化的深层次影响。[①]文化对社会大众政治参与的根源性影响主要与文化的共享与多样性特征有关。

一、文化的共享与多样性特征

作为一种集体现象，文化是“一套共享的理想、价值和行为准则”[②]，不同的社会有着不同的文化。然而作为一种社会现象的文化又是多样的，一种社会文化现象的下面可能还存在两个以上的亚文化群。出现这种情况的原因主要有：(1)不同的阶层流行自己独特的阶层文化；(2)不同的职业群体、民族/部族等坚守自己的文化特色，尤其当非主流民族在社会的诸多方面还难以得到与主流民族同等的对待，而不同的职业群体相互产生歧视与对立的时候，这种情况更为明显；(3)新的文化形式的植入。

文化的共享性特征最明显的表现就是民族特性或民族精神。自古以来，有无数学者对民族特性和民族精神给予了关注，它有时被指称为居民的性情，

① 有关观念—文化因素对利益的建构作用的论述，参见【美】亚历山大·温特著：《国际政治的社会理论》，秦亚青译，北京：北京大学出版社2005年版，第113–131页。

② 【美】哈维兰著：《文化人类学》（第10版），瞿铁鹏等译，上海：上海社会科学出版社2006年版，第36页。有关文化的定义、内涵的探讨，还可参见【英】特瑞·伊格尔顿著：《文化的观念》，方杰译，南京：南京大学出版社2003年版；【英】雷蒙德·威廉斯著：《文化与社会》，吴松江等译，北京：北京大学出版社1991年版；【法】维克多·埃尔著：《文化概念》，康新文译，上海：上海人民出版社1988年版；刘敏中著：《文化学及文化观念》，齐齐哈尔：黑龙江人民出版社2000年版。有关政治文化的阐述参见【美】加布里埃尔·A. 阿尔蒙德等著：《公民文化——五国的政治态度和民主》，北京：东方出版社2008年版；王乐理著：《政治文化导论》，北京：中国人民大学出版社2000年版。对政治文化概念与人类学中文化概念联系与区别的论述，参见Harry Eckstein, “Culture as a Foundation Concept for the Social Sciences”, *Journal of Theoretical Politics*, Vol. 8, No. 4, 1996, p. 471–497.

有时被指称为公民的爱国情感，有时又被指称为“法的精神”，有时还与风俗、习惯、舆论等联系起来。①当代政治学研究中流行的“政治文化”路径和法国的“心态史”研究与过去学者们对民族性格的强调就有着异曲同工的作用。

文化的共享性特征的根源在哪里？汉斯·摩根索在列举了德国、法国、英国和美国哲学传统以及政治思想界、学术界的典型代表人物后，对民族性格形成的解释是这样的：“各民族都有自己基本的学术和伦理特征，它会反映在各种等级任务的思想和行动中，会使一个民族与其他民族截然不同……”②莱茵霍尔德·尼布尔则对象征在凝聚民族力量方面的作用给予了充分的肯定。他分析指出：“但是在目前，民族仍然是至高无上的。它不仅拥有其他群体所缺乏的警察力量，而且能够利用最有效力、最有生气的象征把自己的主张灌输到个人的意识之中。由于没有象征就不可能使人们意识到大的社会群体的存在，因此这个因素极其重要。在政府机构中，在辉煌的国家礼仪中，在战斗部队壮观的阅兵中，而且常常还在富丽堂皇的王宫中，民族找到了自己统一和伟大的象征，这种象征又激发起公民的敬畏，而且人们对自己所熟悉的乡村、景色、名胜及其经历的爱慕和虔敬，使他们在记忆中给这些东西戴上了一个神圣的光环，所有这一切又注入爱国主义的情感之中。”③

与社会垂直分层相关的阶层文化和与社会水平分群相关的群体文化的流行使得共享的社会文化内又出现了多元的亚文化群体。对于阶层文化的研究是法国心态史学研究的一大特点。高毅在评述伏维尔的心态史学研究方法时认为，史学中，短时段与长时段的辩证关系即事件与心态的辩证关系，“主要体现为群众文化和精英文化的对立统一”④；“所谓群众文化，也就是群体无意识，它是传统的惰性的领地，时间在这里是静止的或几乎静止的；而精英文化，则属于那种已经得到表达过的明确的意识形态，它不断地产生着革新和刺激的因

---

① 王乐理著：《政治文化导论》，北京：中国人民大学出版社2000年版，第23–25页。

② 【美】汉斯·摩根索著：《国家间的政治——为权力与和平而斗争（第7版）》，徐昕等译，北京：北京大学出版社2006年版，第174页。

③ 【美】莱茵霍尔德·尼布尔著：《道德的人与不道德的社会》，蒋庆等译，贵阳：贵州人民出版社1998年版，第73页。

④ 高毅著：《法兰西风格：大革命的政治文化》，杭州：浙江人民出版社1991年版，第14页。

素，具有冲动的、变化的和富于创造性的特点。年鉴学派的伟大功绩，就在于揭示了历史时间的这种‘多元性’。一般说来，正是这两类历史时间，两种不同节奏的演进，在相互交织、相互冲突、相互协调和相互转化中构成了总体历史‘交响乐’的主旋律”①。

文化的植入是造成文化多样性的另一根源。文化植入现象的典型史例就是近代以来西方文化向非西方地区的扩展。其造成的结果就是在非西方社会出现了传统文化与现代西方文化的并存与对立。对于西方文化在非西方社会植入的后果，塞缪尔·亨廷顿做过清晰的分析：“现代民主是西方文明的产物，它扎根于社会多元主义、阶级制度、市民社会、对法治的信念、亲历代议制度的经验、精神权威与世俗权威的分离以及对个人主义的坚持，所有这些都是在一千多年以前的西欧开始出现的……这些要素也许可以在其他的文明中找到其中的一二个，但是，作为总体，它们仅存在于西方文明之中。也正是这些要素说明了为什么现代民主是西方文明的产物。第三波的一个成就就是使西方文明中的民主获得了普遍性，并促进了民主在其他文明中的传播。如果第三波有一个未来，这个未来就在于民主在非西方社会的扩展。其中心问题是，现代民主作为西方的产物在多大的程度上可以在非西方社会中扎根？”②文化植入现象一般发生在处于竞争优势的文化向处于竞争劣势的文化扩展中，这与中国历史上的游牧民族征服农耕华夏民族的情况稍有不同，虽然游牧民族最终在武力上征服了中原地区，但中原地区的先进文化最终还是取代了游牧民族的文化而居主导地位。文化植入现象作为当今世界比较普遍存在的一个现象，不仅仅指现代民主向非西方社会的扩展这一类事例，苏联模式向其他国家的扩展、当今世界强国利用文化软实力向世界其他地区扩展势力可能都与此有关。民族国家向他国推行文化植入政策，用汉斯·摩根索的话来说，就是推行“民族世界大同主义”。

对于文化的共享与多样性特征，文化人类学家哈维兰则有着不同的看法：“任何文化所做的是，通过说明差异并指明对它们将要做什么来对这些差异

① 高毅著：《法兰西风格：大革命的政治文化》，杭州：浙江人民出版社1991年版，第14-15页。

② 【美】塞缪尔·亨廷顿著：《第三波——二十世纪末的民主化浪潮》，上海：三联书店1998年版，第5页。

赋予意义。每一种文化还指明了因这些差异造成的各种人群应当怎样相互适应，应当怎样同世界整体相适应。因为每一种文化都以自己的方式这样做，所以一个社会就与另一个社会有极大的差别。”①就社会内部的职业、阶级、种族等亚群体变量而言，他认为：“当社会内部存在这些群体，每一个群体都行使自己独特行为准则的职能，而同时又分享某些共同的准则，这时我们就谈起亚文化。”②哈维兰以美国政府对门诺派中严谨派的宽容和美国、加拿大联邦政府对北美印第安人的强行控制两个案例，说明了亚文化发展的不同方式，然后总结说：“文化和亚文化是连续统一体中对立的两端，在它们二者之间的‘灰色区’没有截然分明的界限。”③

二、政治参与的文化解释

从文化的视角来审视社会大众政治参与的根源，这与文化的共享与多样性特征存在密不可分的联系：（1）文化的共享特征及整合功能有助于政治认同的培育和合法政治参与方式的产生；（2）多元的亚文化社会群体之间既可以合作共处，也可能发生激烈冲突；（3）文化植入造成的传统与现代问题的处理。

任何一个社会的文化都是一个系统，其经济的、政治的、社会的方面都以整合的方式和谐地运行着。社会的成员与文化一起成长，通过儒化这一过程习得自己的文化，“学会在社会上恰如其分地满足自己生物的需要”④。文化的这种建构功能远非只针对生物需要，对于包括本体需要、社会交往需要在内的其他需要同样发挥着重要的作用。观念—文化因素对利益的建构作用是主要的，尽管生物

---

① 【美】哈维兰著：《文化人类学》（第10版），瞿铁鹏等译，上海：上海社会科学院出版社2006年版，第37页。

② 【美】哈维兰著：《文化人类学》（第10版），瞿铁鹏等译，上海：上海社会科学院出版社2006年版，第38页。

③ 【美】哈维兰著：《文化人类学》（第10版），瞿铁鹏等译，上海：上海社会科学院出版社2006年版，第39页。

④ 对濡化的解释，参见【美】哈维兰著：《文化人类学》（第10版），瞿铁鹏等译，上海：上海社会科学院出版社2006年版，第42页。

因素对利益的定义作用也不可小视。①从利益建构的角度来看，“文化基本上是确保一群人生活持久幸福的维持体系”②。所以，共享的文化通过对社会大众主流利益观的建构，有助于培育人们对政府合法性的认同，有助于增强人们的政治情感，对于人们合法参与国家政治起到了积极的塑造作用。然而当现实中影响人们生活的现象使他们感到无助，而传统的应付方式又不再有效的时候，他们就无法从现实生活中体会到幸福，整合文化的黏合应力就会失效，文化危机随之就会出现，在此背景下，人们可能就会根据各自习得的亚文化便宜行事了。

面对多元的亚文化社会群体共处的现实，政府的宽容、强制控制等多种手段的使用使多元的亚文化群体认同社会的主流文化。如上文所言，当文化维系的幸福感持久存在的时候，亚文化群体的认同意识有助于培育合法的政治参与方式；幸福感的丧失、文化黏合应力的丧失导致亚文化成为他们行事的指针。然而多元的亚文化群体之间的共处状况可能并非如此简单。英国人类学家雷蒙德·弗斯揭示了多元的亚文化群体可能会出现文化渗透、“社会性共生”两种状况，其中，前一种状况要比后一种状况更为普遍。③除此之外，亚文化群体之间的共处也可能因为一方理解另一方成员行事准则的困难而非仅仅是误解往往会导致双方的流血暴力冲突的发生。④尤其是当共享的文化在面对多元的亚文化群体共处的背景下存在明显的不公和偏颇时，文化培育政治认同的功能就会大大降低甚至消失，致使感觉不公的一方群体可能根据自己的亚文化便宜行事。

当优势文化向劣势文化扩展，在出现文化植入现象的地区，社会大众又是如何选择自己的政治参与方式呢？此种情况既出现于今天，如前文所述非西方地区对扩展的西方文化的植入；也出现于历史上，如伊斯兰教甚至更早的罗马文明向周边的扩展。这种情况在今天是如此引人瞩目，以致植入或曾经植入西方

---

① 【美】亚历山大·温特著：《国际政治的社会理论》，北京：北京大学出版社2005年版，第128–130页。生物因素对利益的定义成为以阶层文化看待下层社会大众反叛政府现象之外的另一个解释来源。

② 【美】哈维兰著：《文化人类学》（第10版），瞿铁鹏等译，上海：上海社会科学院出版社2006年版，第56页。

③ 【英】雷蒙德·弗思著：《人文类型》，北京：华夏出版社2002年版，第151页。

④ 【美】哈维兰著：《文化人类学》（第10版），瞿铁鹏等译，上海：上海社会科学院出版社2006年版，第40页。

文化的国家常常困扰于传统与现代纠缠的泥沼中难以自拔，即使力图保持自己传统色彩的国家也深受传统与现代文化纠结的煎熬。对于植入西方民主的非西方社会的政治状况，塞缪尔·亨廷顿有着较为准确的诊断："在非西方社会，选举可能会导致那些严重威胁到民主的政治领袖和政治团体的胜利。"①"人们普遍承认，民主依赖于一个壮大的市民社会。在穆斯林社会，的确有壮大的市民社会，但这是一个原教旨主义的市民社会，而不是一个世俗的、自由主义的市民社会。许多东亚社会的精英不习惯自由民主……"②对于文化植入对国民社会分层及不同阶层心态造成的影响，雷蒙德·弗斯则做过较为精细的分析："有时他们社会中的一些个人、群体、阶层和阶级，由于拥有财富、教育或政治权力，可以成为相当完满的整体。他们之中往往会有一个特权阶层，在财富、教育或权力上地位最高，他们可以自由地和西方社会的人相互交往。但是其他多数阶层的人民不能完全达到他们适应西方文明的目的，一部分由于他们没有钱，一部分由于他们没有受过使他们获得文化的培训，但可能还有别的一些因素，如他们固守他们熟悉的生活方式，认为它很美好，很有道德，甚至很有精神价值。他们对自己生活方式的评价和对西方生活方式的评价可能是对立的。"③所以，当文化的植入难以达到植入西式文化时的初始理想时，国民一般也会在阶层上、心态上，进而在政治上出现深刻的分野，由理想的跌落和这种分野造成的社会中多元的亚文化群体之间的敌视与对立可能要经历几番交锋，社会的历史则可能就会在传统与现代的反复较量中艰难前行。

---

① 【美】塞缪尔·亨廷顿著：《第三波——二十世纪末的民主化浪潮》，上海：三联书店1998年版，第7页。

② 【美】塞缪尔·亨廷顿著：《第三波——二十世纪末的民主化浪潮》，上海：三联书店1998年版，第11页。

③ 【英】雷蒙德·弗思著：《人文类型》，北京：华夏出版社2002年版，第157页。

第四节　原因/动机与大战略缔造

研究社会大众政治参与的原因/动机对于政治精英大战略缔造的意义主要是：(1) 有助于扩展政治精英决策的心理环境范围，从而在某种程度上缩小大战略操作环境与大战略缔造心理环境之间的差距，减少操作环境对大战略执行的制约作用；(2) 有助于政治精英从大战略动员意义上对社会大众的政治参与施加智识性影响，促进大战略顺利实施。

一、原因/动机对大战略缔造的制约

如第三章所述，社会大众的连续性政治参与为政治精英的决策提供了大量的行为事实信息，但这众多行为事实信息背后的原因/动机，则可能仍然是一块未加深入探究的神秘领地。对于政治精英的决策而言，作为操作环境之一，它可以从两个方面来理解：(1) 要全面、精深地认识社会大众政治参与原因/动机的方方面面，这需要一个过程，但在未识其详的情况下，这些动机要素仍将对大战略缔造发挥着独特的制约功能；(2) 原因/动机要素自身具有独特的运行机理，即使已经对其有所认识，但要驾驭和操控这些机理仍存在相当的困难。

认知心理学中有关非理性的情绪问题研究的进展，展示了人们对行为动机认识的过程性。自古代直至近代乃至20世纪80年代以前，相对于认知、意动（Conation）研究而言，心理学中对非理性的情绪问题的研究严重不足，对于认知与情绪之间关系的探讨更显不够①，80年代以后认知心理学的进一步发展则

---

① 英语中与情绪相关的词语主要有affect, feeling, emotion, mood. 对这些词语的界定，参见【美】S. T. 菲斯克、【美】S. E. 泰勒著：《社会认知：人怎样认识自己和他人》，贵阳：贵州人民出版社1994年版，第300–302页；N. Schwarz & G. L. Clore, "Feelings and Phenomenal Experiences", in A. W. Kruglanski & E. T. Higgins (eds.), *Social Psychology: Handbook of Basic Principles* (2nd Edition), New York: Guilford, 2007, p. 385–386.

彻底改变了这种尴尬局面。[①]当代认知心理学的新进展不仅深刻揭示了认知与情绪的成因，而且探究了三种路径，详细展示了认知与情绪之间相互作用的深层机理。第一种研究路径揭示了情绪的认知基础，认为知识结构的中断、知识结构的运用以及人们对结果的归因和对结果的思维等认知因素对情绪的程度和性质产生的影响。[②]第二种研究路径阐明了认知的情绪基础，认为情绪具有信息效应和加工效应两大功能。第三种研究路径探究了认知与情绪的相对独立性。

情绪研究中业已展现的过程性远非表示该研究已圆满结束，它至多只是标志该研究已经有了一个良好的开端；这种认识深化的过程性还广泛存在于动机要素研究的其他领域。所有这些动机要素研究的过程性表明，深入探索社会大众的双重特质，不论是双重特质各自的成因、相互作用机理，还是这些要素与政治参与行为的关系，都需要一个艰辛的过程。然而无论怎样，这些未识其详的动机要素作为一种客观存在的操作环境必然与心理环境之间存在巨大的差距。这样一种差距的存在无疑会导致政治精英对社会大众有诸多的不理解，因而在这种情况下，即使政治精英想要决策得科学，想要使大战略决策符合社会大众的要求，或者想要有针对性地对社会大众进行大战略动员，也难以实现。

实际上，在大战略缔造过程中，政治精英与社会大众政治参与原因/动机要素方面的操作环境之间可能存在以下几种关系。第一种关系如上文所揭示的，前者因对后者（认知的、利益的、文化的三重动机）的不知晓而无法在大战略缔造过程中对其加以考虑。第二种关系如前文有关南希·坎韦什探讨的被七个不同的认知启发所加固的有关安全政策方面的安全谬误那样（这一安全谬误因在专业性的政治精英中都会出现，因而在社会大众中更有可能产生），前者即使知晓了后者，但由于在具体操作上还存在一些难以逾越的障碍（比如动机要素自身具有独特的运行机理），政治精英要内化这些动机要素、驾驭和操控这些机理，

---

① J. P. Forgas, "Affective Influences on Attitudes and Judgments", in Richard J. Davidson, Klaus R. Scherer & H. H. Goldsmith (eds.), *Handbook of Affective Sciences*, New York: Oxford University Press, 2003, p. 597;【美】S. T. 菲斯克、【美】S. E. 泰勒著：《社会认知：人怎样认识自己和他人》，贵阳：贵州人民出版社1994年版，第299页。

② 【美】S. T. 菲斯克、【美】S. E. 泰勒著：《社会认知：人怎样认识自己和他人》，贵阳：贵州人民出版社1994年版，第51–57、308–309、312–319页。

仍存在相当的困难。杰克·斯奈德教授的研究也揭示了政治精英基于认知机理的困境而导致的战略判断失误问题的广泛存在。①除此之外，还存在第三种关系，即政治精英尽管知晓了社会大众政治参与的动机要素，但因主观不愿意而漠视后者存在的价值。这种情况比较典型的就是第三章中曾经揭示过的有关大战略缔造中存在的道义上的平衡性难题。

二、政治参与原因/动机与大战略动员

尽管政治精英可以能动地对社会大众的政治参与施加智识性影响，争取社会大众对国家大战略缔造给予广泛而持久的政治支持，但是，政治动员要获得成功，关键就在于对社会大众政治参与原因/动机的充分掌握。因为基于动机充分掌握基础上的政治动员有利于解决大战略缔造中存在的下述两个难题，尽管对于这种政治动员的功能还须持有适度的保留态度：（1）因对政治参与原因/动机的误解、不知晓导致的大战略规划与社会大众要求之间的不匹配，以致出现大战略动员策略不适当的现象；（2）因漠视社会大众政治参与原因/动机导致大战略缔造中存在道义上的平衡性难题给政治动员带来的被动。

随着政治参与原因/动机研究的深入，大战略缔造操作环境与心理环境之间的差距在一定程度上会日益缩小，如果不考虑政治精英在内化原因/动机研究成果并将其转化到具体的操作中可能存在的困难。由此，政治精英有意愿从原因/动机考虑出发制订的大战略动员策略就会有很强的针对性，成效也更加显著。在美国内战中，联邦政府面临的一大国内动员难题就是，是否将解放黑奴（还包括在解放黑奴的情况下如何解放黑奴的问题）制订为一项基本政策，因为在战争之初，联邦政府无法确认国家一旦确立了解放黑奴的政策，还能否承受来自国内公众因此问题激发的政治参与的冲击，因为北方和南方一样有着大批持种族歧视观点的人，尽管支持解放政策的人也不少。谨慎的林肯政府在

① 有关政治精英认知判断失误的论述，参见【美】杰克·斯奈德著：《帝国的迷思：国内政治与对外扩张》，于铁军等译，北京：北京大学出版社2007年版。

面临国内战争可能陷入僵局甚至危机，而在国际上又面临英国调停北南冲突的外交危机的背景下，在探测到国内社会大众反对解放政策的情绪日益消失的时候，才开始制定并宣布了这项政策。[①]而这一动员政策对重新定义战争目的、激发国内外社会大众的道义正当感、赢得公众的支持、推动战争的胜利无疑起到了重要的作用。

对政治参与原因/动机的充分掌握不仅可以促使政治精英采取措施消除因误解、不知晓参与动机背景下导致的大战略缔造方面的缺陷，更重要的还在于它为解决政治动员的策略选择提供了可能，从而有利于化解诸如因漠视社会大众政治参与动机导致的政治动员的被动局面。获取社会大众的政治认同以支持国家大战略是在大战略缔造存在道义上的平衡性难题背景下进行大战略动员时常会遇到的一个传统难题，因为社会大众的有些部分出于自身参与原因/动机的考虑可能会对具有道义缺陷的大战略采取否定性的政治参与方式。这种情况在由多元的亚文化社会群体构成的国家中非常突出。社会心理学研究人员针对群体偏见问题提供的诸多解决办法可以作为解决这一政治动员难题的借鉴：社会化、群体接触，以及诸如人为制造"上位类别"的重新分类等。[②]在政治实践中，"攘外"的安全必须常常有助于消除国内社会大众间的分裂局面，上位的"国家/民族"忠诚的召唤则常常有助于消弭地方性分歧；但是，当一国在处理阶级、民族、宗教等问题中存在的重大问题时，敌对国家则常常利用"解放"的旗号轰击该国社会大众的凝聚力。

---

① 有关林肯政府在解放黑奴问题上的谨慎决策，参见【美】J. 布卢姆、S. 摩根等著：《美国的历程（上册）》，杨国标、张儒林译，北京：商务印书馆1988年版，第581–585页。

② 【美】S. E. Taylor、L. A. Peplau、D. O Sears著：《社会心理学》（第10版），谢晓菲等译，北京：北京大学出版社2004年版，第211–217页。

第二部分

历史经验考察

第五章　伯罗奔尼撒战争中的斯巴达大战略——社会大众诸要素探析

本章旨在说明：即使在古代，一国甚至一个阵营内的社会大众诸因素也会对国家大战略的制订与实施产生关键的影响。

第一节 社会大众的能力与大战略缔造

一、数量问题

斯巴达的社会大众主要由三大不同群体构成：斯巴达公民、藩民（Perioikoi）和黑劳士(Helots)。居于统治地位的斯巴达人只占人口总数的少数，加之生活方式、战争、自然灾害等诸多原因的影响，斯巴达人的人口总量日益减少。上述情况使斯巴达社会群体的结构发生了显著的变化，而战争中，藩民和黑劳士的出逃或革命等也导致了整个斯巴达社会人口数量出现了波动。

从人口数量结构看，斯巴达公民的人口数量与黑劳士、藩民的总数相比有巨大的悬殊。由位于拉科尼亚（Laconia）地区欧罗达斯（Eurotas）河谷五大村镇组成的斯巴达城邦，在征服拉科尼亚和美塞尼亚（Messenia）之后，斯巴达人只占三大群体总人口数量中的绝对少数——约百分之二十①，而广泛分布于拉科尼亚和美塞尼亚的斯巴达人份地上的黑劳士和居住于斯巴达边区的藩民则占据了人口总数中的绝对多数。普鲁塔克在吕库古（Lycurgus）传中指出，吕库古“将剩余的拉科尼亚的土地划分为三万份分给了‘佩里奥基’，即当地的自由民；将属于斯巴达城邦的土地分成九千份，分给了同样数目的真正斯巴达人。”②有学者指出，美塞尼亚被征服后，伴随着美塞尼亚人的被奴役，黑劳士数目与斯巴达人的比例高达10~20 : 1的程度。③

多种因素使得斯巴达全权公民人口数量日益减少。第一，从婚育的角度看，

---

① 【美】萨拉·B. 波默罗伊（Sarah B. Pomeroy），斯坦利·M. 伯斯坦（Stanley M. Burstein），沃尔特·唐兰（Walter Donlan），珍妮弗·托尔伯特·罗伯茨（Jennifer Tolbert Roberts）著：《古希腊政治、社会和文化史》（第二版），傅洁莹等译，上海：上海三联书店2010年版，第170页。

② 【古希腊】普鲁塔克著、黄宏煦主编：《希腊罗马名人传（上）》，陆永庭、吴彭鹏译，北京：商务印书馆1990年版，第页95页。

③ C. E. Robinson, *Everyday Life in Ancient Greece,* Oxford: Clarendon Press, 1933, p. 35.

存在几个导致生育率降低的因素：具有较高社会地位的斯巴达妇女将生育看成一种高度危险的事情，有些人会不愿冒险生育而采取控制生育的措施；因为斯巴达男性不愿结婚，以致吕库古专门想出羞辱和对付单身汉的种种办法；不少斯巴达武士为了使遗产最大化不愿多生孩子；三十岁以前达到婚育年龄的男子生活在军营中，这对成功生育后代有一定的影响，而频繁的战争更是让成年已婚男子难以有机会居家生子。第二，从教养的角度看，斯巴达形成了严格的新生儿检查制度，指派官员检查男婴的生存能力以决定是继续抚养还是抛到弃婴场。第三，从财产继承制度看，斯巴达有关妇女公民财产继承和婚嫁制度以及鼓励父亲多生男性公民以免除相关义务的做法，使不少斯巴达公民因为陷入贫困状态以致无法担负共餐费用而丧失公民权。第四，从更为宏观的视角看，斯巴达的国家政策不仅禁止授予外邦人公民权，而且国内中下阶层难以向全权公民阶层流动，尽管伯罗奔尼撒战争期间，黑劳士可以因军功向自由民流动，但这种半流动体制束缚全权公民阶层基础的扩展。而地震等天灾有时也会导致人员的大量伤亡①。

由于上述诸多因素的影响，斯巴达社会群体的结构也发生了显著的变化。唐纳德·卡根（Donald Kagan）指出，在斯巴达全权公民人数下降的同时，拉科尼亚的自由民比例则在增加：

在公元前479年的普拉提亚（Plataea），参战的重装步兵大约有五千人；在公元前371年的留克特拉(Leuctra)，人数约有一千人；而在公元前418年的门丁尼亚（Mantinea），人数还有三千五百人……

公元前421年，有一千黑劳士因军功而被宣布为新公民（Neodamodeis），斯巴达政府给予他们自由并赏赐了一块土地；到公元前396年，这个数字至少上升到两千……自由民中似乎还有主要来自斯巴达全权公民的次等人（Inferiors，又即Hypomeiones），他们享有合法的公民身份，但因贫困以致无法负担共餐费用而丧失了公民权、不再受敬重、无法享受全权公民的荣誉。

在斯巴达全权公民之外还有被称为摩达克斯（Mothakes）的人，他们有的似

① 公元前464年的大地震使许多青年士兵死亡。参见【美】萨拉·B. 波默罗伊等著：《古希腊政治、社会和文化史》（第2版），傅洁莹译，上海：三联书店2010年版，第171页。

乎是全权公民与黑劳士母亲结合的非婚生儿子，其他的则可能来自无法负担共餐费用但父母双方皆为斯巴达人的家庭。这些人尽管因太穷而无法负担共餐费用，但因得到斯巴达富人的资助而接受了斯巴达的训练，因而被推选为共餐会员。吉利普斯(Gylippus)、卡里克拉提达斯(Callicratidas)和莱山德(Lysander)成为摩达克斯群体的三个代表，他们在战争中通过杰出的高级军事指挥而崭露头角。①

有关数量问题的一个并非不重要的问题就是黑劳士和藩民人口的波动。在伯罗奔尼撒战争中，尤其是雅典在派娄斯（Pylos）战役后和西西里（Sicily）远征失败前，斯巴达出现了黑劳士的大批逃亡，这些情况连同藩民的叛乱和可能存在的逃亡直接导致黑劳士和藩民人口数量发生了一定的变动，并进而产生一系列深层次的经济、政治问题。

二、质量问题

斯巴达社会大众不同群体各自重大的政治特质主要表现为：斯巴达人的集体主义精神、服从意识和尚武特质；黑劳士和藩民反抗奴役、追求平等的不屈意志，尽管相比较而言，藩民对斯巴达体制的态度可能较为温和。

斯巴达人最重要的政治特质就是集体主义精神。这一集体名为斯巴达城邦，实际上是斯巴达重装备步兵群体的城邦。这一城邦政治文化的形成是武力征服美塞尼亚以及平叛继之而来的美塞尼亚人大起义等军事必须导致的国内重装备步兵地位上升并取代贵族骑兵群体这一战争方法变革的结果。②在这一集体与个人之间，个体完全迷失于国家之中，没有自己的生活，没有要为自己解

---

① Donald Kagan, *The Peloponnesian War: Athens and Sparta in Savage Conflict 431—404 BC*, London: Harper Perennial, 2005, p. 330-331；其他有关斯巴达全权公民人数的变动和斯巴达社会新阶层的分析还可参见【法】古朗士著：《希腊罗马古代社会研究》，李玄伯译，北京：中国政法大学出版社2005年版，第284页；【美】萨拉·B. 波默罗伊等著：《古希腊政治、社会和文化史》（第二版），傅洁莹译，上海：三联书店2010年版，第170-171、367页。

② J. B. Bury, *A History of Greece: to the Death of Alexander the Great*, 北京：北京大学出版社2009年英文影印版，p. 122-123.

决的生存问题①；他们不会为私利而从事交易、谋取钱财，城邦的集体需求成为个体最高的价值诉求。普鲁塔克对斯巴达人的这种集体主义的生活方式、精神特质做出如下的描述：

斯巴达人的训练一直持续到他们完全成熟的壮年。谁都不能随心所欲地生活，在城里，就像在兵营里一样，人人都过着规定的生活，从事规定的公共事务，时时刻刻考虑到自己整个地属于国家，而不是属于个人。如果没有别的公务在身，他们就去督察少年们；要么指点他们做有益的事情，要么自己去向长辈求教……在斯巴达人的心目中，孜孜于手工技艺，营营于积聚钱财，简直是太下贱了。他们既不知道贪婪，也不知道匮乏，完全平等地享受社会福利。他们需求简朴，生活安逸。没有军事征伐的时日，合唱歌舞、节庆宴请、野外狩猎、健身活动以及社交往来就占满了他们的全部生活。

三十岁以下的人是不到市场上去的……对于上岁数的人来说，老是让人看见在市场上闲逛而不到被称作“勒斯卡伊”练身场地去度过大部分白天，是有碍名誉的。倘若他们集聚在练身场地，就会彼此相宜地度过时光，就不会涉及谋取钱财或者交易往来这类问题……总之，吕库古将自己的同胞训练成既没有独立生活的愿望，也缺乏独立生活能力的人，倒像是一群蜜蜂，孜孜不倦地使自己成为整个社会不可缺少的一部分，聚集在首领的周围，怀着近乎是忘我的热情和雄心壮志，将自身的一切皆隶属于国家。②

这段引文除了揭示了斯巴达人的集体主义特质外，还揭示了与这种特质紧密相连的另一种更为本质的价值观念，即斯巴达人的服从意识。没有这种强烈的服从意识，斯巴达式的集体主义精神就无法存在。首先，这种服从意识是一种个体“将自身的一切皆隶属于国家”的热情，即个体服从于自己所倚重的对城邦的情感；其次，这种服从意识还是一种个体对自己所属群体的长官、领袖的服从。相对于后者，前者是一种更深层次的服从，而后者是前者在操作层面上的一个体现，是服从的意识从城邦向长官、领袖发生移情的结果。对于服从意识

---

① J. B. Bury, *A History of Greece: to the Death of Alexander the Great*, 北京：北京大学出版社，2009年英文影印版，p. 126.

② 【古希腊】普鲁塔克著、黄宏煦主编：《希腊罗马名人传（上）》，陆永庭、吴彭鹏译，北京：商务印书馆1990年版，第116–117页。

的根基，斯巴达人自孩童时代的集体训练时就开始塑造。对此，普鲁塔克解释说：

在连队里他们遵从划一的纪律，接受划一的训练，因而渐渐地习惯了彼此一道游戏和学习。判断能力卓越与格斗极其勇敢的孩子被推举为他所在连队的队长，其他孩子都密切注意他，服从他的命令，甘受他的责罚。斯巴达人孩童时代的训练实质是一种关于服从的实践……至于读书识字，他们仅仅学到够用而已。其他一切训练都在于使他们善于服从命令、吃苦耐劳与能征惯战。①

尚武是斯巴达人的另一重要特征。J. B. 伯里（J. B. Bury）指出，整个斯巴达国家就像是一座军营，每个人生活的最高目标就是随时准备全力为他的城邦战斗，小到每一项法律大到整个社会制度，其目的都在于塑造优秀的战士。②这种优秀战士主要是指“能征惯战”、能“吃苦耐劳”的重装备步兵，他们是斯巴达构建陆上强国最理想的攻防利器；除了要拥有强壮的身体素质和过人的技战术水平外，这些战士还必须具备上文所阐述的为城邦献身的集体主义精神和服从意识。

由于与斯巴达人所处的地位大为不同，黑劳士和藩民的政治特质与斯巴达人的上述三项特质大为不同，这就是不屈不挠地反抗奴役、追求平等的意志，尽管他们也会受斯巴达人主流政治特质或多或少的影响③。对于这种不屈的反抗意志，亚里士多德做过明确的分析：

“同样地，（赫卢太）农奴也老是等待着拉根尼（斯巴达）人的衅隙，他们好像是丛莽中的一支伏兵，遇到集会，立即出击（起义）……但拉根尼则所有的邻邦——如阿尔咯斯人、麦西尼人、阿卡地亚人——都与它为仇，这就成为赫卢太时常叛乱（起义）的根源。”④

为了对付黑劳士的反抗斗争，斯巴达监察官在选任伊始都要向黑劳士宣战。

---

① 【古希腊】普鲁塔克著、黄宏煦主编：《希腊罗马名人传（上）》，陆永庭、吴彭鹏译，北京：商务印书馆1990年版，第107页。

② J. B. Bury, *A History of Greece: to the Death of Alexander the Great*, 北京：北京大学出版社2009年英文影印版，p. 126.

③ 作为被征服的人，按照斯巴达监察官的看法，黑劳士和藩民之间的区别就是，前者属于反叛的藩民，他们在再度被征服后沦为国家的奴隶。参见P. J. Rhodes, *The Greek City States: A Source Book*, 2nd ed, New York: Cambridge University Press, 2007, p. 60–61.

④ 【古希腊】亚里士多德著：《政治学》，吴寿彭译，北京：商务印书馆1965年版，第82–83页。

三、能力要素对大战略缔造的影响

由数量和质量两方面问题构成的社会大众的能力对斯巴达的大战略缔造的影响大致为有两个。首先，与质量问题并非没有关系的斯巴达人口的数量结构提示了大战略缔造要注意以下几个问题：(1)斯巴达全权公民人口占据少数且处于下降趋势的现实使得大战略的缔造要尤为关注斯巴达全权公民重装步兵的生命；(2)国内秩序问题在大战略缔造中的首要地位；(3)外交与数量问题的关系。其次，与数量问题并非没有关系的斯巴达人口的质量问题提示了大战略缔造要注意这两个问题：(1)包括黑劳士在内的非斯巴达全权公民群体的非法政治参与对大战略缔造的冲击；(2)斯巴达全权公民的合法政治参与对大战略缔造的影响。

以人口数量处于下降趋势中的少数斯巴达全权公民阶层来统治其他占据人口总量多数的非斯巴达全权公民群体的社会结构现实存在着严重的危险，特别是当这些占据人口总量多数的群体对社会的现实还存在严重的不满的话。

"斯巴达的社会结构存在着潜在的危险，黑劳士的人数约以7:1的比例超过了他们的斯巴达主人，因此，正如一位了解斯巴达的雅典人所言，'他们会很乐意吃斯巴达人的肉'。为了应对黑劳士有时发生的叛乱，他们创设了一部宪法，因而形成了一种独特的生活方式，使个体和家庭都从属于国家的需要……①

维持这样一种高度危险的社会数量结构稳定的现实必需必然使大战略缔造者对全权斯巴达武士公民的生命尤为关切，因为正是这些人构成了斯巴达国家军事力量的核心。对斯巴达武士阶层生命的关切有时甚至达到这样的高度：当它与宁死不屈的精神特质和战死而不偷生的武士荣誉准则发生冲突的时候，他们不惜舍弃精神和荣誉的要求而忍辱投降以保全生命。派娄斯战役后战争形势的阶段性发展就成为上述论断最好的例证。修昔底德在《伯罗奔尼撒战争

---

① Donald Kagan, *The Peloponnesian War: Athens and Sparta in Savage Conflict 431—404 BC*, London: Harper Peremial, 2005, p. 4.

史》中对于斯巴达政府因对被俘武士生命的数量关切而采取的扭转战争态势的行动做过多处明确的论述。具体来说就是：

首先，为解救在斯法克托利亚(Sphacteria)岛上被围困的人，斯巴达政府主动要求休战，并向雅典人提出和谈的建议。

他们在前方知道，要把被围困在岛上的人救护出来是不可能的；让他们冒着饿死的危险，或者被迫而向人数较多的一边投降，也是他们所不愿的。他们后来决计在派娄斯和雅典的将军们订立休战协定；如果那些将军们愿意的话，他们也打算派遣使节到雅典去谈判，以便尽快地结束战事和取回那些被围困的人。①

对于斯巴达政府和谈请求背后的数量关切因素，唐纳德·卡根教授深刻分析道："我们也许对像斯巴达这样强悍的军事国家仅仅为了重获420名囚徒竟然愿意采取寻求和平的做法感到不解。但是这群人代表了整个斯巴达军队的十分之一，其中至少有180人是来自名门望族的全权斯巴达武士公民。在一个严格实践一套优生学准则的国家，这一准则要求：将有生理缺陷的婴儿杀死，为了对生育实行有效控制还将处于生育最佳期的男人和女人分开；而国家的荣誉法则要求士兵们宁可死亡也不要受辱；最重要的特权阶级只与本阶级的成员通婚。因此，即使只是对180个全权斯巴达武士公民安全的关心也不仅仅是一种感情姿态，而是一种极端的实践必需。"②

其次，受到雅典将被俘人质杀死做法的要挟，斯巴达政府被迫放弃了对亚狄迦（Attica）发动每年一度入侵和蹂躏的大陆战略,而代之以本土防卫和伯拉西达的色雷斯远征战略，直至尼西亚斯和约使雅典释放了俘虏之后，斯巴达才有可能得以重新考虑在亚狄迦的设防计划。

俘虏送到了雅典，雅典人把他们关在牢狱里，等到战事解决时再行发落；如果在战争还没有结束的时候，伯罗奔尼撒人侵略亚狄迦的话，雅典人就准备把这些俘虏一起杀掉。③

---

① 【古希腊】修昔底德著：《伯罗奔尼撒战争史》，谢德风译，北京：商务印书馆2008年版，第309页。

② Donald Kagan, *The Peloponnesian War: Athens and Sparta in Savage Conflict 431—404 BC*, London: Harper Peremial, 2005, p. 143.

③ 【古希腊】修昔底德著：《伯罗奔尼撒战争史》，谢德风译，北京：商务印书馆2008年版，第328页。

第三，“由于斯巴达人的数量如此有限，斯巴达政府愿意做任何事情要回这些重装步兵——即使达成无视其盟友利益的和解也在所不惜。”①所以，释放战俘的思考对派娄斯战役之后斯巴达政府的政策导向——尽快争取和谈达成和平协议，起到了关键作用，即使伯拉西达的色雷斯战役打得有声有色，它在斯巴达政府的政策考虑中也只是迫使雅典走向谈判桌并为斯巴达谋得最终和谈的资本准备条件。也许正是出于这一战略思考，斯巴达政府才没有对伯拉西达的远征给予及时、足够的支援。

两方面都想商谈和议，斯巴达人希望和平的心思更为迫切，因为他们很希望在岛屿上被俘虏的人们可以被释放回来。这些被俘虏的人中间，有斯巴达军官阶级的人员，他们都是重要的人物，和政府中的人员是有关系的。斯巴达人早就直接商谈释放这些俘虏的办法，但是那时雅典人的军事进行顺利，他们对于合理的请求不愿接受。第力安战役失败之后，斯巴达人以为雅典人会愿意商谈条件的，马上就和雅典成立了休战一年的协议……现在雅典人又在安菲玻里打了一个败仗……现在是时机了，当时雅典和斯巴达两个最有势力的政治家，作了很大的努力，促成和约的实现……②

在伯罗奔尼撒战争中，对于全权斯巴达武士公民生命关切的数量考虑还从斯巴达大战略执行的行为模式中得以体现：全权斯巴达公民武士尽量避免境外的孤军征战，除非获得了强大的伯罗奔尼撒同盟诸国有力的陆上支援，如对亚狄迦的入侵和蹂躏那样；全权斯巴达公民武士的境外任务主要是担任联盟的高级军事指挥，以最先进的斯巴达战争艺术指导境外作战，从而将全权斯巴达公民武士的伤亡降到最低的水平，如在色雷斯和西西里的战争均是如此。

对全权斯巴达武士公民生命关切的数量考虑视角归根到底还是出于维护建立在具有高度危险的社会数量结构基础上的国内社会秩序的稳定这一首要的大战略必需。在此，我们看到了斯巴达大战略的根本目的与手段内在的一致性关系。但是，建立于失衡的数量结构基础上的国内秩序的稳定仅靠保持处于

---

① 【美】萨拉·B. 波默罗伊等著：《古希腊政治、社会和文化史》（第二段），傅洁莹译，上海：三联书店2010年版，第331页。

② 【古希腊】修昔底德著：《伯罗奔尼撒战争史》，谢德风译，北京：商务印书馆2008年版，第410页。

数量结构劣势的全权斯巴达武士公民人数，并尽量延缓其人数衰减的态势等努力措施是不够的。为此，斯巴达政府还采取了以下一些弥补措施：以军功换自由的方式动员黑劳士参加军事远征以代替被斯巴达政府视为宝贵的稀缺资源而禁不起损失的全权斯巴达公民武士；通过外交手段竭力维护一个忠于斯巴达的伯罗奔尼撒同盟，以此作为稳定国内秩序并震慑近邻敌国窥伺国内危机的强大支持。以军功换自由的做法将在后文详细论证，此处将不再赘述。为了应对斯巴达武士公民因在国内人口数量结构中处于劣势地位但又必须完成维持国内秩序稳定的艰难任务，斯巴达政府通过外交手段竭力维护一个忠于斯巴达的伯罗奔尼撒同盟。因此，一旦同盟面临瓦解的危险，斯巴达的力量就会受到重大的削弱。但是同时，为了维持同盟完整而迁就同盟的要求，斯巴达也会面临受同盟国成员所累而卷入重大国际冲突的危险。所以，同盟对于斯巴达而言是一柄双刃剑。在发动伯罗奔尼撒战争的问题上，斯巴达政府就面临着双刃剑的威胁。一方面，多数的斯巴达社会大众不愿意发动对雅典的战争，特别是当雅典的保守战略态势没有对斯巴达构成直接的眼前威胁的时候。但是，由于科林斯（Corinth）、麦加拉(Megara)等一些受到雅典威胁的城邦的强烈要求，斯巴达如果依然对雅典不主动采取积极的进取性政策以响应上述要求的话，伯罗奔尼撒同盟就有面临瓦解的危险。另一方面，从国内能力视角出发来理解，维持同盟的稳定又是斯巴达的利益所在，但响应部分同盟城邦的要求而发动战争又会将斯巴达置于国际冲突的危险境地。正是由于这样一种两难的政策选择背景，在战争爆发前后，斯巴达政府内部才出现了奇怪的政治操作现象：国内政治精英的分裂导致主战派在议决和约是否因雅典的入侵而被破坏的公民大会上采取了非常的动员手段——少见地安排了同盟国代表分别在公民大会上进行长久的控诉性发言，即在公民大会中先安排了同盟大会常会的召开，最后在阿基达马斯（Archidamus）国王冷静的发言之后，监察官又做了具有十足煽动色彩的发言。心理学揭示的决策原理表明：这种程序性安排显然有利于主战派的观点取胜。①主战派以斯巴达卷入战争的代价挽救了面临瓦解危险的同盟的完整，因

① 对情境依赖性中初始效应和近因效应问题的揭示参见【美】斯科特·普劳斯著：《决策与判断》，施俊琦、王晏译，北京：人民邮电出版社2004年版，第36-41页。

为斯巴达的安全和生活方式是建基于同盟的完整之上的。[①]然而，在同盟国的第二次代表大会之后，在差不多一年的时间内，斯巴达不是立即召集盟国发动进攻，而是先后三次派遣使团至雅典进行战争斡旋，在斡旋中，他们甚至提出："如果雅典能够撤销那个排斥麦加拉人于雅典帝国内一切港口以及亚狄迦本身市场之外的麦加拉法令，那么战争就可以避免。"[②]对此现象，唐纳德·卡根教授认为："重装步兵发动攻击前的长久延迟和商谈中的持续努力表明：在争论的激情消失后，阿基达马斯慎重、冷静的观点发生了作用，斯巴达人的情绪又回复到了往常的保守主义状态之中。"[③]

从质量问题的视角来理解斯巴达全权武士公民合法政治参与对大战略缔造的影响，本节已经有所论述并将在后节继续发掘这一问题的其他内涵。关于包括黑劳士在内的非斯巴达全权公民群体的非法政治参与对大战略缔造的冲击，这是斯巴达政府始终关注的一个核心问题，因为它不仅关系到大战略缔造要关注的首要问题——国内秩序的稳定，更关系到斯巴达大战略要维护的全权斯巴达武士公民特权等级的共同利益这一根本目的。而且，正如前文对伯罗奔尼撒同盟的探讨中已有所涉及的那样，它还对斯巴达的外交和战争政策的选择都产生了重大的影响：不仅建立同盟的主要目的在于借此可以获得一支强大的用于镇压国内暴动的军事力量，也在于威慑可能窥伺并利用国内革命形势的敌国或敌国联盟的不轨行为。这就是尼西亚斯和约前后，面对与亚哥斯休战和约将到期，斯巴达纵横捭阖紧张施展复杂的外交手段的国内根源。

对黑劳士的反抗意识对斯巴达大战略缔造构成的潜在威胁，雅典人有着正确的评估和认识。早在第三次美塞尼亚战争发生后，雅典人就开始为未来的大战略筹划布局谋篇了。修昔底德在《伯罗奔尼撒战争史》中追述雅典帝国的扩张而叙述了斯巴达和雅典之间的第一次公开争执时，明确告知我们：斯巴达人担心，前来支援斯巴达镇压美塞尼亚人叛乱的雅典人"也许会听伊汤姆（Ithome）

---

① Donald Kagan, *The Peloponnesian War: Athens and Sparta in Savage Conflict 431—404 BC*, London: Harper Peremial, 2005, p. 43.

② 【古希腊】修昔底德著：《伯罗奔尼撒战争史》，谢德风译，北京：商务印书馆2008年版，第110页。

③ Donald Kagan, *The Peloponnesian War: Athens and Sparta in Savage Conflict 431—404 BC*, London: Harper Peremial, 2005, p. 47.

人的话,而煽动一些革命的政策。”[①]当第三次美塞尼亚战争终于结束时，是雅典人接纳了伊汤姆的暴动者，他们携妻将子迁居于雅典人自奥佐里亚的罗克里斯人(Ozolian Locrians)手中夺得的诺帕克都（Naupactus）市镇[②]。此后，这些美塞尼亚人将斯巴达视为死敌而与雅典结盟，并时刻思考着打回美塞尼亚，恢复家园。

在伯罗奔尼撒战争中，雅典人充分利用了美塞尼亚人的这种反抗意识，将其糅合进雅典大战略实践之中。这至少体现在以下几点之中：（1）利用诺帕克都美塞尼亚人的支持，在诺帕克都建立海军基地，对斯巴达同盟进行海上封锁，压制斯巴达同盟海军行动，并以此为据点攻击周边大陆，以图大陆战略获得突破性进展；（2）特别是长期以来利用包括派娄斯和斯法克特利亚在内的斯巴达沿海关键地区的地缘便利，甚至在伯罗奔尼撒内陆，利用与斯巴达有敌意的邻邦的支持，对斯巴达发动了包括派娄斯战役在内的一系列侵扰战略，以图在斯巴达国内激发由包括黑劳士在内的非斯巴达全权公民群体参与的革命、逃亡事件。这些措施及其产生的影响对斯巴达人的心理产生了剧烈的震撼作用，从而在一定的时间内为雅典赢得了整个战局的主动权，对斯巴达大战略的实施造成了致命的约束。修昔底德在《伯罗奔尼撒战争史》中多处着墨，反复描述了斯法克特利亚灾难给斯巴达人造成的各种实在和潜在的不利影响。书中有一处是这样描述的[③]：

“派娄斯很坚固地防守着。诺帕克都的美塞尼亚人把他们一部分最精锐的部队也送往派娄斯，因为派娄斯本来是他们的祖国。这些部队时常侵袭拉哥（科）尼亚,他们和那些被他们侵袭的人都是说同样的语言，所以被侵袭者因为他们而受到很大的损害。斯巴达人对于这种游击战术从前是没有经验的，依附他们的希洛

---

① 【古希腊】修昔底德著：《伯罗奔尼撒战争史》，谢德风译，北京：商务印书馆2008年版，第81页。

② 【古希腊】修昔底德著：《伯罗奔尼撒战争史》，谢德风译，北京：商务印书馆2008年版，第81–82页。

③ 其他的描述还可参见【古希腊】修昔底德著：《伯罗奔尼撒战争史》，谢德风译，北京：商务印书馆2008年版，第337、355、409页。

人开始逃亡了；他们怕国内革命运动会蔓延下去，感觉十分不安。”①

出于对雅典人继续入侵和骚扰、连同对黑劳士和藩民开展持续革命运动的担心，斯巴达政府对大战略做出了重大的修正，这包括从对黑劳士制度的调整到将战略重心放在国内的防御上，并派遣黑劳士士兵到境外远征等一系列安内攘外措施。后节将对此问题给予进一步的阐述。

所以，由于以农业经济为主并对黑劳士的农业劳动具有很强的依赖性，因此，黑劳士逃亡也好，革命也罢，连同派娄斯的被攻取和美塞尼亚人游击战的侵扰，这些对斯巴达而言，不仅意味着政治革命的威胁，也意味着经济崩溃的危险，因而，从根本上其威胁了斯巴达人统治的根基和大战略的基础。

① 【古希腊】修昔底德著：《伯罗奔尼撒战争史》，谢德风译，北京：商务印书馆2008年版，第328页。

第二节　社会大众的政治参与

如果不论及每一类政治参与的具体差异，一般来说，斯巴达社会大众三个不同群体的政治参与倾向大致为：斯巴达人倾向于采取合法的政治参与方式，藩民和黑劳士则根据具体情况的不同，既可能采取合法的政治参与方式也可能采取非法的政治参与方式。

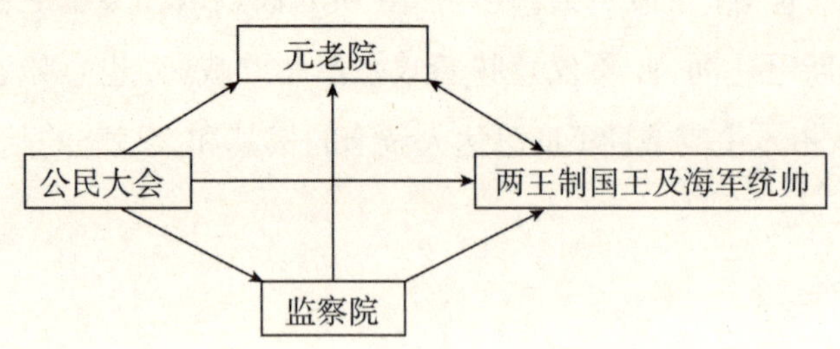

图5-1　斯巴达人的合法政治参与

斯巴达人具有多种合法政治参与方式。从军是斯巴达成年男性公民的合法暴力政治参与方式。具有相当民主与制衡因素的政治体制则为30岁以上的斯巴达男性公民提供了多种合法的非暴力政治参与方式①：选举元老院元老、监察院监察官（Ephors）并在战时选择领军的国王②；对元老院的议案进行直接表决；作为民意象征又独具斯巴达特色的监察官③对元老院元老、两王以及海军统帅等一切行政官员行使监督权以及外交、战和问题的决策权；平衡元老院与王权的间接决策权④。斯巴达人的这种合法非暴力政治参与模式如图5.1所示。

藩民具有多样的政治参与方式，既包括合法的也包括非法的方式。首先，

---

① 有关斯巴达政治制度的分析参见[古希腊]普鲁塔克著、黄宏煦主编：《希腊罗马名人传（上）》，陆永庭、吴彭鹏译，北京：商务印书馆1990年版，第92–95，117–119页；【古希腊】亚里士多德著：《政治学》，吴寿彭译，北京：商务印书馆1965年版，第87–90页。

② J. B. Bury, *A History of Greece: to the Death of Alexander the Great*，北京：北京大学出版社，2009年英文影印版，p. 115.

③ J. B. Bury, *A History of Greece: to the Death of Alexander the Great*，北京：北京大学出版社，2009年英文影印版，p. 114.

④ 作为希腊世界的传统，公民大会、元老院实际上是贵族与平民之间斗争制度化的产物。作为斯巴达政体中的另一个特色，王权在长期、复杂的政治斗争中幸存下来，并成为一个重要的权力制衡因素。有关两王之间的制衡以及海军统帅与王权之间的制衡参见【古希腊】亚里士多德著：《政治学》，吴寿彭译，北京：商务印书馆1965年版，第90–91页。

作为住在边远地区的人，藩民无公民权，无权参与斯巴达城邦政治事务，并受斯巴达对外政策的约束，但享有一定程度的地方自治权①。其次，在斯巴达城邦的征召下②，他们作为分遣队合法地参与城邦的军事远征：主要作为轻装士兵参与斯巴达人的军事行动③。在伯罗奔尼撒战争中，他们还作为重装步兵参与重大的军事行动。在派娄斯被俘的二百九十二名重装步兵中，除了一百二十名军官阶级的斯巴达人外，其余的是临近村镇的藩民④。另外，他们也会采取包括叛乱在内的非法的政治参与方式⑤。在伯罗奔尼撒战争中，锡西拉的被轻易攻破，这除了因为它是一场在斯巴达人遭受到了派娄斯重挫情况下开展的他们所不擅长的海岛登陆战外，还与部分锡西拉人（Cytherian）与尼西阿斯（Nicias）人早已开始的商谈谋叛有着很大的关系⑥；这些边区居民此后加入雅典同盟,并参加了西西里战役⑦。

黑劳士的政治参与方式也包括合法和非法的两类。作为国家的奴隶，他们也拥有合法暴力政治参与方式：通常情况下，在对外战争中，黑劳士按照与斯巴达重装步兵7~8∶1的比例配置到部队中，充当斯巴达重装步兵的役卒或作为

① 有关藩民自治权限的探讨参见Nicholas F. Jones, *Politics and society in ancient Greece*, Santa Barbara: Praeger Publishers, 2008, p. 42. 其他有关藩民政治状况的描述和探讨可分别参见【古希腊】修昔底德著：《伯罗奔尼撒战争史》，第335–336页；J. B. Bury, *A History of Greece: to the Death of Alexander the Great*, 北京：北京大学出版社，2009年英文影印版，p. 113; John Boardman and N. G. L. Hammond eds., *The Cambridge Ancient History, Second Edition, Volume 3, Part 3: The Expansion of the Greek World, Eighth to Sixth Centuries B. C.*, Cambridge: Cambridge University Press, 1982, p. 333.

② 有关斯巴达训练自由民士兵的情况参见【美】萨拉·B·波默罗伊等著：《古希腊政治、社会和文化史》（第二版），傅洁莹译，上海：三联书店2010年版，第160–161页。

③ J. B. Bury, *A History of Greece: to the Death of Alexander the Great*, 北京：北京大学出版社，2009年英文影印版，p. 126；顾准著：《希腊城邦制度——读希腊史笔记》，北京：中国社会科学出版社1982年版，第12页。

④ 【古希腊】修昔底德著：《伯罗奔尼撒战争史》，谢德风译，北京：商务印书馆2008年版，第327页。

⑤ 第二次美塞尼亚战争后，斯巴达政治制度发生了较大的变革，变革的动机之一就是防备藩民叛乱，参见J. B. Bury, *A History of Greece: to the Death of Alexander the Great*, 北京：北京大学出版社2009年英文影印版，p. 127. 历史上，藩民有时和黑劳士一起发生叛乱，参见【古希腊】修昔底德著：《伯罗奔尼撒战争史》，谢德风译，北京：商务印书馆2008年版，第80页。

⑥ 【古希腊】修昔底德著：《伯罗奔尼撒战争史》，谢德风译，北京：商务印书馆2008年版，第336页。

⑦ 【古希腊】修昔底德著：《伯罗奔尼撒战争史》，谢德风译，北京：商务印书馆2008年版，第605页。

轻装步兵等辅助性的士兵①，有时也会受训为重装步兵参与城邦对外的军事行动。在伯罗奔尼撒战争中，黑劳士的身影不时出现：在派娄斯战役中，在斯巴达政府的重赏下，他们通过各种途径冒险渡海向岛上的斯巴达武士运送饮食②；为扭转派娄斯战役造成的被动局面，斯巴达政府派遣伯拉西达（Brasidas）率领七百名黑劳士作为重装步兵远征色雷斯地区，鼓动当地人叛离雅典同盟③；在扭转士气的门丁尼亚（Mantinea）战役中，曾在伯拉西达指挥下的已获自由的黑劳士和其他获得自由的黑劳士——新公民参加了战斗④；这些脱离奴隶籍的黑劳士作为自由民还参加了后期在西西里叙拉古城下的战斗⑤和在海外的雅典同盟国地区的战斗⑥。

除了合法暴力政治参与方式外，黑劳士在时机合适的时候还会选择大规模的非法政治参与方式：如逃亡、起义等行为。在伯罗奔尼撒战争中，伴随着雅典人在派娄斯和锡西拉的军事胜利，依附于斯巴达人的黑劳士开始大规模逃亡，国内革命一触即发。为了达到预防黑劳士逃亡和暴动的目的，斯巴达政府和雅典签订了一年休战和约规定："在休战时期内，双方不得收容对方的逃亡者，不论是自由人或奴隶"⑦；而斯巴达和雅典签署的五十年同盟条约则规定："如果奴隶们起来暴动，雅典人应按照他们的资源情况，予斯巴达以充分的援助。"⑧

---

① Nicholas F. Jones, *Politics and society in ancient Greece*, Santa Barbara: Praeger Publishers, 2008, p. 42.

② 【古希腊】修昔底德著：《伯罗奔尼撒战争史》，谢德风译，北京：商务印书馆2008年版，第318页。

③ 【古希腊】修昔底德著：《伯罗奔尼撒战争史》，谢德风译，北京：商务印书馆2008年版，第355-356页。

④ 【古希腊】修昔底德著：《伯罗奔尼撒战争史》，谢德风译，北京：商务印书馆2008年版，第450-457页。

⑤ 【古希腊】修昔底德著：《伯罗奔尼撒战争史》，谢德风译，北京：商务印书馆2008年版，第607页； D. M. Lewis, John Boardman, J. K. Davies and M. Ostwald eds., *Cambridge Ancient History*, Second Edition, Volume 5, Cambridge: Cambridge University Press 1992, p. 457.

⑥ 【古希腊】修昔底德著：《伯罗奔尼撒战争史》，谢德风译，北京：商务印书馆2008年版，第639页。

⑦ 【古希腊】修昔底德著：《伯罗奔尼撒战争史》，谢德风译，北京：商务印书馆2008年版，第383页。

⑧ 【古希腊】修昔底德著：《伯罗奔尼撒战争史》，谢德风译，北京：商务印书馆2008年版，第417页。

第三节　社会大众政治参与原因/动机对斯巴达大战略缔造的影响

一、认知理性的不足：大战略手段选择的偏爱与过度自信

唐纳德·卡根在分析斯巴达人发动针对雅典的阿基达马斯之战的原因时问道："在没有面临即刻的威胁，又虑及得不到切实的利益，而且也没有受到直接伤害挑衅的情况下，斯巴达人为什么还要决定开启针对一个独特的强大对手的可能被证明是一场长期而艰难的冲突呢？"①从心理认知的角度来分析，其很大程度上在于斯巴达人对陆战手段的集体偏爱和过度的自信。这种偏爱和自信不仅表现于战争伊始，而且贯穿于整个伯罗奔尼撒战争的不同阶段中，对战争的进程和斯巴达大战略的演变产生了重要的影响。

斯巴达人对这种陆战手段的集体偏爱和过度自信首先来源于自身的历史经验，而这一集体偏爱和过度自信的思维方式构成了议决开启战端的情绪背后的认知根基。根据唐纳德·卡根的描述，希腊城邦间经典的陆战方式即：一方的重装步兵方阵进入敌人的领土并与敌手的重装步兵方阵相遇，两军交接，胜负在一天内即见分晓，导致冲突的争议随即得以解决。②如前所述，军事社会化的斯巴达人个体接受集体统一教养的最终目标就是要成为一名勇武善战的重装步兵。这些优秀的士兵是斯巴达人构建陆上强国、称雄希腊最理想也屡试不爽的利器。而由伯罗奔尼撒人和彼奥提亚人组成的两倍或三倍于雅典的重装备步兵这一与任何对手相比最优秀的、令人可畏的而又不可战胜的力量则构成了斯巴

① Donald Kagan, *The Peloponnesian War: Athens and Sparta in Savage Conflict 431—404 BC*, London: Harper Peremial, 2005, p. 45.

② Donald Kagan, *The Peloponnesian War: Athens and Sparta in Savage Conflict 431—404 BC*, London: Harper Peremial, 2005, p. 51.

达的战略自信。[1]阿基达马斯在议决和约是否破坏的斯巴达公民大会上也以警醒的语气道出了存在于普通的斯巴达人心中的这份战争自信："可能我们有信心的理由是重装备步兵和实际人数的优势，这些是使我们能够侵入并破坏他们国土的资本。"[2]对于这份战争自信，作为敌手统帅的伯里克利同样给予了肯定："在单独一个战役中，伯罗奔尼撒人和他们的同盟者能够抵抗其他所有的希腊人。"[3]从斯巴达与雅典之间较近的陆战史来看，公元前457年，斯巴达人及其同盟者于塔那格拉（Tanagra）战役中战胜了雅典人，尽管此时其国内战事还未了；公元前446年，在斯巴达国王普雷斯托安那克斯（Pleistoanax）的率领下，斯巴达人及其同盟者侵入阿提卡则迫使雅典弃战媾和，放弃了在中希腊的陆上帝国并承认斯巴达在希腊大陆的优势地位[4]。

然而，希波战争之后，一个主要以海洋性为特征的全新军事强国——雅典已逐渐在希腊世界将斯巴达一极称霸的权势格局变更为足以与斯巴达对峙的两极争霸的权势格局。对于这样一种变化了的世界，斯巴达人既缺乏可堪应对的技战术手段和足够的资源，更缺乏对这种变化感知的敏锐性，尽管其政治精英中不乏诸如阿基达马斯这样远见卓识的人物。这种感知上的迟钝实际上反映的是一种基于历史经验误读的理性不足。根据认知失调理论的理解，这种感知的迟钝也可以解释为斯巴达人在变动了的现实面前坚决否认业已变动的新信息，顽固坚持原来的将自身视为"希腊世界唯一霸主"这一图式（与之相对应的就是将雅典只看作是先前希波战争中一个并非平等的"伙伴"这一图式）。这就是斯巴达人在战前以战争相威胁并坚持以命令、最后通牒等方式而非以仲裁的方式屡次三番派遣使者与雅典强硬交涉的深层根源。对于这种异常的举动，伯里克利明确指责说："条约载明，我们之间的歧异必须服从仲裁……但他们自

---

① Donald Kagan, *The Peloponnesian War: Athens and Sparta in Savage Conflict 431—404 BC*, London: Harper Peremial, 2005, p. 57.

② 【古希腊】修昔底德著：《伯罗奔尼撒战争史》，谢德风译，北京：商务印书馆2008年版，第65页。

③ 【古希腊】修昔底德著：《伯罗奔尼撒战争史》，谢德风译，北京：商务印书馆2008年版，第113页。

④ 有关这两次战争的过程分别参见【古希腊】修昔底德著：《伯罗奔尼撒战争史》，谢德风译，北京：商务印书馆2008年版，第84-85、88-89页；对于斯巴达人对其以往陆战经验误读的分析参见Donald Kagan, *The Peloponnesian War: Athens and Sparta in Savage Conflict 431—404 BC*, London: Harper Peremial, 2005, p. 59.

己从不请求仲裁，当我们现在提议仲裁时也不接受。他们想用战争而非协商来解决自己的不满，而且目前他们在此不再请求，而是已经在强求。”①对于这种认知，斯巴达人在经受了战争的磨难以后也承认了当初发动战争时的明显失误：“他们认为在第一次战争中，他们自己方面的过失多些……前次条约中规定，如果有一方面要求仲裁的话，任何一方不得诉诸武力，但是雅典人请求仲裁，而他们自己没有接受这个请求。”②相对于斯巴达人陆战思维方式背后的这份自信，这种“霸主”——“伙伴”间的图式关系是属于较次一级的信念体系范畴，但它们在简化信息处理的思维过程中发挥着重要的作用，而坚持并迫使雅典承认这一图式关系对于雅典政治则意味着：“倒退半个世纪——倒退到斯巴达是希腊人独一无二、毫无疑义的领袖时期。雅典的权势和独立就将由斯巴达国内政治的起伏波动任意支配。”③

正是基于上述这种理性不足的认知，在议决和约是否破坏的公民大会上，尽管深谋远虑的阿基达马斯对未来的大战略态势已做出了理性有余而煽动性不足的谨慎、细致而又全面的分析，但在同盟国代表激烈的控诉和激将（同盟国的控诉尤其强化了雅典作为斯巴达及其同盟的对手这一“敌人”图式的认知）面前，尤其是在监察官斯提尼拉伊达（Sthenelaidas）简单而又情绪化十足的总结性煽动言辞的刺激下，面对城邦政治精英在和战议题决策上的意见分歧和政治分裂状况④，惯于服从并具有集体主义精神的普通斯巴达公民，受眼前被激发的情绪——对未来雅典强权的恐惧和群体压力的影响，漠视或忽视了诸多复杂不利因素的理性思考⑤，多数站到了支持战争的一方。

阿基达马斯战争开始后，这种简单的陆战思维模式——以陆战手段快速解决问题，主导了斯巴达大战略的执行，尽管期间也有过几次海上尝试，但基本以

---

① 【美】威廉森·默里等编：《缔造战略：统治者、国家与战争》，时殷弘等译，北京：世界知识出版社2004年版，第31–32页。

② 【古希腊】修昔底德著：《伯罗奔尼撒战争史》，谢德风译，北京：商务印书馆2008年版，第573页。

③ 【美】威廉森·默里等编：《缔造战略：统治者、国家与战争》，时殷弘等译，北京：世界知识出版社2004年版，第32页。

④ 对斯巴达宪制稳定而政治精英常常处于分裂、冲突状态的情况的分析参见Donald Kagan, *The Peloponnesian War: Athens and Sparta in Savage Conflict 431—404 BC*, London: Harper Peremial, 2005, p. 7.

⑤ 如战争的总体性特征，战争季节性规律的突破，特别是阿基达马斯强调的陆战和海战这种不对称战争的性质及由此导致的未来的战争态势的不可预测性等。

失利告终。出于对陆军决战前景的单方面乐观，“在战争之初，有些人认为，如果伯罗奔尼撒人侵入亚狄迦，雅典可能支持一年，而另外一些人认为可能支持两三年，再没有人认为它可以支持三年以上的”①。为此，斯巴达及其同盟者先后于公元前431年，公元前430年，公元前428年（共两次，其中第二次只集中于地峡），公元前427年，公元前425年，共五次积极入侵并蹂躏阿提卡土地，意图刺激雅典人，尤其是来自阿提卡的农民，以寻求与雅典陆军决战的机会，但始终未能如愿。在不对称战争形势下，斯巴达人日益领悟了阿基达马斯有关雅典不易受伤害的特征以及战争对斯巴达的祸害等诸多言辞的明智，特别是在派娄斯、锡西拉战役后，斯巴达人开始怀疑自身的战斗能力，他们甚至对自身的陆战信心也开始下降。

至于斯巴达人，他们看见雅典人征服了锡西拉，意料到在他们领土内其他地方也可能有类似的登陆；但是他们没有集合全军于一点，以和雅典人会战。他们只将防守的重装步兵布置在国内各地，防守军的数量依照各地的实际需要而决定，但是在大体上他们都是采取守势的。斯法克特利亚发生了意外的灾难之后，派娄斯和锡西拉都落到了雅典人手中；事实上他们处于四面都是战争之中，行动迅速最为重要，因为敌人从何处进攻是无从防备的——在这种情况之下，斯巴达人所最害怕的就是发生反对政府的革命运动……同时，出乎意料之外的灾难也使斯巴达人丧了胆，他们总怕还有别的灾难会同斯法克特利亚的灾难一样，落在他们的身上。因此，当他们进入战场以后，他们没有信心；他们以前没有受过灾难的锻炼，所以他们的士气沮丧了，他们觉得他们所采取的一切措施都是错误的。②

在此背景下，高傲的斯巴达人向雅典递出了橄榄枝，但遭到雅典的拒绝，绝望中的斯巴达人只得继续沿着陆战思维模式寻求摆脱困境的办法：以陆战的胜利逼迫雅典走到谈判桌前与斯巴达人通过和谈解决问题。由此，出现了派遣伯拉西达的色雷斯远征行动，尽管他带去的是七百名黑劳士重装步兵和其余来自伯罗奔尼撒的雇佣兵而非斯巴达全权公民兵。

那时候斯巴达人作战不利，所以他们更加容易从伯罗奔尼撒请得这支军队，因为雅典人正在进攻伯罗奔尼撒，特别是进攻斯巴达本国领土，斯巴达人认为

① 【古希腊】修昔底德著：《伯罗奔尼撒战争史》，谢德风译，北京：商务印书馆2008年版，第581页。

② 【古希腊】修昔底德著：《伯罗奔尼撒战争史》，谢德风译，北京：商务印书馆2008年版，第336–337页。

转移这些进攻的最好办法就是派遣军队到雅典的同盟国去，特别是到那些愿意给养军队和正在请他们军队来以便叛离雅典的同盟国去，给雅典人以同样的骚扰……所以当斯巴达要讲和（后来它终于讲和了）的时候，它有地方提出来和雅典所占领的地区相交换；同时使伯罗奔尼撒减轻了很多战争的负担。①

伯拉西达在色雷斯的成功行动部分恢复了斯巴达人的自信，并为和谈赢得了足够的资本。但是斯巴达人陆战信心乃至战争主动性的完全恢复应是在门丁尼亚战役特别是雅典在西西里开辟了第二战场而吉利普斯率领的联军又在西西里逐渐扭转战局并彻底击败雅典人之后的事。②

然而，更为重要的是，斯巴达人在战争的挫折教育中日益坚信并理解：与雅典这样的对手作战，海上决战具有首要意义。因此，在战争主动性日渐恢复，特别是雅典在西西里失利后，斯巴达人决定建立同盟海军，"毫无保留地全力进行战争"③，尽管实现海上决战赢得战争的胜利这一目的还需经过一个艰辛的过程，而且这一决战手段的采取还需要包括狄西利亚要塞持久驻防在内的其他陆军战略为辅助。

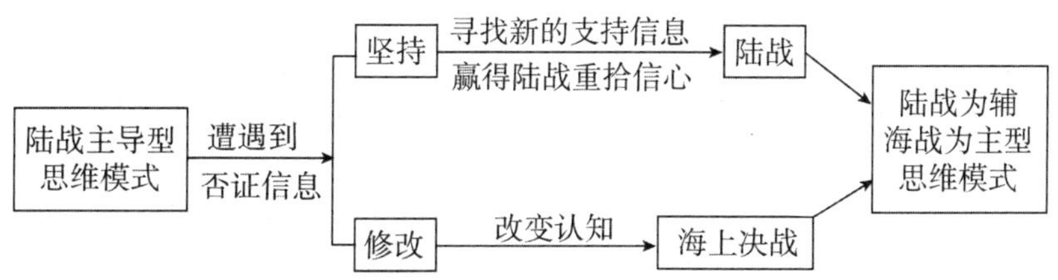

图5-2　伯罗奔尼撒战争中斯巴达人战略思维模式的演变

二、利益的调整与碰撞：大战略根本目的的平衡性难题

在斯巴达城邦制度下，三大主要的社会群体间，尤其是斯巴达全权公民与

---

① 【古希腊】修昔底德著：《伯罗奔尼撒战争史》，谢德风译，北京：商务印书馆2008年版，第336-337页。

② 【古希腊】修昔底德著：《伯罗奔尼撒战争史》，谢德风译，北京：商务印书馆2008年版，第457、550、573-574、638-639页。

③ 【古希腊】修昔底德著：《伯罗奔尼撒战争史》，谢德风译，北京：商务印书馆2008年版，第638页。

后两大群体——蕃民和黑劳士间的地位差异较大，这种悬殊的地位差异使他们对各自的利益有着不同的认识。受各自利益诉求的驱动，三大主要群体在政治参与方式的选择上表现出了较大的倾向性差异，这种倾向性差异使斯巴达大战略目标的确定存在着内在的平衡性难题，从而对斯巴达大战略目的的变化及由此导致的大战略手段的变化产生重要的影响。而新公民群体的利益诉求对大战略的缔造同样发挥了重要的作用。

作为全权公民的有闲阶层，斯巴达人拥有广泛而多样的利益。在经济上，他们享有较为平等的份地收益①，而这些收益来自束缚于份地、地位近似于奴隶的黑劳士的劳动收获。在政治上，全权斯巴达公民还享有参加公民大会影响决策、选举和被选举为年度监察官等多项政治权利。这些权利，连同他们作为重装步兵团队的成员参战、指挥以及因战功而获取的诸项荣誉，构成了他们固有的政治或精神利益。除此之外，用来建构、塑造上述诸项利益的教育制度、政治制度、经济制度、军事制度乃至斯巴达人的宗教、风俗、习惯等构成了他们的主流文化，而这种文化则建构了他们作为斯巴达社会的特权阶级等利益意识与观念等，这成为他们文化利益的核心内涵。对这些既得利益的维护（这种维护的意愿可能来自个人层面，也可能来自群体层面；这种维护的方式可以采取激励的方式，也可以采取惩罚的方式等）决定了他们对现存政治制度基本采取认可的态度，因而倾向于采取合法的政治参与方式。

斯巴达社会的另外两大群体——蕃民和黑劳士作为被统治的阶层，具有明显不同于全权斯巴达公民的利益诉求，而这一利益诉求与他们在斯巴达社会结构中所处的地位直接相关。如前所述，作为自由民，蕃民虽不可参加城邦的政治事务，但他们在屈从于斯巴达人控制的前提下，享有一定程度的地方自治权。蕃民本身要承担两项重要的义务：一是从事生产，手工业的或农业的生产，并向国家纳税；一是承担军事义务，如在斯巴达人有战事时派遣包括重装步兵在内的各种士兵参战。从经济上来说，一方面，他们可以像斯巴达全权公民一样获得份

① 亚里士多德指出，嗣女继承遗产制度的盛行致使斯巴达于公元前五至前四世纪出现份地的激烈兼并，由此导致斯巴达贫富分化加剧，贫穷的公民由于无力负担共餐费用而丧失了公民权。参见【古希腊】亚里士多德著：《政治学》，吴寿彭译，北京：商务印书馆1965年版，第86、91页。

地从事农业生产，尽管土地的面积和肥沃程度没法和后者相比。如前所引，普鲁塔克在吕库古传中指出，吕库古曾将三万块份地分给了藩民。另一方面，正如有的学者所说，作为手工业者，他们从事铁器制造，为国家提供包括武器、农具和其他器具在内的铁器，还从事制陶业提供陶器，并制作各种家用物品等。①此外，他们还可能从事于商业活动，为斯巴达人提供他们需要的商品。②

与藩民相比，黑劳士的地位更为低下。作为被征服者，他们隶属于国家，身份近似于奴隶，主要作为农业劳动者耕作于斯巴达全权公民的份地上。他们向斯巴达主人交纳沉重的租税。据吕库古记载说："每份土地足可以每年为一个男子生产七十墨狄姆诺斯大麦，为他的妻子生产十二墨狄姆诺斯大麦，还有相应数量的酒和油。"③根据推罗泰奥斯诗歌残篇的记述，他们"像驴子似地背着无可忍受的负担，他们承受着暴力的压迫啊：辛苦耕作得来的果实，一半要送进主人的仓屋"④。除了这种经济上的压榨之外，他们还会作为斯巴达全权公民的对立面，遭到特务机构克鲁普特亚（Krupteia）的屠杀；每年还遭受标记身份的鞭打，被迫穿上下等人身份标志的耻辱性服装，并常常作为反面教材遭受斯巴达人的侮辱。⑤

因此，在上述社会结构中，藩民和黑劳士为斯巴达城邦提供了劳动力，他们在农业、手工业、商业领域的辛苦服务，构成了城邦政治的经济基础；也是城邦得以强大，占据希腊世界军事优势的根基。所以，有的学者指出，"驱动斯巴达军事机器——使斯巴达最终排挤雅典成为在希腊起支配作用的超级大国的机

① Nicholas F. Jones, *Politics and society in ancient Greece*, Santa Barbara: Praeger Publishers, 2008, p. 42.

② 【美】萨拉·B. 波默罗伊等著：《古希腊政治、社会和文化史》（第二版），傅玉莹译，上海：三联书店2010年版，第158页；Donald Kagan, *The Peloponnesian War: Athens and Sparta in Savage Conflict 431—404 BC*, London: Harper Peremial, 2005, p. 3.

③ 【古希腊】普鲁塔克著、黄宏煦主编：《希腊罗马名人传（上）》，陆永庭、吴彭鹏译，北京：商务印书馆1990年版，第95页；英文版参见Bernadotte Perrin trans., *Plutarch's Lives*, vol. 1, London: Wllliam Heinemann LTD, 1967, p. 229.

④ 转引自【美】萨拉·B. 波默罗伊等著：《古希腊政治、社会和文化史》（第二版），傅玉莹译，上海：三联书店2010年版，第159页。

⑤ 【美】萨拉·B. 波默罗伊等著：《古希腊政治、社会和文化史》（第二版），傅玉莹译，上海：三联书店2010年版，第172页；Bernadotte Perrin trans., *Plutarch's Lives*, vol. 1, London: Wllliam Heinemann LTD, 1967, p. 289-293.

器的引擎在国内。国家的奴隶黑劳士和名义上自由实际上处于从属地位的藩民必须保持心平气和的心理状态并卓有成效地工作以支持斯巴达公民阶级。①”

但是，上述社会结构存在严重的利益分配失衡与社会不公问题。尽管藩民在现存的体制下还享有地方自治权并拥有自由民的身份，这使得他们在政治结构中实际上处于比上不足比下有余的中间位置，但是，与斯巴达全权公民相比，作为臣属的被征服者，他们与失去自由而遭受奴役的黑劳士一样都有着要推翻现存政治权力统治以获得完全自主的利益诉求。因为，当向上流动的道路遭到堵塞，而征战不断的斯巴达又以繁重的兵役和税收负担压迫着藩民时，他们为自身利益计，产生反抗意识是自然而然的。同样，在伯罗奔尼撒战争之前，黑劳士不仅无法向全权斯巴达公民的地位转化，就是向自由民身份的转化也几无可能，更不用说他们还遭受着其他各种精神的侮辱和肉体的奴役与屠杀了。因此，黑劳士有着强烈、持久反抗现存制度的政治心理，这种心理塑造着他们对自身利益的理性认知。

上述这样一个利益分配严重失衡和不公的社会结构决定了斯巴达大战略的根本目的在于维护国内“平等者”——斯巴达全权公民的前述共同利益而非其他社会群体的利益，由此必然导致斯巴达大战略根本目的存在严重的道义性欠缺这一平衡性难题。这一平衡性难题不仅会使斯巴达大战略面临国内动员严重不足的缺陷，更会深层危及斯巴达大战略赖以存在的现存城邦体制的生存。做出上述论断的根本原因在于：尽管“平等者”间利益一致的亲密伙伴关系构成了斯巴达最大的力量②，但是，“由于是以少数的全权斯巴达人统治大量的臣民人口，斯巴达的平衡总是不稳定的”③，特别是还考虑到前面已经揭示过的斯巴达社会大众不同群体间存在的数量与质量两大问题——这种全权斯巴达人的少数还处于人数日益下降的趋势中，而这一占人口绝对多数的藩民和黑劳士则对现存体制始终怀抱敌视、反抗的姿态时。

面对上述难题，长期以来，斯巴达政治精英缔造大战略时的政策取向中特

---

① Nicholas F. Jones, *Politics and society in ancient Greece*, Santa Barbara: Praeger Publishers, 2008, p. 47.

② 【英】J. K. 戴维斯著：《民主政治与古典希腊》，黄洋等译，上海：上海人民出版社2010年，第151页。

③ P. J. Rhodes, *The Greek City States: A Source Book*, 2nd ed, New York: Cambridge University Press, 2007, p. 59.

别偏重于以下两种手段的运用：（1）要严密防范黑劳士、藩民的反抗，防止国内革命形势的出现、蔓延，特别是这一形势如果得到了近邻敌国如亚哥斯的襄助的话；（2）以内向的视角功利地维护一个斯巴达主导的伯罗奔尼撒同盟，但在处理外部危机时要尽可能推迟甚至避免卷入特别是由同盟的成员国利益引起的外部冲突。但有时，要同时处理上述两个问题就会非常棘手。对于这种由国内必需或与国内必需相关的近邻威胁与国外形势所迫给斯巴达大战略执行造成的两难困境，唐纳德·卡根教授做过清晰的分析：

斯巴达强大的陆军及其对同盟的支配赋予斯巴达以巨大的权势，但是如果他们将这种权势用以反对伯罗奔尼撒外部的强敌，他们就冒着黑劳士在国内发生叛乱或者遭受亚哥斯攻击的危险。当他们在重要的盟友要求使用这种权势而没有使用的时候，他们就会冒着盟友背叛或他们的安全所依的同盟瓦解的危险。①

特别是在遭遇诸如伯罗奔尼撒战争这样一个持续了很长时间并在整个过程中“给希腊带来了空前的痛苦”②的伟大战争时，上述棘手问题尤为突出，这表明：仅靠过去的手段斯巴达已难以应对国内多样性利益结构问题导致的大战略根本目的缺陷带来的系统性难题，如战争深度、持久、全面的展开要求斯巴达国内能够提供稳定的人力、物力资源的支持；雅典的“解放”战略和亚哥斯等伯罗奔尼撒国家与雅典的结盟对斯巴达的国内形势造成了重大威胁等。因此，维持稳定的国内秩序就成为斯巴达大战略得以实现的首要保障。要维持国内秩序，斯巴达的政治精英就需要处理如下两大难题：（1）与大战略根本目的的适当调整相关：根据适当平衡国内利益结构的原则，在国内政策问题上对黑劳士制度做出适当的调整；（2）与大战略手段的运用相关：在对外行为中如何动员和使用这些可得的非斯巴达全权公民人力资源，并尽可能防范与此相关的不测事件的发生。

修昔底德说：“斯巴达人对希洛人的政策总是以自己的安全为基础的。③”

---

① Donald Kagan, *The Peloponnesian War: Athens and Sparta in Savage Conflict 431—404 BC*, London: Harper Peremial, 2005, p. 7.

② 【古希腊】修昔底德著：《伯罗奔尼撒战争史》，谢德风译，北京：商务印书馆2008年版，第355页。

③ 【古希腊】修昔底德著：《伯罗奔尼撒战争史》，谢德风译，北京：商务印书馆2008年版，第20页。

伯罗奔尼撒战争迫使斯巴达人因时因势修改黑劳士制度，将原先那种基本处于禁锢状态的体制调整为半流动体制，即着实为那些愿意以军功换得自由的黑劳士提供向上流动的合法途径，尽管这种流动只是向自由民而非向全权斯巴达公民的彻底流动。特别重要的是，面对国内经济、政治、军事危机，斯巴达政府基本兑现而非敷衍这种半流动体制给黑劳士提供的改变身份的机会①。例如，尼西阿斯和约达成后，斯巴达人下令，凡跟随伯拉西达作战的黑劳士都应该取得自由。斯巴达实行的这种黑劳士因军功向自由人转变的半流动体制，旨在不危及斯巴达全权公民群体特权的前提条件下，对国内极不合理的利益结构进行适当的调整，以便达到转化、驯服和动员黑劳士通过各种合法政治参与方式为斯巴达大战略服务，也有利于政治精英应对雅典"解放"战略造成的严峻挑战，争取赢得黑劳士的政治忠诚，从而尽可能减小黑劳士以各种非法政治参与给斯巴达国内政治造成的冲击。尽管这一政策调整的目的并不是要从根本上改变斯巴达大战略缔造内生的道义性欠缺的弱点，但是，它的确有利于缓解国内社会大众政治参与多样性与国家大战略缔造的平衡性之间紧迫的内在矛盾，因而是对斯巴达大战略的一种优化。

在手段的运用方面，正如可得的文献所表明的那样，通过调整黑劳士制度的奖励方式动员起来的黑劳士参与的军事行动主要用于境外或近邻的对敌作战，例如，斯巴达将他们用于境外"解放"战略，参与色雷斯、西西里等地的军事行动，或者支持雅典同盟者叛离雅典帝国的统治，或者干预雅典帝国的军事扩展。获得自由的黑劳士也被用于戍边，例如，出于应对伯罗奔尼撒内部反斯巴达的亚哥斯同盟的考虑，自色雷斯归国的获得自由的黑劳士和其他因军功获得自由的黑劳士，被斯巴达人安插到拉科尼亚和亚哥斯同盟的成员——伊利斯(Elis)中间边区的地方，以拱卫斯巴达本土。近邻作战中的典型案例就是门丁尼亚战役。在分析斯巴达政府派遣伯拉西达率领黑劳士士兵远征色雷斯的动机时，修昔底德说："斯巴达人也乐于有个好的借口，派遣一些希洛人出国；因为

① P. J. Rhodes, *The Greek City States: A Source Book*, 2nd ed, New York: Cambridge University Press, 2007, p. 64-65;【古希腊】修昔底德著:《伯罗奔尼撒战争史》，谢德风译，北京：商务印书馆2008年版，第318、425页。

在目前形势下之下，派娄斯尚在敌人手中，他们害怕发生革命。①”将黑劳士为主的非斯巴达全权公民群体的士兵用于境外或近邻作战的好处就在于：（1）利用黑劳士的人力资源可以缓解战争对斯巴达城邦人力资源的紧迫需求，同时也可以消除国内可能出现的黑劳士非法政治参与导致国内全面危机引起的震撼冲击（因为这些得到斯巴达训练的黑劳士因远离国内而无法参与和发动国内的革命运动）；（2）得以将国内人口数量结构中处于少数又具有绝对忠诚品质的斯巴达全权公民这一宝贵资源主要用于本土防卫，以便对国内可能出现的非斯巴达全权公民群体的非法政治参与形成军事威慑，解决斯巴达政府最为担心的国内秩序不稳的问题，同时又可以起到尽量减少全权斯巴达武士阶层境外牺牲的作用。

如前所述，对黑劳士制度的调整并不是从根本上改变斯巴达大战略缔造内生的道义性欠缺的弱点，因为这一调整充其量只是从黑劳士向自由民流动的半流动体制，而自由民向全权斯巴达公民的流动基本被禁止。但是，在斯巴达全权公民群体之外，除了大量的黑劳士，还存在着一个人数不菲且处于上升趋势中的各类自由民群体。如前文揭示的，因无法支付共餐费而丧失了全权公民身份的摩达克斯可以因得到斯巴达富人的资助而接受斯巴达的训练并由此被推选为共餐会员，从而恢复全权公民的身份。其他自由民群体也渴望效仿这种身份流动的模式，经由包括战争、征服、霸权掠夺在内的多种手段聚集财富而谋得共餐会员资格和全权公民身份。②在伯罗奔尼撒战争中，尤其是尼西亚斯和约签署以后，这种由利益变动导致的新利益阶层的利益诉求对进一步调整社会阶层流动体制的渴望形成了一股强大的国内政治压力，对推动斯巴达政府从和平走向战争起到了重要的作用，并使斯巴达野心勃勃的主站派战胜了反对在伯罗奔尼撒境外用兵的传统主义者。

---

① 【古希腊】修昔底德著：《伯罗奔尼撒战争史》，谢德风译，北京：商务印书馆2008年版，第355页。

② Donald Kagan, *The Peloponnesian War: Athens and Sparta in Savage Conflict 431—404 BC*, London: Harper Peremial, 2005, p. 331.

三、文化的整合与冲突：大战略的得与失

斯巴达社会的主流文化就是武士公民的集体主义文化。作为一套共享的理想、价值和行为准则，它有自身独特的生活方式和行为准则，由此孕育了自身特有的大战略文化传统。这种传统不仅影响着战争的发动，并在战争发动后受到内外双重文化的挑战：一是国内亚文化群体的挑战；一是境外文化特别是泛希腊文化的挑战。

武士公民的集体主义文化具有内生的保守主义传统。除了在前文“质量问题”部分已揭示过的武士公民尊奉的尚武、服从的集体主义精神特质外，武士公民的集体主义文化还追求一种不患寡而患不均的平等主义的生活模式，对货币、财富持一种鄙视的态度。虽然这种根基于国内黑劳士与藩民的和平与有效工作基础上的独特的生活模式实际上是对希腊世界得到广泛认可的、流行的准则的革命性挑战①，但是，斯巴达政府为维护这种挑战性的生活模式而做出的反应和采取的各项措施往往就具有保守性特质，其最重要的表现之一就是，竭力抵制外邦各种新奇风俗、信仰和生活方式的影响。普鲁塔克对吕库古对待外邦人及外来风俗习惯的保守态度做过详细的描述：

> 他不许斯巴达人随意住在外邦，不许他们在异域漫游，不然他们就会吸取外邦的风习，模仿那些没有受过训练的、在不同政体统治下的人们的生活。不仅如此，他实际上还把为数众多的外邦人驱逐出了斯巴达，这些人是抱着空虚无用的打算涌进来的……他怕这些人会成为教唆邪恶的人。因为随着外邦人的到来，外邦人的信仰也随之而来。新奇的信仰则带来新奇的主张，由此必然产生各种各样的感情和决定，势必会将和谐一致的现存政体摧毁殆尽。所以，吕库古认为：防杜腐败的风习侵袭和充塞斯巴达城邦比防止瘟疫还更有必要。②

实际上，境外文化可能会对斯巴达人产生影响的途径主要有两条：一条是斯巴达人因外出受到境外文化的影响，并进而因外出者归来而将这种影响传递

---

① Nicholas F. Jones, *Politics and society in ancient Greece*, Santa Barbara: Praeger Publishers, 2008, p. 47.

② 【古希腊】普鲁塔克著、黄宏煦主编：《希腊罗马名人传（上）》，陆永庭、吴彭鹏译，北京：商务印书馆1990年版，第119-120页。

给其他斯巴达人；另一条是因外邦人进入而将境外的文化带入斯巴达进而影响斯巴达人。由于斯巴达政府对外邦人基本上长期采取禁止入内的政策，所以，第二条途径对斯巴达的影响有限。例如，即使是在伯罗奔尼撒战争爆发前，当斯巴达使团向雅典人提出最后通牒而遭受雅典人提出包括解除外邦人入境的禁令在内的诸项保持和平的反建议时，斯巴达人仍执意坚持此项政策不变。但是，由于对外战争的到来，斯巴达人为赢得战争，会在公共政策领域采取包括境外远征在内的各项措施，以致与外邦发生频繁的接触，这使斯巴达人难以避免甚至不得不部分接受或认可境外文化的影响。因而，第一条途径就成为斯巴达接受境外文化影响的主要渠道。

所以，要抵制境外文化的影响，斯巴达政府就要尽量减少对外战争的卷入数量并在战争难以避免的情况下尽量降低卷入这类战争的程度，这成为斯巴达大战略文化传统的重要内容。在伯罗奔尼撒战争爆发前，科林斯人（Corinthian）对这一保守的大战略文化传统曾做过激烈的批评：

你们似乎不愿意听，这是因为你们相信你们自己的宪法和生活方式而不相信别人的。这种性格使你们在判断事物时，表现得稳健；但是你们在处理外交事务时，表现得有点无知……在所有的希腊人中间，只有你们斯巴达人是很镇静地等待事变发生的；你们的防御不是靠你们的行动，而是靠使人家认为你们将要行动；只有你们在早期阶段中不作一点事来防止敌人的扩张，你们等待着，直到敌人的势力已成倍地增长了。真的，你们是常以安全和稳健著名的……你们总是留在家乡……你们认为任何迁动会使你们既得的东西发生危险。①

对于科林斯人的攻击，斯巴达国王阿基达马斯（Archidamus）则坚决维护本国的大战略文化传统，因而辩护道：

至于迟缓和慎重——这是人家常常批评我们的——这毫不足以为耻……和“智慧”与“贤明”是一样好的。无疑地，正因为我们有这些品质，所以只有我们在成功的时候不傲慢；在困难的时候，不和其他人民一样易于屈服……因为我们有良好秩序的生活，我们在战争中是勇敢的，在智谋中是贤明的。我们勇敢，因为自制是以自尊心为基础，而自尊心又以胆量为基础。我们贤明，因为我们没有受到太高的教育，

① 【古希腊】修昔底德著：《伯罗奔尼撒战争史》，谢德风译，北京：商务印书馆2008年版，第53–56页。

以至于鄙视我们的法律和风俗。我们受着训练，避免那些无用的纤巧事物。①

在外邦人看来已成为一大缺憾的大战略文化传统，因为它符合斯巴达人“良好秩序的生活”、符合“我们的法律和风俗”等诸多国内的生存理由而被斯巴达人自己看作是斯巴达民族性格中的优点而感到骄傲。

实际上，从伯罗奔尼撒战争爆发前的政治实践来看，斯巴达不仅没有像科林斯人期望的那样干预科西拉（Corcyra）与雅典的结盟，即使是对于极具破坏和平性质的科林斯人的进攻性政策也没有加以限制。尽管科林斯是斯巴达的同盟国，但作为伯罗奔尼撒同盟中的大国，科林斯的外交政策一向我行我素，斯巴达既缺乏有效控制的手段，也缺乏有效干预的意愿，因为对科林斯进攻性外交政策的干预即可能意味着促使科林斯远离伯罗奔尼撒同盟离心倾向的产生，这对于现实而保守的斯巴达人来说，也意味着战争危险的增加。战前，斯巴达政府如何选择这两种干预政策的困境实际上是斯巴达保守主义大战略文化传统在伯罗奔尼撒同盟面对战争威胁时常常会面临的两难困境。面对政策选择的困境，斯巴达人采取了以静制动，静观其变的权宜而保守的态度。

然而，战争爆发后，基于武士公民集体主义文化基础上的保守主义传统导致的政策选择的两难就在伯罗奔尼撒战争的必需面前转化为下述双重文化挑战：一是国内亚文化的挑战；二是境外文化特别是泛希腊文化的挑战。这两大挑战影响了斯巴达社会大众政治参与倾向的形成，并进而对战争中和战争后很长一段时期内斯巴达大战略缔造产生重大的影响。

斯巴达国内亚文化群体大致来说由三部分构成：黑劳士、藩民及战争中获得自由的其他新公民群体。由主流的武士公民集体主义文化所清晰界定的国内僵化的垂直分层权责划分的身份使非主流的亚文化群体难有机会与主流武士公民集体主义文化交融。虽然武士公民的集体主义主流文化通过一套严格的军事社会化的集体主义教养规范在全权斯巴达武士公民群体中培育了高度的政治认同感，从而使他们产生了走合法政治参与方式的坚实政治态度，但这一主流文化由于自身存在的道义缺陷，难以以宽容的心态平等对待整个非斯巴达公

① 【古希腊】修昔底德著：《伯罗奔尼撒战争史》，谢德风译，北京：商务印书馆2008年版，第67页。

民群体。亚里士多德以“农奴”这一亚文化群体为例，对这一主流文化与非主流文化间的内在冲突和文化整合的困难有所揭示：

又，即使邦国并无患难，管理农奴原来也是一件麻烦的事情。制驭农奴们的手段颇难措置：倘使宽厚存心而不加鞭笞，他们日益恣肆，渐渐会企图同主人相平等；要是处理得过于严酷，又势必激动怨毒而群起谋害主人。这里已表明了依赖赫卢太（农奴）制度[谋取主治公民们的安逸]的城邦一定不易构成最好的[安稳的]政治组织。①

只是在斯巴达对黑劳士制度做出适当的调整后，主流文化对亚文化群体成员的濡化功能才开始有了一定的根基。黑劳士从以军功换得自由的半流动体制而藩民和新公民等亚文化群体则从摩达克斯在富人资助下获得共餐成员资格的模糊性许可制度中看到了改变各自原来所属的亚文化身份、进入主流文化群体之中的希望。受主流文化影响，黑劳士开始自愿接受斯巴达的训练并作为重装备步兵参加斯巴达的军事远征；获得自由的新公民和藩民也积极参与包括赫勒斯滂（Hellespont）在内的远在他乡的远征、戍边等战斗②。但是，镶嵌在亚文化群体中，尤其是美塞尼亚黑劳士群体中根深蒂固的反斯巴达意识使这种文化整合的成效有限。其他非斯巴达全权武士公民与全权斯巴达武士公民之间也存在着一种紧张关系：“允许非斯巴达公民、甚至是获得自由的黑劳士参加军队，造成了他们法律地位和实际地位的矛盾，同时也侵蚀了斯巴达公民垄断权力这一主张的合法性。③”

由伯罗奔尼撒战争必需变更了的国内亚文化群体对主流斯巴达武士公民群体挑战的影响远远延伸到伯罗奔尼撒战争之后一个半多世纪的时间内。非斯巴达公民的亚文化群体特别是其中的黑劳士群体在追求自身解放获得自由的同时，更渴望得到全权斯巴达公民的特权身份，而主流传统的斯巴达武士公民集体主义文化则坚持自身文化的纯洁性，竭力抵制非斯巴达公民亚文化群体改变

---

① 【古希腊】亚里士多德著：《政治学》，吴寿彭译，北京：商务印书馆1965年版，第83页。

② Xenophon, *Hellenica*, Books I–V, Translated by Carleton L. Brownson, London: William Heinemann Ltd, 1961, p. 31; Donald Kagan, *The Peloponnesian War: Athens and Sparta in Savage Conflict 431—404 BC*, London: Harper Peremial, 2005, p. 430.

③ 【英】J. K. 戴维斯著：《民主政治与古典希腊》，上海：上海人民出版社2010年版，第151页。

文化身份彻底融入主流文化之中的努力，由此导致主流文化群体与非主流文化群体之间始终存在一道难以逾越的鸿沟。伯罗奔尼撒战争结束后不久的客那东(Cinadon)谋叛事例就是这一文化鸿沟存在的明证。①

伯罗奔尼撒战争开辟的战场广泛遍及中希腊、东部希腊和西部希腊的陆地、海域，在广大范围内长期、频繁的交战，使固守挑战希腊传统的斯巴达武士公民集体主义文化经受了境外文化的多重冲击，其中最重要的冲击就是来自雅典这一对手的海洋性文化特征的冲击——雅典帝国的海洋性文化对斯巴达大陆性特征造就的重装备步兵这一集体主义文化的冲击。②

斯巴达人对雅典海洋文化冲击的较早感知最迟可以追溯到希波战争期间。根据狄奥多罗斯（Diodorus）的记载，早在这一对迥异的文化发生对峙之初，当许多斯巴达全权公民义愤填膺于海洋统治权被雅典夺去因而主张或在国内舆论的影响下转而支持对雅典发动战争以恢复对海洋的控制并进而获得诸项利益之时，元老院再次讨论了有关对雅典开战的议题。这时，差不多整个城邦的人都赞成战争并认为此时绝无人胆敢提出异议，然而，元老赫托依马里达斯（Hetoemaridas）提出，他们应当要忍受雅典平静地享有海洋统治权，因为，“就那项权力进行争论不符合斯巴达人的风俗习惯”③。他进而提出了诸项理由并最终说服了元老院和斯巴达公民远离战争。尽管格罗特（Grote）对狄奥多罗斯记载的赫托依马里达斯说服斯巴达人的部分观点表示怀疑，但他也提出，对波斯人的战争，由于不再具有严格意义上的防御性，远离本土且具有海洋性特征，因而“与国内的成例和严格的纪律要求都不再协调一致”④。他还进而以波桑

---

① Xenophon, *Hellenica*, Books I–V, Translated by Carleton L. Brownson, Lodon: William Heinemann Ltd, 1961, p. 219, 221, 223, 225.

② 希腊世界一分为二的两种文化的对峙由来的简要叙述参见【古希腊】修昔底德著：《伯罗奔尼撒战争史》，谢德风译，北京：商务印书馆2008年版，第17–18页； Diodorus Siculus, *The Historical Library of Diodorus the Sicilian* in Fifteen Books, G. Booth trans., Vol. 1, London: W. M'Dowall, 1814, p. 400–401; George Grote, *A History of Greece: from the Earliest Period to the Close of the Generation Contemporary with Alexander the Great,* Vol. 4, London: John Murray, 1862, p. 15–21; P. J. Rhodes, *The Greek City States: A Source Book,* 2nd ed, New York: Cambridge University Press, 2007, p. 83–84.

③ Diodorus Siculus, *The Historical Library of Diodorus the Sicilian* in Fifteen Books, G. Booth trans., Vol. 1, London: W. M'Dowall, 1814, p. 400.

④ George Grote, *A History of Greece: from the Earliest Period to the Close of the Generation Contemporary with Alexander the Great*, Vol. 4, London: John Murray, 1862, p. 17.

尼阿斯（Pausanias）和利奥提希达斯（Leotychides）分别率众到境外作战但在个人品行上却都自甘堕落为例说明斯巴达拱手相让制海权于雅典的必要性。戴维斯则从国家体制的角度详细分析了掌握制海权可能对斯巴达全权公民优势地位得以依赖的国内文化传统产生的不利影响：

> 此时要领导希腊，就必须成为海上强国，也就是说要在战舰的建造、装备和人员配备以及海军训练方面投入大量经费。这样的政策与斯巴达陆军战士自己负担费用的传统直接冲突，而这一传统至今为止使其避免了铸币的使用，也避免了随之而来的贪污腐败。拥有着一支舰队就涉及供给方面的一些主要问题（钱从哪里来？帆桅杆、绳索等物品从哪里来？），也意味着将政治权力让与那些与海军相关的人。这样的方式会彻底颠覆传统的领导模式，同时也颠覆斯巴达公民长期以来赖以取得政治和经济优势的重要军事作用。①

在伯罗奔尼撒战争中，斯巴达人的上述诸多担忧——对外战争特别是争夺海上控制权的战争会从多个方面伤害到斯巴达武士公民集体主义文化都出现了，并对斯巴达的大战略产生了深远的影响。特别重要的是，尽管伯罗奔尼撒战争不是希腊人的一致对外战争，但是，这一战争更是一种不对称的陆权对海权的战争，斯巴达要战胜不屈不挠的对手，就必须赢得海上战争的胜利，即必须赢得制海权，经此而由单一的陆上帝国转变为海陆两栖的帝国。这样一种过程和变化对斯巴达的武士公民集体主义文化造成了多重冲击。

首先，在一定程度上，伯罗奔尼撒战争是一场制度战争②：斯巴达人在推翻雅典帝国的奴役体制的同时要防范雅典“冒险和革命精神”③可能对斯巴达城邦宪法和生活方式的侵蚀。斯巴达人宣称，伯罗奔尼撒战争是一场解救受雅典奴役的希腊人以恢复他们自由的“解放”战争，但雅典人认为，他们城邦的宪法优越、生活方式伟大，自由而公开的民主政治的政权掌握在全体公民手中而非

---

① 【英】J. K. 戴维斯著：《民主政治与古典希腊》，上海：上海人民出版社2010年版，第44页。

② 批判伯罗奔尼撒战争是一场政治理想的冲突——民主制对寡头制的观点参见【英】弗朗西斯·麦克唐纳·康福德著：《修昔底德——神话与历史之间》，孙艳萍译，上海：上海三联书店2006年版，第5-6页。

③ 【古希腊】修昔底德著：《伯罗奔尼撒战争史》，谢德风译，北京：商务印书馆2008年版，第81页。

少数人手中，私人生活独立、自由而宽恕，公民在法律面前平等，城邦以自由和开放的心态对待外邦人和外来的事物。①在这两种话语下，前者强调雅典的帝国体制或者说是雅典与雅典同盟国之间的同盟体制不像松散、平等和自由的伯罗奔尼撒同盟体制那样，存在着奴役、压迫的事实，需要获得解放；而后者则强调雅典城邦和城邦公民具有伟大的优越性，而斯巴达城邦内的诸多群体则处于不自由、不平等、不独立、受压迫的状态之中，也需要获得解放。对于这样一种富于挑战的雅典精神可能给国内平静、团结的政治氛围带来的不利影响，斯巴达人保持了高度的警惕。在伯罗奔尼撒战争中特别是派娄斯战役之后，斯巴达人一直担心国内革命运动的发生，由于雅典人的鼓动和支持，斯巴达国内的亚文化群体出现了追求自由、民主的革命斗争形势——外部文化植入对国内主流文化的冲击。这一形势使斯巴达政府被迫对大战略实行调整：对黑劳士制度做出某些调整，使其转变为半流动体制，而且获得自由的黑劳士还得以分配土地，可以继续作为重装步兵参战。与其说这些制度上的变化对黑劳士产生了巨大的震动，不如说对包括全权斯巴达公民在内的整个斯巴达社会结构中的不同群体都产生了巨大的震撼作用和深远的影响，以维护全权公民在政治制度和生活方式中占据绝对优势地位为主要目标的斯巴达武士集体主义文化则在震撼中受到了重大的挑战。

其次，斯巴达人敢于发动伯罗奔尼撒战争，这在很大程度上在于斯巴达武士公民对本国乃至伯罗奔尼撒人重装步兵陆战优势的自信，而这种自信又有着深厚的文化根基，这就是斯巴达武士公民集体主义文化，但是，伯罗奔尼斯撒战争的进行也使以这种主流文化为根基的斯巴达人的信心受到了严重削弱，甚至引起了文化危机：其一，派娄斯战役后对雅典有利的战争形势使斯巴达武士公民陆战信心受到了沉重的打击，投降特别是避战甚至求和的事例也不鲜见；其二，斯巴达人在海战方面长期信心不足，即使在雅典人遭受西西里惨败之后的很长一段时间内，斯巴达在海上仍然长期避战，而且败绩不断，以致求和主

① 伯里克利在阵亡将士国葬典礼上的演说以斯巴达为比较的对象揭示了雅典人对自己制度优越性的认识。参见【古希腊】修昔底德著：《伯罗奔尼撒战争史》，谢德风译，北京：商务印书馆2008年版，第145–155页。

张仍不时出现；其三，特别重要的是，伯罗奔尼撒战争中，斯巴达政府为求得海上战争的胜利，不惜向波斯委曲求全，以换取波斯人的资金、人力和物力的支持，这在文化上产生了严重的后果：姑且不论这种对外政策与希波战争以来斯巴达国内长期存在的反波斯的泛希腊武士精神是否相悖①，单就出于公共政策的权宜需要政府竟然改变以往对待外邦人特别是对待被视为野蛮人的波斯人和外来事物的态度而言，这种变化随着战争的深入已潜移默化地成为私人效尤的榜样，并逐渐改变了斯巴达的风俗与习惯。普鲁塔克在《莱山德传》中对伴随海外帝国获取而来的外邦货币引入对斯巴达人风俗产生的作用做过精辟分析：

然而，由于莱山德的朋友们反对这一措施并坚持要把货币留在城市里，问题最终以这样的方式得以解决：此类货币可以传入（斯巴达）以为公用，但是一旦发现有人私有，私有者即被处死。（这种做法让人感到）好像吕库古过去担心的是金钱而不是金钱产生的贪婪之心。然而，与其说这一罪恶由于禁止私人拥有货币而得以消除，还不如说因为允许城市拥有货币而得到促进，尽管货币的使用中怀着庄重和敬意之心。无疑地，对与那些看到货币受到政府尊崇的人来说，他们不可能在私下里会将其贬为无用之物，或者因为货币在政府中得到了如此高的声望和敬意却将个人的私用看作毫无益处。而且，与个人的堕落和过失腐化整个城市相比，政府行为在短得多的时间内就会影响个人的生活习惯。很自然地是，部分会随着整体的恶化而堕落；然而，各种疾病从某一部分进入整体里会在众多依然健康的部分中发现许多纠错和补救机制。因而，这些官员只是树立了对法律的恐惧以防止货币侵入公民的住宅，却无法使公民的精神无畏地面对货币的力量而不受其影响；相反，他们激起了所有公民将财富看作一个伟大而高贵的目标来争相追求的欲望。②

很显然，西西里之战的英雄吉利普斯贪污的事例正是这种变化了的风俗得到具体体现的一个实例，而正如前文所述，获得自由的黑劳士和其他新公民群

① 有关斯巴达将领卡里克拉提达斯反对联盟波斯的泛希腊精神的叙述参见Xenophon, *Hellenica*, Books I–V, Translated by Carleton L. Brownson, Lodon: William Heinemann Ltd, 1961, p. 53, 55, 57. 有关斯巴达人“争取希腊自由”的口号与结盟波斯政策之间分歧的分析参见Donald Kagan, *The Peloponnesian War: Athens and Sparta in Savage Conflict 431—404 BC*, London: Harper Peremial, 2005, p. 331–332.

② *Plutarch's Lives*, vol. 4, Bernadotte Perrin trans., London: Wllliam Heinemann LTD, 1959, p. 279, 281.

体对通过战争获取财富的渴望则不能不说是这种风俗变化在斯巴达亚文化群体中得到的反映。尤为重要的是，毫不夸张的地说，由风俗变化反映出的斯巴达武士公民集体主义文化出现的危机产生的影响在时间上要延伸到伯罗奔尼撒战争之后很远。因此，尽管伯罗奔尼撒战争最后以斯巴达赢得战场的胜利而结束，但是，从建构斯巴达大战略根本目的的武士公民集体主义文化遭到的危机来理解，伯罗奔尼撒战争最终可能还是意味着斯巴达大战略的失败。

最后，连同斯巴达海上力量的发展以及包括海军统帅在内的海军权力在国家政治体制中的地位得以提升给斯巴达传统的陆军政治权力结构带来的变化，境外文化对斯巴达主流文化造成了诸多革命性挑战，在许多重大议题上，如和平与战争、海军权势的发展、境外远征作战、与波斯的联盟、黑劳士制度的调整等，斯巴达武士公民群体的政治光谱都发生了显著的分化，以二分的视角来看，也许不是很准确，但大致可划分为反战派/主和派——主战派，保守派——激进派。在这里，我们再次看到了具有内生的保守性特征的武士公民集体主义文化遭到的危机。

因此，连同前述诸多挑战和冲击，斯巴达人也许最终赢得了伯罗奔尼撒战争，但武士公民集体主义文化要维护的国内观念价值、行为准则、生活方式都受到了致命的威胁。所以，比较战前和战后斯巴达所处的大战略态势，虽然斯巴达获得了陆海霸权并由此登上了希腊世界权力的巅峰，但重大的危机已潜藏于文化冲突之中了。

第六章　大众政治时代英国大战略的变化（1830—1900）

本章以1830—1900年英国大战略的转变为例，进而分析现代大众政治来临对国家大战略产生的重大影响。

第一节　传统与现代的碰撞：大战略缔造的社会动力基础

在由传统向现代社会过渡的碰撞中，英国大战略缔造的社会动力基础发生了深刻的改变。这一改变了的动力基础就是：现代社会大众的基本力量与分层大众的基本价值诉求。

一、现代社会大众的基本力量结构

英国工业革命在分化、瓦解传统社会力量的同时逐步孕育了现代社会的基本力量，这一新的社会大众结构的变动趋势表明，英国政治精英缔造大战略的国内社会政治力量的基础业已发生了深刻变化。

伴随着国家的性质由农业国向工业国的转变①，英国社会大众结构的变动趋势大致可以概括如下：社会开始出现了两大新的阶级力量——工厂主阶级和工厂工人阶级；同时，原有的社会群体也出现了一系列深刻的变化，如土地贵族、乡绅的经济力量在工业经济的崛起中相形见绌，地位开始下降，而深受机械动力机器生产影响的手工业工人，主要的如各类手工纺织工人，日益走向衰落而为使用动力机器的工人所取代；包括工厂主阶级在内的中等阶级和由各类工人构成的工人阶级群体的力量崛起。

纺织业尤其是棉纺织业的发展状况是工厂主阶级和工厂工人力量崛起而深受机械动力机器生产影响的手工业工人衰落这一历史过程的集中展现，它具

---

① 对英国何时为“工业国”的判断，这是一个很有争议的话题，但无论是以产值大小来比较，还是以从业人员的多少来衡量，大致来说，到19世纪50年代，英国应该可以说已由“农业国”转变成一个“工业国”了。不同的说法，参见【英】克拉潘著：《现代英国经济史（中卷）：自由贸易和钢（1850—1886年）》，姚曾廙译，北京：商务印书馆出版社1975年版，第39-43页；钱乘旦、徐洁明著：《英国通史》，上海：上海社会科学院出版社2002年版，第235页。

体表现在棉纺厂数量、动力织布机数量以及棉纺厂工人人数增加而手织工人数锐减等若干个历史现象中：

从1834年起到19世纪中期的时期内，英国投入运营的棉纺织工厂的数量从220825家增加到330294家。①动力织布机的使用：1813年为2400架，1820年为14150架，1829年为55500架，1833年为10万架，19世纪中期则达到25万架；手工织工的人数在19世纪的第2个10年上升到25万人，并在这一水平上又稳定了10年之久，但工资水平则下降了一半以上，到1830年，工资水平已降到不合理的低水平，此后20年，手织工人数下降到4万人左右，再过十几年，手织工人数只剩下3000人了。②而根据1851年英国的人口调查数据，此时，在棉纺织厂工作的工人人数则达到50多万人③。

纺织业发生的上述情况稍后也在其他工业部门，如皮革、造纸、金属加工、炼铁、造船、机器制造中相继发生着④：一方面，雇工人数在快速增加并集中生产；另一方面，动力机械日益被采纳，适应于手工操作的分散的家庭制造业日益在需要大固定资本投资和快速的大机械动力设备生产的类似工厂组织的发展趋势中走向衰落。但对这一发展方向的强调不能过于绝对，一方面，老式生产模式的衰落是一个长期的过程，工厂制造的决定性胜利大致是在机器制造发展到较高阶段而制造出大型动力驱动机械装置的时候；另一方面，老式生产模式

---

① 【英】H. J. 哈巴库克等主编：《剑桥欧洲经济史（第六卷）·工业革命及其以后的经济发展：收入、人口及经济技术变迁》，王春法等译，北京：经济科学出版社2002年版，第330页。

② 【英】H. J. 哈巴库克等主编：《剑桥欧洲经济史（第六卷）·工业革命及其以后的经济发展：收入、人口及经济技术变迁》，北京：经济科学出版社2002年版，第298-299页；对上述数字的细微差异的不同记述参见【英】汤普森著：《英国工人阶级的形成》，钱乘旦等译，南京：译林出版社2001年版，第337页。有关根据1780—1830年间织工—雇主关系分类的四类织工地位下降，向无产的外作工转化甚至陷入“不体面行业”境遇的分析参见【英】汤普森著：《英国工人阶级的形成》，南京：译林出版社2001年版，第305页。

③ 【英】克拉潘著：《现代英国经济史（中卷）：自由贸易和钢（1850—1886年）》，北京：商务印书馆1975年版，第41页；【英】H. J. 哈巴库克等主编：《剑桥欧洲经济史（第六卷）：工业革命及其以后的经济发展：收入、人口及经济技术变迁》，北京：经济科学出版社2002年版，第330页。

④ 与动力机械生产在棉纺织业快速发展的趋势相比，毛织业的发展速度相对滞缓，直至19世纪20年代末才陆续使用动力织机。参见【英】汤普森著：《英国工人阶级的形成》，南京：译林出版社2001年版，第322页。

既因为自身存在的某些优势，还因为动力机器进步缓慢的行业的长期存在、经济周期发展的需要以及工厂化生产创造的新机会等诸多因素，而在诸如机械维修、服装、建筑等行业顽强地坚持、生存下来。

就土地贵族和乡绅阶级而言，由于受长子继承制的限制，长子之外的男性成员不得不在下列职位中谋生：政府有报酬的办公室职位、教会职位、军职、殖民地政府的职位。有的甚至还会从事律师或者做学徒以从事国际贸易。[①]在圈地背景下的土地贵族和乡绅，或者也参与圈地以出租土地，或者有些作为债权人而投资于商业、工业活动，并进而成为食息阶层。在此情况下，面对工业日盛，以及工业化、城市的迅猛发展，到1831年，农业产值的数量逐渐被工业赶上和超过[②]，到1851年，工业从业人员的数量则大大超过了农业从业人员的数量[③]；1830年后，农业资本在国民财富中的地位日益下降，而土地资产在国民财富中所占的比例则由1760年的59%下降到1830年的42%，再跌至1860年的31%，工商业、运输业资本的重要性在国民财富中的地位快速上升，到1860年，工商、运输业资本在国民财富中所占比例已赶上了农业资本在国民财富中所占的比例[④]。由此可见，随着土地和农业在国民经济中重要性的降低和工业经济的崛起，贵族、乡绅阶级的经济地位也日益下降。

当贵族、乡绅阶级的经济地位日益下降的时候，伴随着工厂主阶级经济力量的上升，加之出身于贵族、乡绅家庭但被长子继承制排除在遗产继承权之外的其他男性成员因为从事诸如前文所述的相关职业者，以及诸如医生、教师、租地佃户和其他因圈地运动所迫而出卖自己持有的土地转而从事工商业生产的店主、商贩等，中等阶层的力量日渐上升。而由工厂工人和各类新条件下产生的

---

① 【英】H. J. 哈巴库克等主编：《剑桥欧洲经济史（第六卷）·工业革命及其以后的经济发展：收入、人口及经济技术变迁》，王春法等译，北京：经济科学出版社2002年版，第283–284页。

② 工、农业产值的数据参见钱乘旦、徐洁明著：《英国通史》，上海：上海社会科学院出版社2002年版，第234–235页。

③ 参见“1851年英国主要职业集团表”，【英】克拉潘著：《现代英国经济史（中卷）：自由贸易和钢（1850—1886年）》，北京：商务印书馆1975年版，第41–42页。

④ 【英】彼得·马赛厄斯等主编：《剑桥欧洲经济史（第七卷）·工业经济：资本、劳动力和企业 （上册）·英国、法国、德国和斯堪的纳维亚》，徐强等译，北京，经济科学出版社2004年版，第105–106页。

抑或旧的传统遗留下来的手工工匠、手工工人以及农业工人等，则壮大了工人阶级的队伍。①

二、分层大众的基本价值诉求

工业革命的发展极大提升了产品的供给能力，并推动着社会大众的结构发生了快速的变动，但面对英国现实生活中应得权利分配存在的严重不平等、不公正现象，不同的社会大众群体提出了相互有别的基本价值诉求。这些基本的价值诉求作为大战略缔造的动力基础之一，将不仅仅推动社会政治变革，进而改变大战略缔造的社会政治环境，还将对大战略的目的发挥塑造的功能。

具体来说，在传统与现代的碰撞下，不同的社会大众群体提出的相互有别的基本价值诉求在两大类社会群体矛盾中表现了出来：一类是中下阶层与上层有产者之间的矛盾，另一类是中上阶层与下层劳工之间的矛盾。就前一类矛盾而言，被排除在选举权之外的中等阶层主要为新兴城市工商阶级，他们随着自身经济地位的上升，日益不满传统政治体制下本阶级无政治权利的现状，并对现行选举制度下存在的各种贿选、“衰败城市”等不合理现象强烈不满；特别是对于由土地贵族把持政权，推行有利于维护由大地产贵族——租佃农场主结成的乡村土地利益联盟的政策感到非常不满。②因此，他们希望通过议会改革，选出本阶级代表进入议会下院，促使议会制订并推行维护本阶级利益的自由贸易政策。他们的这种由利益认知驱动产生的强烈不满情绪和政治抱负从工业家弗赖尔1832年说的一段话中可见一斑：“……我们现在为整个世界生产，假如我们没有自己的议员来促进和扩大我们的贸易，我国商业的伟大纪元就结束了。③”而

① 对英国工人阶级的构成与历史演变的详尽分析参见【英】汤普森著：《英国工人阶级的形成》，钱乘旦等译，南京：译林出版社2001年版。

② 有关18至19世纪乡村土地贵族—租佃农场主之间的阶级利益联盟关系的论述参见M. A. Montague Fordham, *A Short History of English Rural Life: from the Anglo-Saxon Invasion to the Present Time*, London: George Allen & Unwin Ltd, 1916, p. 133–136.

③ 阿萨·布里格斯，“托马斯·阿特伍德和伯明翰政治同盟的经济背景”，载《剑桥历史杂志》第九卷第194页，转引自钱乘旦、陈晓律著：《在传统与变革之间——英国文化模式溯源》，杭州：浙江人民出版社1991年版，第225页。

成立于1830年1月的工厂主阶级政治组织“伯明翰政治同盟”的成立宣言则更是把工商业资本家群体的不满情绪和政治诉求表达得再明显不过了：

大贵族的所有利益已经在下院得到很好的代理……工业和商业的利益却几乎全无代表！他们是国家最重要的利益所在，是国家财富与力量的源泉。相比之下他们代表不足，而和国家的累赘（指贵族）有千丝万缕联系的每一项利益却被代表得足而又足。①

但是，除了对政治无权、现行议会政治存在的弊端以及国家推行诸如谷物法等这些严重影响工商业资本家利润（同时也影响了工人阶级利益）干涉经济自由的立法举措严重不满外，他们对保守贵族控制下的政权推行的部分废除限制性立法的自由放任政策则还是比较满意的②。正是由于与土地贵族政权之间这种既有利益冲突又有利益合作的双重因素的并存，工商业资本家才不同于下层社会大众，对变革旧制度的彻底性和时间表有着自己的认识。由于对这一双重利益因素的考虑，加上英国内战、法国大革命造成社会循环动荡的惨烈历史经验给中上阶层留下的恐惧回忆，同时也由于普遍担忧现实中欧洲大陆革命形势正在高涨可能会对国内政治秩序造成的严重威胁，工商业资本家不赞成暴力革命的道路，基本上主张通过合法的非暴力政治参与方式对议会制度进行渐进式改革，并竭力影响和争取包括手工业工人在内的工人阶级的支持。工商业资本家的这一政治行为的心理取向也基本代表了其他中等阶层的意愿，并深得议会改革派政治家的支持。所以，中等阶层的这一政治态度对于稳定社会秩序及渐进合法推动国家政治、法律制度的变革起到了非常关键的作用。

下层社会大众与土地贵族政权和工厂主阶级之间也有着深刻的矛盾。霍布豪斯对这些问题在社会上引起的不满情绪和社会关系的紧张有所揭示：

---

① 钱乘旦、陈晓律著：《在传统与变革之间——英国文化模式溯源》，杭州：浙江人民出版社1991年版，第264页。

② 第一次议会改革前时代，英国议会通过“谷物法”“商船招收学徒人数条例”等国家干涉经济的立法的原因可能是出于国家安全的考虑，国家废除诸多限制性立法也可能并非出自理性的自由经济思想的考虑，议会政治家日益受到大卫·李嘉图等经济学家思想的影响。对于上述不同于流行观点的分析参见【英】克拉潘著：《现代英国经济史（上卷）：早期铁路时代（1820—1850年·全两册）》，姚曾廙译，北京：商务印书馆出版社，1975年版，第417-420页。

“1760年以来机器工业的兴起破坏了老的家庭制度，使城镇工人沦为雇主手下的一名职工，雇主由于英国在拿破仑战争后两个时代内享有生产垄断权而大发其财。工厂早就一贯在恶劣条件下使用女工和童工，人民群众知道后极为愤怒，从而使问题趋于白热化。[①]”英国著名史学家屈勒味林（George Macaulay Trevelyan）对于公众及政治家在这些问题上所持初始态度产生的原因有所揭示。他说：“放任主义，或反对政府干涉，固成为一种理论，但在初时则完全是实事……人民对于国家或市府已有的小小管理已觉讨厌，更何敢再要求加增？直到1832年中央及地方的政府机械开始改良以后，舆论始稍稍改变；在此以前则根据经验的舆论总以政府愈少动作则愈妙……至于城市设计、工厂视察、公共教育及卫生等，则政治机械没有大改以前，万难希望国家或市府会想及……所以改革派，受了边沁、科柏特及布鲁安的灵感，而谋解决旧的政治制度和工业革命所产生的新的事实之间应有何种关系之大问题时，他们原先的信仰以为解决之法在减租税及国家的干涉……但事实适得其反。[②]”所以，从工人的角度来看，上述材料说明：第一，工人阶级对于贵族掌控的政权严重不满。因为在下层群众看来，面对工业革命过程中日益凸显的有损社会道德、良知的经济、社会、卫生问题，贵族政权却采取自由放任的态度。[③]所以，工人们希望国家对社会经济领域进行干涉，保障下层社会大众的基本利益。在当时，工人阶级的这种价值诉求与流行的而又为工商业资本家信奉并得到议会政治精英支持的以个体理性经济人假设为基础的经济学信条不一致。但是，作为工业革命结果之一凸显出来的社会经济问题如果长期得不到解决，则不仅与基督教文化塑造的国民的

① 【英】霍布豪斯著：《自由主义》，朱曾汶译，北京：商务印书馆1996年版，第40页。

② 【英】屈勒味林著：《英国史（下）》，钱端升译，北京：社会科学出版社2008年版，第684-685页。

③ 对第一次议会改革前托利派政治家采取的有关健康和道德立法的评述参见A. V. Dicey, *Lectures on the Relation between Law and Public Opinion in England during the Nineteenth Century, London*: Macmillan and Co., 1914, p.108-110.

强烈的道德感和社会责任意识相抵触①，也与人类追求幸福、美好、舒适生活的天性相违背。第二，工人们在经济利益方面与工厂主阶级之间也有着深刻的矛盾。如前文所述，受工业革命工厂动力机械极大提高的生产率的冲击，手工工人的工资急剧下降，与此同时，日益发展的大工业由于对劳动力的急剧需求又使他们沦为工厂工人的可能性大大提高。手工工人自身的这种状况很容易使他们仇视工厂主；而工厂工人则因为直接感受到工厂制度对工人造成的人身自由的限制、身体健康的损害和对经济利益的盘剥等，也很敌视工厂主阶级。所有这些不满使得工厂主与工人这一对立的概念图式已逐渐为工人群体所认知，工人的阶级意识——一种群体归属意识——也由此形成。所以，汤普森说："当一批人从共同的经历中得出结论（不管这种经历是从前辈那里得来还是亲身体验），感到并明确说出他们之间有共同利益，他们的利益与其他人不同（而且常常对立）时，阶级就产生了……②"；"1780至1832年间，多数英国工人开始意识到他们之间有共同利益，他们的利益与统治者和雇主们对立。统治阶级当然也不是铁板一块，他们在这些年中之所以还能抱成一团，是因为面对反叛的工人阶级，他们间的某些对立化解了（或降到相对次要的地位上）。因此，在1832年，工人阶级的存在是英国政治生活中最重要的因素。③"工人阶级的这种群体意识在汤普森引述的1818年一位棉纺帮工致曼彻斯特罢工风潮中的公众的一封公开信中得到了很好的说明④。汤普森进而还揭示了塑造工人行为认知、利益观念和基本的价值诉求的四种文化传统根源⑤：第一种，非国教的蛰伏的有关

---

① 值得一提的是，作为自由主义思想重要来源的新教非国教文化对于对个人责任和品格意识的强调，在一定程度上导致了政治精英对在经济社会领域进行国家干预做法的反感。参见【英】理查德·贝拉米著：《自由主义与现代社会》，毛兴贵等译，南京：江苏人民出版社，2008年版，第14-15页。塞缪尔·斯迈尔斯（Samuel Smiles）对于中产阶级的品格意识做了详尽的分析，参见Samuel Smiles, *Self-Help, With Illustrations of Conduct and Perseverance*, London: J. Murray, 1905.

② 【英】汤普森著：《英国工人阶级的形成（上，下）》，钱乘旦等译，南京：译林出版社2001年版，第1-2页。

③ 【英】汤普森著：《英国工人阶级的形成（上，下）》，钱乘旦等译，南京：译林出版社2001年版，第4页。

④ 【英】汤普森著：《英国工人阶级的形成（上，下）》，钱乘旦等译，南京：译林出版社2001年版，第217-221页。

⑤ 【英】汤普森著：《英国工人阶级的形成（上，下）》，钱乘旦等译，南京：译林出版社2001年版，第13-201页。

正义和宗教信仰的自由、平等、民主等激进主义思想和卫斯理宗福音主义复兴的平民大众的信心和锻炼的大众组织能力；第二种，植根于不成文的传统和习俗之中的根深蒂固的行为和信仰模式，即与成文法典有别的民众法典和得到大众支持、对抗自由市场经济但得到旧的家长制道德经济学支持的群众自发的旨在匡正时弊的直接行动的权利思想；第三种，英国人强烈认同的“生而自由”的观念；第四种，雅各宾传统培养的平等、共和思想。

面对上述不满和矛盾，在认知、利益和文化多重因素的推动下，工人阶级提出的问题解决方案大致有以下三种。第一，力促国家创设工人阶级的合法政治参与方式，其中，关键的就是改革议会政治制度，以便使工人阶级获得选举权，为工人阶级影响国家政策的制订与执行铺设合法参政的通道。宪章运动时期的一个出身于工厂主阶级但仍能代表工人说话的政治活动家约翰·菲尔登对这一问题解决方案的必要性和诱人前景做了如下说明：“倘若议会是由工人组成的，他们一定不会暂停执行国家的法律和宪法，而通过一项针对爱尔兰的高压法案……一定不会通过新的济贫法修正案，而一定会首先保证使工人阶级获得公平合理的、有利可图的工资……一定不会投票通过拨给伦敦警察的六万镑经费，然后又派他们到国内最偏僻的地区对居民进行骚扰……一定不会头一天废除啤酒税，第二天经财政大臣一声吩咐，又撤销原议；他们一定不会延迟多久，就能使谷物法的废除得以实现。[①]”也就是说，只要经议会改革铺设了工人阶级的合法参政道路后，工人阶级的代表就能进入议会下院，解决工人阶级关切的问题，捍卫工人阶级的利益。第二，采取激进的抗议措施，通过诸如请愿、结社、罢工、集会、游行示威等其他的合法政治参与方式向政治精英施压[②]，迫使政

① 【英】R. G. 甘米奇著：《宪章运动史》，苏公隽译，北京：商务印书馆1979年版，第68页。

② 有关19世纪英国压力政治问题的分析参见【英】R. G. 甘米奇著：《宪章运动史》，苏公隽译，北京：商务印书馆1979年版；范成东著，《英国工业革命时期的利益集团和议会立法》，南京：东南大学出版社1993年版；Graham Wooton, *Pressure Groups in Britain, 1720—1970*, Hamden, Conn.: Shoe String Press, 1975; Samuel H. Beer, “Pressure Groups and Parties in Britain”, *The American Political Science Review,* Vol. 50, No.1 (Mar., 1956), p.1–23; Howard LeRoy Malchow, “Victorian Pressure Groups: Directions for Research”, *Albion: A Quarterly Journal Concerned with British Studies,* Vol. 5, No. 2 (Summer, 1973), p. 107–115.

治精英直接面对与下层社会大众利益攸关的涉及政治、经济、社会等诸多领域的问题，并着手加以解决。正是工人阶级内部可能出现的上述两种解决问题方案的合法非暴力性质，以工人阶级和工商业资本家为代表的中等阶级甚至还有上层土地贵族阶层才有可能就问题的解决进行讨价还价，中等阶级在凝聚国内政治共识方面也才有了施展的空间。当然，从文化的角度来看，工人与中等阶级之间共同的政治变革要求与双方各自信奉的两种不同的激进主义亚文化之间具有诸多相同的内在要素的塑造存在内在的关联①。第三，当工人阶级感觉合法政治参与方式因政府的压制而被堵塞，基本的利益诉求得不到关注，切身的关切长期得不到解决的时候，他们可能就会因为失望而难以认同现存的政治制度，由此就可能铤而走险，通过起义、暴动等非法的暴力政治参与方式推翻现行政治秩序，建立自己的理想国家。1832年改革之前的英国，不能说不存在这种因阶级对立而导致内战的可能；由于改革的不彻底，1832年之后的英国也没能完全杜绝暴力政治事件的发生。历史发展最终表明，虽然英国的社会—政治变革遵循了中上阶层的渐进变革的思路，但是，在渐进变革的过程中，由三种方案推动的下层工人大众的行动威力成为推动这一时期英国社会—政治变革不可或缺的主导性力量。

① 有关中等阶级和下层社会大众两种不同的激进主义亚文化传统的论述参见钱乘旦、陈晓律著：《在传统与变革之间——英国文化模式溯源》，杭州：浙江人民出版社1991年版，第201–278页。

第二节　国内社会政治变革对大战略缔造环境的影响

为了因应现代社会大众基本力量对传统社会政治秩序发动的猛烈冲击，政治精英不得不进行广泛的社会政治变革，这些变革以社会大众的基本价值诉求为依归，牢固地确立了大众民主政治制度，不仅深刻地塑造了大战略目的，也深深地改变了大战略缔造的环境。

一、国内社会政治变革

概括来说，这一时期英国国内的社会政治变革大致包括两个方面的内容：大众民主政治制度的确立和社会领域的变革。

（一）大众民主政治制度的确立

大众民主政治制度的变革主要包括三项基本内容：代议制政治体制由上层有产者的贵族体制向大众民主政治体制的演进、两党政治制度的确立、其他合法政治参与制度的巩固。对于英国现代代议制民主政治体制的演进，英国著名史学家屈勒味林是这样概括的："……使这个国会的内阁政府的制度适合于工业革命所产生的新的社会事实乃为后期汉诺威诸君王时，继庇特和卡斯尔累而当国者的任务。欲完成这个任务，他们发现须先后准中等阶级及劳工阶级参加政治，准他们和旧日统治阶级同执政治的机械。如果不能有此种因应，则国会政府的制度将破灭，而阶级之战将发生……自1688年以来不列颠盖尚未有过革命之事。他们能逐渐地走向平民政治，既很少会疾趋而进，更绝不会开倒车，所以政治的权利能不须突然地变化而扩充及于全体人民。[①]”所以，这一演进是一个漫长的过程，其基本框架经19世纪的三次议会改革基本确立下来：1832年议会改革、1867年议会改革和1885年议会改革。[②]总体来说，三次议会改革带来的变化主要有：第一，选民主体范围日益扩展下移，其在成年男子中的比例也日益增高。1832年改革法案将选举权扩展至中产阶级上层：如，在农村新增年收入10镑以上的公簿持有农，年收入10镑、租期60年的租地者，年收入50镑、租期20年的租地者，纳租50镑的佃农；在城市确立了新的标准：有年值10镑房产或每年纳10镑房租者。1867年改革法案将上述选举权的财产限制标准做了下调：在城市的或者是居住一年并交房产税（但不论房产价值多少）的房主，或者是居住一年但每年纳房租达10镑的房客；在农村则是租用年值12镑地产者或具有年值5镑的土地所有者。选举权进一步扩展至工人阶级主体。1884年的人民代表法案将城市的房主原则推广到农村，从而使农业工人也具有了选举权，成年男子的普选权基本实现。第二，伴随着议席的调整，以及选举操作方式等配套的制度化措施的出现，旧制度下的选举弊端日益减少。旧制度下，由于议席分配的不合理、投票时间的拉长、公开投票方式的实行等，贿选、选民被土地贵族操控等现象非常严重。随着“衰败选邑”议席的取消、投票时间的缩短、秘密投票方式的进行，以及按人口比例分配议席的单一选区的建立和政党竞选的制度化等，上述选举弊端大大减少，选举的自由、民主特性日渐形成。由于上述两个方面的变化，英国代议制议会体制逐渐由上层有产者的贵族体制向大众民主政治体制的转变和大众政治时代的日渐到来为社会大众对政治精英施加影响提供了有力的制度保障。

两党政治制度的确立也经历了一个渐进的过程。一般认为英国早期的辉格

---

① 【英】屈勒味林著：《英国史（下）》，钱端升译，北京：社会科学出版社2008年版，第689-690页。

② 对这三次改革法案内容（包括议席增加、减少、合并和在各郡、市镇重新分配的细节、选民资格的变化及引起选民人数的增加等情况）的详细介绍参见Chris Cook, Brendan Keith, *British Historical Facts: 1830—1900*, London: the Macmillan Press, 1984, p. 109-119.

党和托利党是现代政党的最早萌芽。① "光荣革命" 以后至1832年议会改革前近150年的时间内，英国两党逐步形成了所谓辉格—自由党和托利—保守党的政治分野格局。②但由于当时代议制发展很不完善，选民范围还很小，没有实行普选，所以当时的两党制还不是现代意义上的两党制。③1832年议会改革以后，辉格党和托利党自身都发生了很大的变化：辉格党内部发生分裂，而托利党也改变了自己抵制改革的立场，主张一种缓进的改革战略，两党到19世纪50年代逐渐发展为自由党和保守党，日益成为中产阶级的代表，政治主张的差距也缩小。伴随着三次议会改革的实现，选举权得到了扩大，两大党在议会内外加强了组织建设，政党的代议制基础得以建立，这致使两党的群众性、组织性和由此导致的议会选举的竞争性都得到提高，两党制在促进社会大众合法政治参与方面日益发挥着重要的作用。④

① 在托利党和辉格党的来源问题上，有人主张他们与内战时期的清教派别的渊源关系不大，而且也并非仅仅因为排斥法案问题上的争执才开始存在的，实际上早已存在。因为作为辉格党来源之一的长老会派在复辟的背景下已经改宗国教了；而在农村，由于自由农的衰落，人口日益分化为乡绅、佃农和无地的劳工等阶层，因而，乡村已经为坚信国教的托利党乡绅阶级所占据、统治，清教主义失去了主阵地，因此，辉格党与托利党之间的斗争大部分反映的是城市与农村的斗争。参见【英】阿·莱·莫尔顿(A. L. Morton)著：《人民的英国史》，谢琏造等译，北京：三联书店1976年版，第369–372页。有的则认为两派的斗争实际上是革命时期圆颅党和骑士党斗争的继续。参见阎照祥著：《英国史》，北京：人民出版社2003年版，第202页。国内有的研究者往往以詹姆士继承权问题上的政治态度的差别来区分二者：认为詹姆斯虽然信奉天主教但是法定继承人，可以继承查理二世王位的为托利党，即王党；而主张只有信奉英国国教的人才可以继承王位，由于詹姆斯信奉天主教所以不可以继承英国王位的为辉格党，即民党。参见王邦佐、李惠康主编：《西方政党制度社会生态分析》，上海：学林出版社1997年版，第2页。然而不管如何，1688年革命之后两党的派别意识增强了，竞争也加剧了。

② 在这近一百五十年内，英国政坛经历的政党政治状况是：光荣革命至安妮女王时期为托利党和辉格党两党共治，安妮女王之后的汉诺威王朝三位乔治国王时期为辉格党独大，自小皮特1783年组阁开始到1830年为托利党主宰政权的五十年。

③ 有关辉格党强势时期的内政外交的论述参见Basil Williams, *The Whig Supremacy: 1714—1760*, Oxford: The Clarendon Press, 1952；有关托利党和保守党政治传统的论述参见Geoffrey G. Butler, *The Tory tradition: Bolingbroke, Burke, Disraeli, Salisbury,* London: John Murray, 1914.

④ 托利党、辉格党在扩大选举权后大力发展党外组织，从而形成了一种由议会内党组织发展为全国性党组织的政党生成模式。参见周明峰主编：《西方国家政治制度比较》，上海：华东理工大学出版社2001年版，第145页；阎照祥著：《英国政治制度史》，北京：人民出版社1999年版，第302–305，317–337页。

在议会制度、政党制度获得发展的同时，其他合法政治参与途径也或者得以建立、巩固和完善。首先，地方自治得到完善和发展①。1835年市镇自治法规定市镇自治机构人员由投票选举，所有纳税者获得了市议会的选举权，“新兴的都市区域已充满了民主精神②”，土地贵族在市镇的力量受到削弱，而中产阶级在市镇的力量得到加强；19世纪80年代以后，全国统一的地方管理机构得以建立，形成了郡、市区、教区三级议会管理机构，地方权力归社会大众民选团体。由此，城市和农村的自治使社会大众合法参与政治有了坚实的社会基础和制度保障。其次，政治结社和政治表达成为社会大众常规性的合法政治参与方式。这一时期，不仅旧政党日益向现代政党转变，各类经济、政治、宗教的利益/压力集团纷纷出现，和平、合法的请愿、集会成为他们惯常采用的表达价值诉求的方式，伴随着教育和报业的兴盛，公众舆论表达的途径日益多样化③，政治精英对公众舆论越来越关注。除此之外，自19世纪60年代末开始，工会运动日益涉足政治领域，并逐渐与自由党结成自由—劳工联盟；至19世纪80年代，非技术工人得到组织，工会的发展获得新的动力，工会运动逐渐向独立政党组织方向发展。

（二）社会领域的变革

除了政治变革之外，这一时期，社会变革也快速发展，前述第一次议会改革之前那些被社会大众深恶痛绝的有损社会道德、良知的经济、社会、卫生问题在国家立法的干预下日益得到解决，教育事业也得到发展。伴随着1834年通过的新济贫法在实践中的变通和日后的改良，它对改良社会恶制起到了重要的作用④。此外，19世纪30年代、40年代有关童工的立法、10小时工作制问题的立

---

① 【英】屈勒味林著：《英国史（下）》，钱端升译，北京：社会科学出版社2008年版，第715-716，769页；阎照祥著：《英国政治制度史》，北京：人民出版社1999年版，第364-368页。

② 【英】屈勒味林著：《英国史（下）》，钱端升译，北京：社会科学出版社2008年版，第715页。

③ 这一时期，报纸的家数和发行量都在稳步增加，同时，政府对报纸税收性限制也在减少，参见Chris Cook, *Brendan Keith, British Historical Facts: 1830—1900*, London: the Macmillan press, 1984, p. 201-215.

④ 新济贫法作为一种改良社会的猛药，加之其本身的确也存在一些缺陷，遭到了下层社会大众的猛烈反对，但由于中产阶级支持此法，所以，反济贫法运动并没有像争取10小时工作日运动那样获得成功。有关济贫法和新济贫法的叙述和评价参见【英】屈勒味林著：《英国史（下）》，钱端升译，北京：社会科学出版社2008年版，第682-683，720-721页；对新济贫法残酷性的揭露可参见Henry Bentinck, *Tory Democracy*, London: Methuen & Co. Ltd, 1918, p. 23-28.

法、矿山法以及相关视察制度的建立，初步改善了部分工厂工人的状况；第二次议会改革后，英国社会迎来了10年社会改革的好时期，六七十年代的公共卫生法、工人住宅法、工厂法使城市社会环境得到整治，工人的工作时间得到规范，工作环境和生活条件也得到改善，这些举措初步确立了英国作为福利国家的基础①。伴随着众多死刑立法措施的废除，旧社会对社会大众的严酷镇压逐渐被文明人道的治理取代②。在劳资关系方面，70年代的工会法承认了工会组织的合法性以及工会组织工人罢工时进行和平纠察的权利，工会获得了较为完整的法律地位，工人运动也获得推动。在教育领域，大学教育则于60年代末开始向不同宗教信仰的人开放，中等教育于19世纪末也得到改进；30年代和70年代，国家先后通过两个教育法，扩大初等教育的范围，使“贫民区域中无数失养的儿童”获得了训练和纪律，国家则成长起了“能读写的人民③”。

二、国内社会政治变革对大战略缔造环境的影响

作为政治精英的智识性活动，这一时期国内社会政治变革对大战略缔造的影响可以从两个方面来探讨：(1)对政治精英操作环境的影响；(2)对政治精英心理环境的影响。对操作环境的影响主要包括：第一，国内社会政治变革使英国政治制度发生了一系列重大的变化，由此，社会大众多样化的合法政治参与对大战略缔造无可回避地产生了两项重大功能——制约和促进功能；第二，国内社会政治变革的有效开展使社会大众的政治心理发生了显著而深刻的变化，这些变化对大战略的制订与执行产生了重要的影响。心理环境方面产生的影响主要表现在政治精英在大战略理念层面出现的重大变化。

---

① 有关19世纪30年代后期政府在社会福利方面种种举措的论述参见【美】戴维·罗伯兹著：《英国史：1688年至今》，鲁光桓译，广州：中山大学出版社1990年版，第209-213，227-228页。

② 有关众多死刑立法措施的废除和其他刑法改革举措的描述参见Chris Cook, Brendan Keith, *British Historical Facts: 1830—1900*, London: the Macmillan press, 1984, p. 151-154.

③ 【英】屈勒味林著：《英国史（下）》，钱端升译，北京：社会科学出版社2008年版，第763-764页；国家对教育的干预亦可参见钱乘旦、徐洁明著：《英国通史》，上海：上海社会科学院出版社2002年版，第269页。

（一）政治制度的变化及其对大战略缔造的影响

国内社会政治变革给英国政治制度带来的最大变化就是，以选民范围日益下移、扩大为基础的竞争性选举导致了英国议会制度逐渐发生从上层有产者代议制度到现代大众自由民主代议制度的转变。在此背景下，政治精英日益面临以下几项重大挑战。首先，根源于不同价值诉求的不同阶层的社会大众的政治参与无疑向政治精英的大战略缔造提出了一项头等重要的挑战，即如何安排大战略诸项目标选择的轻重缓急的顺序，以便较为妥当地处置不同阶层的社会大众的价值诉求。这实际上反映的就是社会大众政治参与的多样性与国家大战略缔造平衡性要求之间的矛盾对国家大战略的制订与执行构成的重大制约。对照这一时期的大战略实践，大致在19世纪70年代以前，英国不同的社会大众阶层通过各自的政治参与向缔造大战略的政治精英提出了国家到底是以自由放任政策为主导还是以加强国家干预为主导的两难选择。然而实际上，政治精英的选择明显偏重于前者。所以，有学者评价说："中央政府在19世纪30年代、40年代，就已经开始致力于改善社会的恶劣状况……政府所做的这些努力，当然还是杯水车薪、无济于事的，并不能根除雇佣童工的普遍的恶劣情况、消除城镇的污浊和补助小学教育经费的不足。所以，这10年是中央政府不动、不管，一切听凭地方政府的10年。1866年，国会终于通过了一个公共卫生法案……1871年，国会又成立了一个地方政府委员会，监督地方卫生局和济贫会的工作……1867年的第二次国会改革法案带来了10年的社会改革。①"汤普森在总结这段历史的时候进一步将其认识推而广之，揭示了政治精英在处理这类两难选择问题时的一般倾向："20世纪人们所关心的问题使我们对笼罩在经济增长上的问题有所了解。可以说，工业革命中的英国遇到了'起飞'的种种问题；对运河、工厂、铁路、铸造厂、矿山和其他设施大量的长期投资是以牺牲当时的消费为代价的；1790至1840年的那几代工人为了将来而牺牲了一部分甚至全部消费增长的希望。"②实际上，在经济起飞阶段，政治精英通常的大战略选择都是先放任发展经济优

① 【美】戴维·罗伯兹著：《英国史：1688年至今》，广州：中山大学出版社1990年版，第227页。

② 【英】汤普森著：《英国工人阶级的形成》，钱乘旦等译，南京：译林出版社2001年版，第223页。

先，再重视社会建设为后。然而这种选择无疑会造成社会情绪的不稳和阶级关系甚至下层社会大众与政府关系的紧张，这大概就是19世纪50年代以前英国社会各种政治参与为什么会呈现爆炸性增长的根源所在。

其次，政治精英将不得不面对拥有自由选举权利的选民的选举拷问，这致使大战略缔造所需的冷静、慎思的智识色彩相对减少，在很大程度上，大战略更多地体现了对社会大众价值诉求的追随。考察上面提到的两难选择问题，政治精英在大战略选择上的厚此薄彼有一重大的根源就在于，第二次议会改革前，选举权主要是向中产阶级扩展，而1867年的第二次议会改革则使得工人阶级特别是技术工人获得了选举权。由此，政治精英在19世纪60年代末以后的选举中不得不面对争取工人选票的现实考虑，这种情况使他们无法再忽视或过于怠慢工人的价值诉求，而争得了选举权的工人最为关注的则是社会建设中自身权益的保障和维护问题。所以，60年代末之后，英国迎来了“10年的社会改革”。

再次，议会改革导致的选民范围的急剧扩大使政府的产生和运行体制发生更动，国家政治运作方式发生了“一系列近乎革命性的变化”①，这些变化使得政治精英不得不直接面对大众政治参与的诸多挑战。从政治结社的角度来看，这一时期，社会大众的不同阶层纷纷通过政党政治、压力集团对议会选举和政府的形成和运作构成了无法回避的重大挑战。就政党的发展而言，第一次议会改革后，英国政党制度的发展出现了三种现象：第一，两大议会内政党从竞选获胜的目的考虑，开始重视发展议会外组织，并加强了对议会外组织的指导，扩大政党的社会基础，争取尽可能多的选民支持；第二，议会外的压力集团影响议会内政党的意识加强，他们甚至通过自选议员在议会内形成一支相对独立的政治力量而成为两大政党竞相争取的对象，从而加大了对两大议会内政党和内阁的影响力度；第三，政党作为操纵议会选举进而控制政府和政府影响下的议会的中介工具的功能，在第二次议会改革之后，尤其是第三次议会改革后更为明

① 时殷弘：“大众政治的兴起与其欧洲国际政治效应”，载《史学月刊》2000年第2期，第92页。

显[①]。作为对上述三种现象的反映，英国议会成员和内阁成员的构成开始向"平民"化方向演变[②]；政治联盟成为英国政治生活中的一大特色。从这一时期英国的政治实践来看，在前两次议会改革之间，英国进入所谓过去的寡头政治体制和正在形成的两党大众选举体制之间的"平衡时代"，"一系列广泛的前现代和现代社会集团同时占据政治舞台"。面对这种政治僵局，帕默斯顿以自由主义的对外扩张意识形态转移中产阶级对国内改革的关注，从而使"自由主义的工商界和中产阶级"以及"托利党的土地所有者"各取所需，皆大欢喜，由此帕默斯顿也就成为"运用激进派工具的保守派首相"[③]。第二次议会改革之后，选举权在城市选民中的急剧扩展[④]使英国政治跨过了平衡时代的限制，保守党以社会改良为号召争取工人的选票，而自由党则开始强调社会公平，强调平等对自由的意义，工会在政治领域与自由党结成同盟。[⑤]从政治表达的角度来看，这一时期，公众舆论越来越成为制约政治精英的重要力量。格莱斯顿（W. E. Gladstone）之所以能在1880年第二次成功掌权，其中一个重要的原因与迪士累利（Benjamin Disraeli）在近东等问题上因所持的极端爱国主义立场而丧失国内多数人的支持有关；而格拉斯顿在1885—1886年的两次选举中丧失权力则与不列颠民众对他的爱尔兰本国自治主张严重不满，并责怪他的政府未能及时驰援以致戈登在苏丹喀土穆被围歼这两件事有着密切的关系。[⑥]

另外，社会大众多样化的合法政治参与也能对大战略缔造发挥促进的功能。如前所述，帕默斯顿外交的成功与他的自由主义对外扩张的意识形态深深契合传统与现代碰撞背景下"平衡时代"大众政治力量的布局结构有着内在的

---

① 1867年选举权扩展后有关政党制度、候选人性质等部分政治运作方式方面的变化情况参见L. C. B. Seaman, *Victorian England: Aspects of English and Imperial History (1837—1901)*, Taylor & Francis e-Library, 2003, p. 283-286.

② 阎照祥著：《英国政治制度史》，北京：人民出版社1999年版，第321-322页。

③ 【美】杰克·斯奈德著：《帝国的迷思 国内政治与对外扩张》，于铁军等译，北京：北京大学出版社2007年版，第202-208页。

④ 选民人数在城市与郡区间分布的悬殊对比参见Chris Cook, Brendan Keith, *British Historical Facts: 1830—1900*, London: the Macmillan press, 1984, p. 115.

⑤ 钱乘旦、徐洁明著：《英国通史》，上海：上海社会科学院出版社2002年版，第267-268，284-285页。

⑥ 对于迪士累利和格莱斯顿在80年代政府更迭原因的论述参见【英】屈勒味林著：《英国史（下）》，钱端升译，北京：社会科学出版社2008年版，第768，771，773页。

联系。处于平衡结构中的社会大众的不同阶层在各自的政治参与中表达了对帕默斯顿的政治支持。第二次议会改革送走了“平衡时代”，却分别促成保守党和自由党因纷纷寻求更广泛的社会支持而采取相互弥补的支持社会变革的政策立场。社会大众的政治参与对大战略缔造的促进功能还会如后文所阐述的，由于政治精英心理环境的主动变更而发挥更为直接的促进作用。

（二）社会大众政治心理变化及其对大战略缔造的影响

社会政治变革带来的另一变化就是，社会大众政治心理日益成为影响大战略操作的一项重要因素。在维多利亚时代，尤其是维多利亚时代的前期和中期，英国社会大众的政治心理除了常常表现出与爱国主义情感紧密相关的对英国所处的世界大国地位、拥有的富有弹性的政治制度的优越性和雄霸全球的世界产能的洋洋自得、自豪、自尊甚至是天定的自命不凡等非理性因素的特征外，也常常表现出那种基于对自身独特利益加以精心算计并将其与英国的世界帝国政策联系起来思考的理性特质①。这样一种双重特征的大众心理对于政治精英的关键提示就是它对于现存政治制度的高度认同感，尽管社会大众对政治制度变革的呼声此起彼伏，但是，这些呼声是以多层次阶级合作意愿为其基础的。由此，一方面，总体而言，这一时期的英国大战略缔造有了一种不同于以往的深层次的、广泛的制度认同来作为其根基②，尽管这期间也不乏爱尔兰民族本国自治提出的挑战和下层大众偶尔表现出的直接暴力行动的倾向；另一方面，大众政治心理的双重特征又向政治精英提出了一项艰巨但又必须面对的挑战，即如何认知和把握这种复杂的心理特征：他们既可能通过引导、塑造大众心理以

① 对于这些特征的描述可以参见【美】保罗·肯尼迪著：《大国的兴衰：1500—2000年的经济变迁与军事冲突》，陈景彪等译，北京：中国国际文化出版公司2006年版，第147–154页；【美】戴维·罗伯兹著：《英国史：1688年至今》，鲁光桓译，广州：中山大学出版社1990年版，第177页；M. E. Chamberlain, “Imperialism and Social Reform”, in C. C. Eldridge (ed.), *British Imperialism in the Nineteenth Century*, London and Basingstoke: Macmillan, 1984, p. 152.

② 有关这一时期大众对于军人认同态度形成的论述参见John M. Mackenzie ed., *Popular Imperialism and the Military, 1850—1950*, Manchester and New York: Manchester University Press, 1992, p.1–21.对克里米亚战争之后尤其是1859年以后20年国内尚武精神体现的论述参见J. C. R. Colomb, *The Defence of Great and Greater Britain: sketches of its naval, military and political aspects*, London: Edward Stanford, 1880, p.15–16.

获取国内大众对其对外政策和行动的狂热支持，这正如帕默斯顿在唐帕西菲科（Don Pacifico）事件中的表演在国内激起的大众压倒性支持所表现的那样①；他们也可能被大众政治心理波动所累而使基于冷静思考的审慎行动受到束缚，这正如迪士累利在近东问题上的冷静思考却遭到国内社会大众道义舆论的反对一样；甚至在有些情况下，大众心理会驱动他们主动迎合而不是违拗这种民心和民情，以采取某种对外政策和对外行动，如1853年秋天以来英国国内激烈的敌对意识和激昂的好战情绪使英国在克里米亚的军事行动已成为开弓之箭，尽管此时沙皇不想开战并已作出了让步②；他们甚至还可能因为对大众政治心理的错误理解而无法获得大众的支持以实现自己的政策意图，这在格莱斯顿五六十年代始终难以推行取消所得税、建立节俭开支的政府抱负中可见一斑。③

19世纪晚期以来军政民三者间微妙关系的发展进一步揭示了社会大众心理变化对大战略操作产生的重大影响。随着社会大众对军人态度的改变，作为一种职业利益集团代表，同时更作为国家主权重要象征的军方，较之于文职官员更易获得公众的衷心支持，由此，政治精英在面对军方以国家安全为由而无节制地提出军备要求的情况时常常感到颇为棘手，他们常常受到这类问题的折磨：大炮和黄油不可兼得，军方—军事战略与政治领导人—政治大战略谁主沉浮④？而当地方性扩张事件在未得到伦敦授权就发生并因事态危急而吸引了社会大众的关注时，格莱斯顿也好，索尔兹伯里也罢，都常常不得不在政策意义上被动地认可事件的发生⑤。

---

① 对唐帕西菲科事件的论述参见【美】杰克·斯奈德著：《帝国的迷思 国内政治与对外扩张》，于铁军等译，北京：北京大学出版社2007年版，第211–212页；【美】戴维·罗伯兹著：《英国史：1688年至今》，广州：中山大学出版社1990年版，第176–177页。

② 【美】戴维·罗伯兹著：《英国史：1688年至今》，广州：中山大学出版社1990年版，第179页；两种对立的相反观点的解释参见【美】杰克·斯奈德著：《帝国的迷思 国内政治与对外扩张》，于铁军等译，北京：北京大学出版社2007年版，第170–175页。

③ 李义中著：《从托利主义到自由主义：格拉斯顿宗教政治观的演进》，北京：中国社会科学出版社2005年版，第242–245页。

④ 对这一时期英国军政民关系的揭示参见【英】欣斯利（Hinsley, F. H.）编：《新编剑桥世界近代史 第11卷：物质进步与世界范围的问题：1870—1898年》，中国社会科学院世界历史研究组译，北京：中国社会科学出版社1999年版，第296，310页。

⑤ 【美】戴维·罗伯兹著：《英国史：1688年至今》，广州：中山大学出版社1990年版，第322–324页。

(三) 政治精英大战略理念的变化及其对大战略缔造的影响

政治精英大战略理念的变化主要体现在两个方面：一方面是，自19世纪30年代尤其是五六十年代以来，经济的繁荣发展使人们日益接受了市场自动调节的观念，自由放任主义经济学思想和自由贸易观念也逐渐成为官方信奉的主流政治哲学，不论是辉格—自由党政府还是托利—保守党政府，这种主流政治理念已日渐不再是区分政治精英党派立场的主要标志；另一方面是，国内社会政治压力的持续发展，使社会的公正、平等观念日益为政治精英所关注。

政治精英理念的变化与社会大众的三类基本价值诉求产生的沉重政治压力有着紧密的联系。这三类基本价值诉求即：政权向更广泛的社会大众开放，自由放任的国内政策和贸易自由的对外政策，对社会福利问题的国家干预。大致说来，第一方面的理念变化与第二类基本价值诉求相对应，第二方面的理念变化与第一类、第三类基本价值诉求相对应。第一类价值诉求于1832年议会改革后，在政治精英层面已基本成为共识，存在争议的只是对政权开放的程度和速度的把握问题。第二类和第三类要求之间存在较大的冲突，对它们的政治偏好在政治精英轻重缓急的大战略目标安排上得到了直接体现。一般说来，这一时期，政治精英更重视第二类基本价值诉求的解决，而相对忽视第三类基本价值诉求的解决，也就是说，他们在经济发展和社会福利政策议题上优先考虑前者而相对漠视后者，在第二次议会改革之前的情况尤其如此，这使得英国大战略缔造本身潜藏着严重的道义问题。

然而在和平时期，上述大战略目标的安排至少得到了两项基本条件的支撑：一项是经济的持续繁荣，另一项是各阶层在大战略目标安排上大致达成了共识。宪章运动之后，持续20多年的经济繁荣使英国国力急剧攀升至世界的巅峰，这极大地增强了各阶层的民族自豪感；而且人们也开始相信经济繁荣可以使有关社会生活条件的问题得到解决，这就为各阶层大战略共识的构建奠定了相当的基础，即使是工人阶级，特别是上层熟练的技术工人，也在相当程度上改变了先前对自由放任哲学的抵触和敌意，而对现存的政治体制表现出衷心的合作意愿。1863年，一个与格莱斯顿对话的工人代表团表示："自谷物法废除以来，我们已经放弃了政治煽动，我们觉得我们可以信任议会，我们努力把晚上的

时间都用在心灵的完善上而不是政治行动的谋划上了。[①]”工人阶级的这种合作姿态得到了自由党领袖格莱斯顿的欣赏。他本人在19世纪60年代与工人群众的频繁接触中，逐渐摆脱了1815年以来流行于英格兰掌权者中的那种针对工人群众的反动信条（在格拉斯顿看来，这种信条是对法国革命过分的反动，它认为工人必然与法律对抗，从而使得政府有理由对工人采取严厉的对抗措施）的影响，他认为现在的工人已经采取了合作的态度，相信法律、议会甚至是政府，因而主张将选举权扩展到工人阶层，尤其是那种有技术的工人群体中去。[②]

然而随着19世纪70年代经济大萧条的到来和这种状况的长期延续，社会福利问题日益凸显，上述大战略目标潜在的道义问题日渐成为社会各派思潮诟病的对象；1867年和1884年议会改革法案的扩展使工人选民的数量得到扩大，自由党和保守党尽管在社会改革方面采取了多项立法措施，但基本上仍坚持了先前的大战略优先次序的安排，因而没能着意于社会福利问题的解决[③]；而80年代晚期兴起的多元社会思想尤其是费边主义思想在组织非熟练工人开展斗争方面获得了进展，这对自由主义的大战略目标构成了严重的冲击。

汤普森在概括19世纪30年代以前工人阶级的不满情绪时，对于第二类和第三类基本价值诉求间冲突的本质有所揭示："那些年代一些最激烈的冲突所围绕的争端并不是由生活费用的数据引起的。引起最强烈感情的往往不是'面包和黄油'的简单

---

① John Morley, *The Life of William Ewart Gladstone*, Vol. 2（1859—1880）, Toronto: Macmillan, 1903, from The Project Gutenberg EBook, p. 141-142.

② John Morley, *The Life of William Ewart Gladstone*, Vol. 2（1859—1880）, Toronto: Macmillan, 1903, from The Project Gutenberg EBook, p. 141.

③ 【美】戴维·罗伯兹著：《英国史：1688年至今》，广州：中山大学出版社1999年版，第246-248页；【英】肯尼斯·O. 摩根主编：《牛津英国通史》，王觉非等译，北京：商务印书馆1993年版，第516页。就对社会福利问题的关注而言，托利党—保守党要早于辉格—自由党，而且主要是针对自由放任主义的弊端而发的。有的学者认为对社会福利问题的关注是托利—保守党的传统，"新托利主义"的塑造者——迪士累利的政治哲学对这一思想做了系统的阐述，用三句话总结，这一政治哲学即：所有政府的目标应当是促进人民的幸福；阶级统治致使这一目标无法实现；恢复公共福利因而就恢复了人民的幸福。参见Henry Bentinck, *Tory Democracy*, p. 17.值得注意的是，迪士累利保守党政府1874—1880年期间的社会立法措施主要出自信奉自由放任主义学说的国务大臣克罗斯（Robert Cross）之手。

问题，而是价值观念问题，例如传统习惯，'公正''独立'、安全保障……[①]”工厂主阶级出身，却能摆脱本阶级狭隘价值观念束缚的约翰·菲尔登，则对由第二类与第三类问题间的冲突引起的国家大战略目标安排的道义问题有过较为深刻的论述。他说："有人认为生命、自由和幸福应当是人民代表们研究的主要问题，同时人民的舒适和安全应当比积聚财富优先得到考虑，我的看法也是这样的。在英国，持有这种见解的人不止我一个，而且根据其他各国政治家的情况来看，我的那种思想感情也没有任何独特之处。[②]”19世纪70年代以后的国内经济形势和80年代晚期以后有组织的工人阶级斗争的急剧发展表明，虽然有所注意但仍未将社会福利问题置于大战略目标核心地位的政治精英的大战略理念亟待调整，否则，在大众民主政治时代，大战略目标就难以构建具有广泛社会基础的共识。

实际上，总体来看，19世纪的英国政治精英在后两类问题的认识上经历了一个由注重前者到逐渐抬升后者地位的过程，但后一类问题始终未能取得与前一类问题大致平衡的地位。此外，19世纪末期业已出现的诸多现象则表明，不管怎样，平衡处理这两类问题将是政治精英面临的一个重大的挑战，或者说，凡是不重视社会福利问题且未能试图将其置于至少与经济发展相平衡的地位的观念，都将无法面对国内政治发展的现实，因为社会福利问题和经济发展问题虽然起因于平衡对待社会各阶级的基本价值诉求问题，但从更深层次来说，它们涉及的还是产品的供给与应得权利的平衡问题，或者说是政治与经济的平衡问题，这是现代社会在和平时期始终面临的两难问题。

---

① 【英】汤普森著：《英国工人阶级的形成》，钱乘旦等译，南京：译林出版社2001年版，第221页。

② 【英】R. G. 甘米奇著：《宪章运动史》，苏公隽译，北京：商务印书馆1979年版，第67–68页。

第三节　从保护主义到自由主义：大战略变化的结果

一般地说，英国于1830—1900年追求的大战略根本目标可以简要概括为：在以尽可能低廉的代价管理英国和帝国的基础上，实现不列颠经济的发展和国家的繁荣，连同履行统治海外帝国而担负的相应责任。这一目标使英国的大战略呈现出强烈的自由主义总特征，它的具体表现就是：本着谋求国内经济与社会发展的主要目的，国家积极倡导推动工商业发展的自由放任和自由贸易的经济政策①；由此，国家将资源主要集中运用于经济与社会的发展上，而非武备或战争的军事用途方面；相应地，军事行动的目的和模式深受发展工商业这一政策需要的推动或制约；对外政策不论是采取干涉原则还是奉行不干涉主义，都常常体现出一种保持行动自由、维持欧陆均势的孤立主义特征。

一、经济和社会政策

经济和社会政策上自由主义内涵的核心就是主张在国内推行放任主义政策，在国际间采取自由贸易政策。放任主义将国家视为一种不可避免的恶，主张尽可能减少国家和政府对经济的干预，但并非彻底的无为而治，以便为垄断的破除、为资本的自由流动、为工商业的繁荣发展、为自由竞争市场中的个人通过自助完善自身的活动等创造必要的条件保障。推行这样一种放任主义的经济和社会政策，就要求在国际间推行自由贸易政策，以减少或消除限制商品在国

① 有些学者认为自由放任的经济政策并非自由主义的应有含义，自由主义只是专指政治自由主义，将自由主义混淆为经济“放任主义”的结果就是导致对政治自由主义和经济放任主义两个不同概念的混淆。参见【美】乔·萨托利著：《民主新论》，冯克利等译，北京：东方出版社1998年版，第414-450页。对于放任主义与19世纪英国自由主义之间联系的解释参见李义中著：《从托利主义到自由主义：格拉斯顿宗教政治观的演进》，北京：中国社会科学出版社2005年版，第208页。

家间进行自由流通的人为壁垒/保护性措施，如关税壁垒、流通禁令以及出口补贴、贸易集团的特惠制等。推行国内放任主义和国际自由贸易政策需要国内和国际两类条件的保障：就国内条件而言，在财政政策方面，至少要变革旧的财政制度，建立收支平衡的现代财政体系，以便开源节流，弥补因推行自由放任和自由贸易政策而产生的财政收入缺口；在国际方面，通过多种手段（因政治精英政策偏好的差异而彼此有别）的运用，推进自由贸易目标的实现。

这一时期的英国经济和社会政策大致以1850年、1870年为界分为三个阶段：（1）1830—1850年，由保护主义向自由主义的转变；（2）1850—1870年，自由主义的鼎盛时期；（3）1870—1900年，新自由主义时期①。

从保护主义性质的重商主义政策向自由放任和自由贸易的自由主义政策转变的重大体现就是：削减关税，废除谷物法、航海法。经济政策的转变虽然早在1815年以前就已经开始，但是这种转变不明显、不经意，不具有系统性，而且政府奉行的保护主义和重商主义特色还非常明显：以谷物法的形式保护国内农业市场，维护土地阶层的利益；以航海法的形式维护英国海洋运输的国际垄断地位，限制了自由贸易的开展；对进出口施加控制，维护帝国特惠制；财政收入主要来源于关税和消费税这些间接税，税收的目的在于保护市场而非国家收入。②19世纪20年代，胡斯基森（William Huskisson）的税则变革虽然削减了关税，但没有改变关税保护的本质，自由贸易还是一项有待采纳的政策。③然而政

① 有的学者则认为，英国自由主义在19世纪后半叶并未出现从“古典”自由主义向“新”自由主义的转变，维多利亚时代的自由主义存在一个公分母，所谓“新”自由主义运动的社会维度常常源于“一个更带有回归性的欲求，即维护自由主义的理想，使之摆脱现代工业秩序所揭示的诸多不一致”。参见【英】理查德·贝拉米著：《自由主义与现代社会：一项历史论证》，毛兴贵等译，南京：江苏人民出版社2008年版，第11-86页。

② 【英】彼得·马赛厄斯（Peter Mathias）等主编：《剑桥欧洲经济史（第八卷）——工业经济：经济政策和社会政策的发展》，王宏伟等译，北京：经济科学出版社2004年版，第541、543页。

③ 有关赫斯基森税则改革、出口津贴、帝国特惠制、航海条例修改等问题的分析参见【英】克拉潘著：《现代英国经济史（上卷）：早期铁路时代（1820—1850年·全两册）》，北京：商务印书馆1978年版，第407-425页；转变时期之前的关税改革、对谷物法的修改等内容还可参见【英】彼得·马赛厄斯（Peter Mathias）等主编：《剑桥欧洲经济史（第八卷）——工业经济：经济政策和社会政策的发展》，王宏伟等译，北京：经济科学出版社2004年版，第8-9页。

策演变的趋势已经很清晰了，“政策倾向于为市场体系承担更多的责任，而政府是朝向退出经济的方向发展的，但是政策每个方面的变化都含有强烈的实用主义因素……市场的自由化发展是循序渐进的。长期以来的关税激增，产生了大量文牍，占用了大量人力。当威廉·胡斯基森、罗伯特·皮尔爵士（RobertPeel）和威廉·格拉斯顿仔细考察市场体系时，他们发现一个接一个的保护性政策对经济是毫无意义的遏制，随着对这些保护性政策的放弃，帝国特惠制的大部分优惠措施也随之消失”。[①]随着皮尔于1842年恢复了胡斯基森时代无法恢复的于1816年被废除的所得税，财政政策由此迈出了因削减甚至废除关税的举措可能导致岁入不足的窘境限制，而坚定地向自由主义转变：1846年谷物法被废除，1849年航海条例被放弃，关税也大幅降低，尽管在某些方面还具有相当的保守性。[②]

进入自由主义鼎盛时期后，经济政策一方面沿着削减和裁撤关税的道路继续前进，另一方面则在建立完善的财政体系和自由贸易体系的道路上得到推进。与前一时期相比，“在1842—1852年自由贸易胜利之后的整整一代期间，关税政策几乎不再是一个讨论的问题了。财政大臣在选择减免关税的时机上显出了他们的技巧；这不是由于对……详尽细节有了掌握，就是由于厉行节约而使放弃丰厚的关税有了可能”[③]。至1870年，进口关税只剩下17种，其中糖、茶叶、葡萄酒、烈性酒和烟草占关税收入的9/10；税率也大大降低，因为进口总值比19世纪

① 【英】彼得·马赛厄斯等主编：《剑桥欧洲经济史（第八卷）——工业经济：经济政策和社会政策的发展》，北京：经济科学出版社2004年版，第545页。

② 有关皮尔税制变革的讨论参见【英】克拉潘著：《现代英国经济史（上卷）：早期铁路时代（1820—1850年·全两册）》，北京：商务印书馆1975年版，第611-621页；彼得·马赛厄斯等主编：《剑桥欧洲经济史（第八卷）——工业经济：经济政策和社会政策的发展》，北京：经济科学出版社2004年版，第11-12页。皮尔税制变革给财政收入带来的变化参见Staffors H. Northcote, Bart, *Twenty Years of Financial Policy: A Summary of the Chief Financial Measures Passed Between 1842 and 1861, With a Table of Budgets*, London: Saunders, Otley, and Co., 1862, p. 376-380.

③ 【英】克拉潘著：《现代英国经济史（中卷）：自由贸易和钢（1850—1886年）》，北京：商务印书馆1975年版，第505页。对格莱斯顿税制改革的分析参见【英】克拉潘著：《现代英国经济史（中卷）：自由贸易和钢（1850—1886年）》，北京：商务印书馆1975年版，第284-285，311-315页。

30年代增加了400%，而关税收入仅增加30%，早期关税收入占进口值的35%，而后期低于10%①，关税收入日益稳定，重要性日益降低②。从国内课征来看，国产税到80年代除酒税外，仅存的只有专利药品、纸牌和金银器皿了；不少种类的执照捐也被废止。③带有财政干预主义和公平税负调节作用的直接税，尤其是其中的所得税，在这一时期不仅没有被深恶此税种的格莱斯顿废弃，反而“已渐渐蜕化成为财政大臣的一把雨伞，随着财政天空的阴晴而涨落了”。④同时，航海法的残余、妨碍金融自由等经济壁垒的举措也被取消⑤。

19世纪70年代以后，英国经济与社会政策呈现出新自由主义色彩：一方面，过去的自由主义政策仍然在经济领域基本得到坚持，如继续简化包括关税在内的间接税，维持贸易自由政策，尽管面临的欧美国际竞争的压力正日益增加，国内对此政策的微词已开始出现⑥；另一方面，如前所述，社会问题日益凸显出来，或者作为对市场失灵问题的一种反应，或者如理查德·贝拉米所言，作为摆脱现代工业秩序所揭示的诸多不一致而维护自由主义理想的回归性欲求，国家较之于以往在教育、卫生健康、失业救济等领域承担越来越多的管理职能，但是以税收尤其是所得税来设计社会福利问题的解决还没有成为政府的主导思想，尽管这一方案在民间已有人开始提倡。

---

① 【英】伯里（Bury, J. P. T.）编：《新编剑桥世界近代史第10卷欧洲势力的顶峰：1830—1870年》，中国社会科学院世界历史研究组译，北京：中国社会科学出版社1999年版，第50-51页。

② 【英】彼得·马赛厄斯等主编：《剑桥欧洲经济史（第八卷）——工业经济：经济政策和社会政策的发展》，北京：经济科学出版社2004年版，第313-314，329-330页。

③ 有关国内征课如国产税、执照捐的讨论参见【英】克拉潘著：《现代英国经济史（中卷）：自由贸易和钢（1850—1886年）》，北京：商务印书馆1975年版，505-506页。

④ 有关所得税的讨论参见【英】克拉潘著：《现代英国经济史（中卷）：自由贸易和钢（1850—1886年）》，北京：商务印书馆1975年版，506-514页。

⑤ 【英】克拉潘著：《现代英国经济史（中卷）：自由贸易和钢（1850—1886年）》，北京：商务印书馆1975年版，517页。

⑥ 有关公平贸易、贸易平衡的争论以及公平贸易同盟运动问题的阐述参见【英】克拉潘著：《现代英国经济史（中卷）：自由贸易和钢（1850—1886年）》，北京：商务印书馆1975年版，第320-323页。

二、资源配置方式

奉行自由主义经济和社会政策的英国，在资源配置上体现了如下特点：长期以来，政府将财政开支保持在尽可能低的水平上，以保证国家资源主要用于国内生产和海外投资等经济领域，努力推进经济的繁荣和发展；在有限的财政开支中，政府在社会支出日益增长的竞争面前，将国防支出限制在非常有限的低水平上；在国防支出方面，国家尽力缩减陆军规模，以保证海军的军事首要地位。上述特点概括为一句话就是，整个英国经济呈现出一种与此前的重商主义时代迥异的非军事化特征。

首先，国家的财政收支规模框定了社会资源的总体配置格局。如图6-1所示，和欧洲的法、德等国相比，自由主义的英国政府支出在国民生产总值中占据的份额比例相当低，总体水平远低于10%，在此大背景下，大致在19世纪60年代以后，支出的比例水平低于法国，60年代末以后又低于德国；而在1815年以后至60年代以前的40多年里，每年的偿债支出还占据了财政总支出一半以上的份额。①偿债支出作为债券人的投资收益主要流向民间，尽管对这一流向的继续跟踪缺少资料而无法深入分析它是否再次进入生产、投资或贸易领域，但是如扣除偿债这一因素的影响，30年代到60年代之间已实行了新济贫法的政府收支水平应该也是相当低的。政府长期坚持这样一种厉行节约的低水平财政收支体制以尽可能降低非生产性行政消耗的做法，使得国家资源的总体配置格局如下：主要的社会资源流向生产、投资和贸易等经济领域，而非社会和军事领域。这种做法的直接目的就是促进经济的繁荣、发展，而社会和国防领域的开支无疑将深受这一分配格局的总体制约，这种做法使得英国的资源配置特色在自由主义时代大大有别于以后的福利社会时代或经济军事化时代。

---

① 在英国财政支出中偿债和总支出的具体数字方面，1842—1862年间的数字参见Staffors H. Northcote, Bart, *Twenty Years of Financial Policy: A Summary of the Chief Financial Measures Passed Between 1842 and 1861, With a Table of Budgets*, p. 376-395; 1816—1841年和1862—1914年的年度数字参见J. F. Rees, *A Short Fiscal and Financial History of England 1815—1918*, London: Methuen, 1921, p.28, 54, 110, 137-138, 166-168.

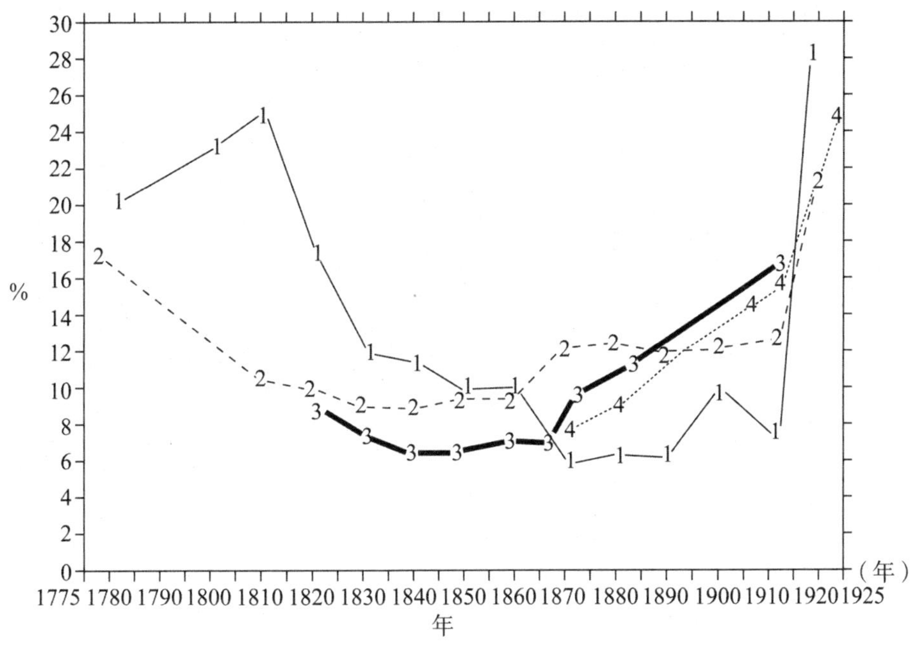

政府支出份额：1. 大不列颠　2. 法兰西
3. 普鲁士　4. 德意志帝国

图6-1　大不列颠、法兰西、普鲁士和德意志帝国政府支出比例的长期变化

注：本图来自【英】彼得·马赛厄斯等主编，《剑桥欧洲经济史（第八卷）——工业经济：经济政策和社会政策的发展》，北京：经济科学出版社2004年版，第333页。

其次，受总体资源配置格局的制约，在社会领域，如表6-1所示，社会问题的支出份额则在如此低比例的政府总支出份额中自50年代开始保持了稳步上升势头；七八十年代增速迅猛，达到22%；90年代虽然没再进一步提高份额比例，但在财政总支出大幅提高的情况下，社会问题的支出份额在总量上也保持了同步增长。

表6-1　1843—1919/1920年英国政府支出份额及比例

年份	偿债		陆海空支出		民政机关及文职人员		总额（千英镑）
	支出数额（千英镑）	比例	支出数额（千英镑）	比例	支出数额（千英镑）	比例	
1843	29268	0.57	14515	0.28	7356	0.14	51139

续表

1853	27805	0.54	16326	0.32	7044	0.14	51175
1856	28681	0.38	29211	0.39	8400	0.11	75589
1863	26218	0.39	27407	0.40	9869	0.15	67811
1873	26805	0.38	24956	0.35	11750	0.17	70714
1883	29004	0.33	29903	0.34	18878	0.22	87288
1893	25200	0.28	33423	0.37	19303	0.21	90375
1903/1904	30071	0.16	100610	0.55	39240	0.21	184484
1913/1914	37323	0.19	77179	0.39	53901	0.27	197493
1919/1920	348205	0.21	604028	0.36	569054	0.34	1665773

注：本表基本数据来源于【英】彼得·马赛厄斯等主编：《剑桥欧洲经济史（第8卷）——工业经济：经济政策和社会政策的发展》，北京：经济科学出版社2004年版，第330页，表45。

第三，在国防支出领域，陆、海军的军事开支在政府开支中大约保持了30%~40%的水平，在国民收入中则保持了2%~3%的水平。就军费开支在海军和陆军之间的分配份额而言，如表6-2所示，二者各自所占的比例大致持平，但与欧陆国家相比，英国的陆军规模小得可怜，如果还考虑它要在广阔的世界帝国范围内驻防这一颇具挑战的任务的话①。与耗资奢靡但规模仍捉襟见肘的陆军相比，在维持与陆军开支大致持平的比例情况下，英国的海军自1815年登上世界巅峰之后，长期以来，一直占据世界优势；在80年代末以后，面对世界强国海军发展的竞争，英国舰队战舰的吨位至少保持了两强的标准。②

① 世界大国间陆军规模的比较数据参见【美】保罗·肯尼迪著：《大国的兴衰：1500—2000年的经济变迁与军事冲突》，陈景彪等译，北京：中国国际文化出版公司2006年版，第150、197页；由议会批准供应资金和人力的陆、海军人数参见Chris Cook, Brendan Keith, *British Historical Facts: 1830—1900,* London: the Macmillan press, 1984, p. 185.

② 有关1861—1900年间英国舰队战舰吨位双强标准的直观图示，见【美】里查德·罗斯克兰斯、阿瑟·斯坦主编：《大战略的国内基础》，刘东国译，北京：北京大学出版社2005年版，第65-66页；有关双强标准的分析，见Eric J. Grove, *The Royal Navy since 1815: A New Short History*, London: Palgrave Macmillan, 2005, p. 69-107.

表6-2　1830—1900年间英国陆、海军开支份额及其比例

时间	陆军		海军		总支出额
	开支额（英镑）	占总支出额比例（%）	开支额（英镑）	占总支出额比例（%）	
⋮	⋮	⋮	⋮	⋮	⋮
1842—1843	6308602	12.33	6680163	13.06	51167236
1843—1844	6118656	12.06	6286056	12.39	50739697
1844—1845	6415394	13.34	6218219	12.93	48075179
1845—1846	6715409	13.53	6968917	14.04	49628724
1846—1847	6534699	12.64	7708293	14.91	51708571
1847—1848	7357689	13.34	8157287	14.78	55175042
1848—1849	6743634	12.66	7962397	14.94	53287111
1849—1850	6490475	12.88	6711724	13.32	50378417
1850—1851	6571883	13.17	6401076	12.83	49882322
1851—1852	6828662	13.58	6010000	11.95	50291323
1852—1853	6768488	13.33	6511540	12.82	50782476
1853—1854	6415000	12.52	6942769	13.55	51250120
1854—1855	8380882	12.76	14490105	22.06	65692962
1855—1856	17395059	19.67	19654585	22.23	88428345
1856—1857	20811242	27.53	13459013	17.81	75588667
1857—1858	12915157	18.35	10590000	15.05	70378859
1858—1859	12512291	19.35	9215487	14.25	64663882
1859—1860	14057186	20.23	11823859	17.01	69502289
1860—1861	14970000	20.55	14401446	19.77	72842059
1861—1862	15570869	21.6	12598042	17.48	72086485
⋮	⋮	⋮	⋮	⋮	⋮
1887—1888	18167196	20.78	12325357	14.1	87423645
1888—1889	15957738	18.63	12999895	15.17	85673872
1889—1890	17360912	20.17	13842241	16.08	86083315
1890—1891	17560023	20.02	14125358	16.1	87732855
1891—1892	17259000	19.19	14150000	15.73	89928000
1892—1893	17542000	19.41	14302000	15.83	90375000
1893—1894	17940000	19.65	14048000	15.39	91303000
1894—1895	17900000	19.06	17545000	18.68	93919000
1895—1896	18460000	18.88	19724000	20.18	97764000

续表

1896—1897	18270000	18	22170000	21.85	101477000
1897—1898	19330000	18.6	20850000	20.06	103936000
1898—1899	20000000	18.5	24068000	22.25	108150000
1899—1900	43600000	32.6	26000000	19.44	133723000

注：1842—1862年数据来源于Staffors H. Northcote, Bart, Twenty Years of Financial Policy: A Summary of the Chief Financial Measures Passed Between 1842 and 1861, With a Table of Budgets, p. 376-395；1887—1900年数据来源于Bernard Millet, C. B., British Budgets1887—1888 to 1912—1913, London: Macmillan, 1913, p. 353-377, p. 476. 其他年份的部分数据可以参照Chris Cook, Brendan Keith, British Historical Facts: 1830—1900, the Macmillan Press, 1984, p. 185；海军预算及其在财政开支中的比例还可参见Eric J. Grove, The Royal Navy since 1815: A New Short History, London: Palgrave Macmillan, 2005.

由此，在与世界强国的比较中可见，从战略意义上来看，英国军事资源配置的着力点在海军而非陆军，尽管陆军开支的比例大致与海军持平。这样一种保持海军首要地位的资源配置方式深深植根于英国的地缘优势与历史经验传统，并适应性地与崇尚节约、效能与国际和平的自由主义大战略特征较好地融合起来。

三、军事战略目标与行动模式

在政策与手段之间的关系问题上，虽然手段要服务于政策，但政策的设计也不能脱离手段的许可程度，并受到可得手段的制约。前述资源配置方式在造成英国军事战略诸多不便的同时，也制约着英国陆、海军战略目标的确立，并对军事行动模式的形成产生了重要的影响。

尽管民族独立和统一的战争不断，但维多利亚时代并未发生法国大革命和拿破仑战争式的全局性的欧洲动荡，然而与此欧陆和平时代大致适应的英国军事战略也存在诸多不便。首先，在军事动员层面，与维护国家安全考虑紧密相连的重商主义措施的废弃使经济发展失去了为冲突而进行军事动员的含义；从政治精英到社会大众中存在着的相当广泛的反对战争和维持国际和平的政治心理说明，曼彻斯特学派的自由主义理论学说与和平主义团体的价值观已深入影响到政治实践①，这无疑增加了开展军事动员以推行具有民族沙文主义特色帝国政策的难度②；在由军事组织、常备军、预备役人员、征召制等要素构成的军事动员体制的各重要环节的对比中，英国难以取得大规模快速动员的优势。其次，在军事力量的结构层面，以志愿兵而非征兵制为基础的小规模常备陆军面对维持欧陆均势的战略需求和维护广泛存在的海外利益要求，常常显得心有余而力不足，顾此失彼的权益考虑有时甚至又严重危及本土防卫的基本需求③。所以，作为推行国家政策的工具，英国陆军的效能有限，特别是欧陆强国铁路交通的迅速发展相对削减了英国陆军在过去拥有的依凭强大海军的有力支持

① 有关曼彻斯特学派在国际和平问题上的简要论述，可参见【英】伯里编：《新编剑桥世界近代史（第10卷）欧洲势力的顶峰：1830—1870年》，北京：中国社会科学出版社1999年版，第472页；郭继兰："曼彻斯特学派与英国经济自由主义"，载《史学月刊》2010年第6期，第75页；详尽论述该学派主要人物理查德·科布登(Richard Cobden)思想和政治实践的著作参见John Morley, *The Life of Richard Cobden*, London: T. Fisher Unwiin, 1903.此外，有关格莱斯顿深受曼彻斯特学派影响的论述，参见沈秋欢："格莱斯顿有节制的干预主义政策"，载《国际关系学院学报》2011年第1期，第8页。有关维多利亚时代和平主义社团的社会根源的分析，参见Eric W. Sager, "The Social Origins of Victorian Pacifism, *Victorian Studies*, Vol. 23, No. 2（Winter, 1980）, p. 211-236；有关政治精英层面所谓的Beaconsfieldism与Midlothianism之间的分歧，参见L. C. B. Seaman, *Victorian England: Aspects of English and Imperial History*（1837—1901）, Taylor & Francis e-Library, 2003, p.206-231.

② 以克里米亚战争为例，这一时期国内好战舆论的形成经历了一个过程，致使内阁的主导政策也经历了由阿伯丁(Aberdeen)的战和分裂、以和为主到帕麦斯顿的战争政策；战争之后国内对于这一战争的反思对英国以后面对欧洲大陆的战事而采取袖手旁观的孤立主义立场产生了重要的影响，有关论述参见【英】伯里编：《新编剑桥世界近代史（第10卷）欧洲势力的顶峰：1830—1870年》，北京：中国社会科学出版社1999年版，第367-369，645-646，648，653页。从19世纪30年代开始的地区事务专家就开始煽动仇俄情绪，并于克里米亚战争前发起支持战争的媒体运动，他们对社会大众对俄敌视的心理图式的形成产生了关键的作用，有关论述参见：【美】杰克·斯奈德著：《帝国的迷思：国内政治与对外扩张》，于铁军等译，北京：北京大学出版社2007年版，第177-186页。近来国内对克里米亚战争时期英国公众舆论与战争之间关系的论述参见宋晓东："克里米亚战争与19世纪英国自由主义的发展"，载《史学月刊》2010年第10期。

③ 对克里米亚战争后由志愿兵、民兵、义勇骑兵、常规陆军和多处防卫工事等要素构成的不列颠、爱尔兰本土陆上防卫的部分论述，参见J. C. R. Colomb, *The Defence of Great and Greater Britain: sketches of its naval, military and political aspects*, London: Edward stanford, 1880, p. 15-16.

而获得的机动性便利性能。①与此同时，在海军方面，这一时期军事技术的快速发展连同19世纪70年代以后美、德、日等强国的日益崛起，使英国海军的世界优势地位始终面临各种前所未有的重大挑战，这些情况加上包括陆军、贸易、运输、工业经济等各个方面对英国海军的过度依赖性，更加剧了英国战略地位的易受伤害性特征②。再次，在军事—政治战略体制层面，与快速发展的工业现代化相比，陆、海军的现代化改革显得迟滞，而且尤为凸出的是缺乏集中有效的中央规划体制的保障。从军种上来看，海军部的现代格局自1832年以后开始变革，直至1872年才基本形成③；陆军的现代格局则自1868年的爱德华·卡德维尔的改革开始，直至布尔战争之后才得以实现④。从军政战略规划体制来看，英国的变革出现得更加迟缓：直至1891年才建立了一个海陆军联合委员会，至1895年才设立了一个内阁国防委员会，至1902年才成立了帝国防务委员会。⑤

在维多利亚时代，英国陆、海军有两大基本的战略目标：一是维护岛国本土和殖民地安全，二是服务于商业贸易的扩展。岛国本土安全最起码的要求就是：海军要控制岛国周围的水域，尤其是英吉利海峡通道；陆军则担负本土防卫的任务，陆军的本土防卫又包括沿岸海滩防卫和内陆“灌木篱式”防卫两个梯次。⑥海、陆军三个梯次的防卫分别构成了英国本土防卫的第一、第二、第三

① 对欧洲大陆铁路交通发展对于英国海军优势战略地位冲击的分析，参见【美】威廉森.默里等编：《缔造战略：统治者、国家与战争》，时段弘等译，北京：世界知识出版社2004年版，第298页。英国大战略理论家利德尔·哈特对铁路交通给军事战略机动性带来的便利和弊端做过精辟分析，具体内容参见【英】伯里编：《新编剑桥世界近代史（第10卷）欧洲势力的顶峰：1830—1870年》，北京：中国社会科学出版社1999年版，第419-421页；【英】利德尔·哈特著：《战略论（间接路线战略）》，中国人民解放军军事科学院译，北京：解放军出版社1981年版，第141-142页。

② 英国海军远洋作战的使命与海军受煤炭供应、舰只维护能力限制之间的矛盾凸显了他国海军近海作战时面临的优势，参见【英】伯里编：《新编剑桥世界近代史（第10卷）欧洲势力的顶峰：1830—1870年》，北京：中国社会科学出版社1999年版，第380-381页；较早对这一矛盾以及海上攻击在远洋作战与近海防御之间巨大区别的阐述，参见J. C. R. Colomb, *The Defence of Great and Greater Britain: sketches of its naval, military and political aspects*, London: Edward starford, 1880, p. 19-25.

③ 【英】伯里编：《新编剑桥世界近代史（第10卷）欧洲势力的顶峰：1830—1870年》，北京：中国社会科学出版社1999年版，第410-411页。

④ 【英】欣斯利编：《新编剑桥世界近代史第11卷：物质进步与世界范围的问题：1870—1898年》，北京：中国社会科学出版社1999年版，第300-302页。

⑤ 【美】威廉森·默里等编：《缔造战略：统治者、国家与战争》，时殷弘等译，北京：世界知识出版社2004年版，第299-300页；【英】欣斯利编，《新编剑桥世界近代史 第11卷：物质进步与世界范围的问题：1870—1898年》，北京：中国社会科学出版社1999年版，第302-303页。

⑥ 【美】威廉森·默里等编：《缔造战略：统治者、国家与战争》，时殷弘等译，北京：世界知识出版社2004年版，第303页。

防卫线。本土以外的帝国安全要求旨在维护帝国商业交通线的安全和殖民地的安全，防止入侵者切断交通线，侵占战略要地，危及殖民地安全。为此，皇家海军要掌握制海权，维护本土与殖民地之间交通线的畅通、保护商业贸易、向战略要地/殖民地输送驻防陆军，并承担封锁敌国和向危及英国利益的地方发起可能性的攻击的重大任务；陆军则要在战略要地/殖民地驻军。本土以外的帝国海上交通线主要有五条，即跨越北大西洋至英属北美的线路，通向西印度群岛的线路，通过地中海通向印度、中国、澳达拉西亚（Australasia）的线路，绕过开普殖民地通向印度、中国、澳达拉西亚的线路，和从澳达拉西亚、太平洋绕过南美合恩角的线路。①对海外利益的维护加上本土防卫的重大使命，使皇家海军承担的战略任务日益超过了可以承担的负荷，特别是在19世纪晚期面临美、日在大西洋、太平洋的崛起，法、德、意、俄在欧洲周边海域的竞争的情况下，海军的战略任务与可得资源之间失去了平衡，亟须做出适当的调整。在全球利益日益广泛的维多利亚时期，尤其在爱德华·卡德维尔军事改革之后，尽管英国人一直担心本土有遭到别国入侵的危险，但英国陆军扩大甚至生存的理由还在于在海外尤其是在印度的驻防任务而非本土防卫。所以，海外驻防和本土防卫的双重任务同样使规模尤小的英国陆军也常常感到左支右绌。政治精英尽管可能明了本土防卫和海外防卫两类战略目标之间存在的内在的密切联系，但在战略实践中常常顾此失彼，这是英国执行战略任务时最容易出现的重大失误。②

---

① J. C. R. Colomb, *The Defence of Great and Greater Britain: sketches of its naval, military and political aspects*, London: Edward Stanford, 1880, p. 51–52.

② J. C. R. Colomb, *The Defence of Great and Greater Britain: sketches of its naval, military and political aspects*, London: Edward Stanford, 1880, p. 50–51. 即使是在应付欧陆和非欧地区的战略任务时，英国就常常面临军力不足背景下进行战略两难选择的重大挑战。19世纪30年代，西班牙、葡萄牙的宪政与专制两大派别之间的内战、比利时的独立运动以及东地中海地区埃及与土耳其之间危机的同时爆发，英国海军为了应付两场欧洲危机不得不暂时忽略东地中海的斗争，这导致沙俄在土耳其的影响上升。只是当欧洲危机化解之后，英国才得以加强其在东地中海的海军力量。参见Eric J. Grove, *The Royal Navy since 1815: A New Short History,* London: Palgrave Macmillan, 2005, p. 10–11. 这种两难背景在60年代初再次出现，美国内战对加拿大和西印度群岛防务施加的压力使得英国无法对波兰起义和普奥对丹麦作战行使影响，尽管英国信誓旦旦，但无法兑现诺言。美国内战给英国海军带来的压力参见Eric J. Grove, *The Royal Navy since 1815: A New Short History,* London: Palgrave Macmillan, 2005, p. 45–46；有关英国在波兰起义问题上的军事乏力，在普奥对丹麦战争问题上企图施加干预但在军力和争取欧陆盟国方面存在的困难的分析参见【英】A. J. P泰勒著：《争夺欧洲霸权的斗争：1848—1918年》，沈苏儒译，北京：商务印书馆1997年版，第165，174–177页。

为了弥补战略目标与战略资源之间失衡的现状，针对殖民地的不同类型，英国对军事力量的部署做出了一定的调整。大致以爱德华·卡德维尔军事改革为界，在此之前，陆军驻防于世界各殖民地，力量不足的部分则招募殖民地士兵或组织民团来弥补；在此之后，区分殖民地的政治特性和对帝国的重要性，驻防的皇家陆军团队采取了撤离或继续驻防两种差别性政策。在以白人移民为主的自治领，以加拿大为例，尽管在1867年以前，英国根据英属北美殖民地防务态势——主要是与美国的关系情况，在不同时期采取了减少驻军或增加驻军的措施，但至1867—1871年，英国陆军团队逐渐减少乃至完全撤离加拿大，加拿大陆上防务则交由加拿大自治领自行解决，但英国皇家海军仍然担负了加拿大周边海域的防务任务。①从加拿大撤离的部队则用于增强本土防务和印度驻防的需要。除此之外，1885年以后，为了应对海外紧张局势，减轻英国陆军在苏丹和南非承担的军事干涉的压力，英国从加拿大调遣部分军队参战。英国陆军在澳大利亚、新西兰自治领的驻防任务经历了与加拿大类似的变化过程。

非白人移民为主的殖民地的军事防务以印度为代表。自东印度公司时代起，为减轻英国陆军的驻防压力，英国人就大力发展建立了英属印军②。这种军事力量配置结构即便在爱德华·卡德维尔军事改革之后也没有发生根本性变化，除了印度大起义后英属印军与英军的比例有所变化外——英属印军比例相对降低，而英国陆军人数则有所上升。③此外，英属印军担负的海外军事派遣任务则要早于白人自治领自己建立的军队。④

在白人移民自治领和印度这两大类殖民地发生的军事防务方面的上述变化对资源配置和战略目标的确立产生的作用就是：在维持英国政府支出比例大致稳定的情况下，相对地缓解了英国在国防上承受的财政压力和人力、物力资源

---

① 【英】P. J. 马歇尔主编：《剑桥插图大英帝国史》，樊新志等译，北京：世界知识出版社2004年版，第20页；林承节著：《印度史》，北京：人民出版社2004年版，第223-224页。

② 【英】P. J. 马歇尔主编：《剑桥插图大英帝国史》，樊新志等译，北京：世界知识出版社2004年版，第20页；林承节著：《印度史》，北京：人民出版社2004年版，第223-224页。

③ 有关印度军队结构及配置比例在印度大起义前后的变化细节参见【印度】R. C. 马宗达、H. C. 赖乔杜里、卡里金卡尔·达塔合著：《高级印度史》，张澍霖等译，北京：商务印书馆1986年版，第939-940页。

④ 为逼迫俄国将此前俄土双方签订的和平条约交付欧洲会议讨论，迪士累利于1878年曾秘密调动印军至马耳他备战以期攻占塞浦路斯，参见L. C. B. Seaman, *Victorian England: Aspects of English and Imperial History (1837—1901)*, Taylor & Francise-library, 2003, p. 214；【印度】恩·克·辛哈、阿·克·班纳吉著：《印度通史》，张若达、冯金辛等译，北京：商务印书馆1973年版，第1004页。

消耗，也有利于改善英国在全球所处的战略状况。这通过两种方式来实现：一方面，由于过去在白人自治领驻防的皇家军队的开支是由英国纳税人负担，因此，自治领陆上防务向由自治领政府岁入供养的自治领军队移交这一做法可以在基本不降低自治领防务质量的情况下，将节省下来的防务开支和人力、物力资源用于增强英国本土的防务和在印度等殖民地和战略要地的防务①；另一方面，受控于英国并由白人自治领和印度殖民地岁入供养的军队在紧急情况下还可以被英国调遣以服务于英国的全球战略需要②。

从军事行动的模式来看，英国对欧洲进行军事干预的做法是：通常情况下，主要依赖海军对位于欧洲沿海地区的目标国进行封锁和阻断，尽可能避免派遣英国陆军尤其是大规模的陆军到欧陆执行军事任务，如果一定要派遣陆军，则务须争取欧陆强国作为盟国，联合采取陆军或海、陆结合的作战方式。从历史实践来看，英国的军事行动一般包括：以海军舰队实施对目标国的封锁、阻断，向目标国炫耀或展示海军舰队的武力来进行威慑，支持志愿人员参与对目标国的作战等方式。具体事例如，在1830—1839年比利时独立运动时期，英国两次出动海军舰队（1831年、1832年），联合法国的陆、海军对荷兰实行了封锁与作战③；1840年，英国出动海军对那不勒斯（Naples）实施了军事封锁；在唐帕西菲科事件中，英国舰队又于1850年年初对比雷埃夫斯港（Piraeus）进行了封锁④。1831年英国对葡萄牙、西班牙宪政的支持则采取了展示海军武力来进行军事威慑、允许志愿人员参与对目标国海、陆作战的军事行动模式。⑤此后，在欧洲事务中，作为一种强大的威慑性武力展示，皇家海军在东方问题的历次危机中，如对俄宣战的克里米亚战争前和1877—1878年俄土战争之后的1878—1879年间，都发挥了重要的作用。⑥这一时期，向欧陆大规模派遣陆军的军事行

① 不包括印度，至1870年，英国陆军在海外驻防的人数已经降为24000人。参见Chris Cook, Brendan Keith, *British Historical Facts: 1830—1900*, London: the Macmillan press, 1984, p. 183.

② 此时，在通常情况下，在海外服役的自治领军队的供给来源于英国而印军的供给则来源于印度。

③ A. W. Ward, G. P. Gooch, *The Cambridge History of British Foreign Policy,* Vol. 2（1815—1866）, Cambridge: Cambridge University Press, 1923, p.143, 154.

④ A. W. Ward, G. P. Gooch, *The Cambridge History of British Foreign Policy,* Vol. 2（1815—1866）, Cambridge: Cambridge University Press, 1923, p. 597–598.

⑤ G. P. Gooch, J. H. B. Masterman, *A Century of British Foreign Policy,* London: George Allen and Unwin, 1917, p.8–9.

⑥ Eric J. Grove, *The Royal Navy since 1815: A New Short History,* London: the Macmillan press, 1984, p. 61–63.

动仅有克里米亚战争一次。这次军事行动联合了欧陆国家中的法国、撒丁尼亚和奥匈帝国。从发生上述军事干预的地点来看，这些行动主要发生在欧陆沿海便于海军作战、渗透的外围地区，这一干预特点的形成与根源于国内社会大众基本价值诉求的资源配置方式产生的制约作用存在密切的关系：它有力限制了战略目标的确定——与可得军事资源保障相适应的目标的有限性。尽管大规模的克里米亚登陆作战耗费巨大，但有节制的战争目标加之盟国对战争消耗的分担、英国经济繁荣和筹措战费的适宜经济手段都使战争带来的压力较易为国民所承受①。同时，外围性特征便于英国发挥自身军力结构的特点，扬长避短，从而尽量缩小冲突代价。

由英国政府主动采取的海外军事行动同样显示了惯常的主要依靠海军作战的封锁、阻断、威慑以及在便于航行的大陆沿海、沿河地带或岛屿上开展有限的陆、海联合作战等模式。这种惯常作战模式的典型代表如：1840年英国在埃及、叙利亚等地联合奥地利、土耳其和叙利亚地方起义部队对穆罕默德·阿里（Mehemet Ali）开展了由封锁到海、陆联合作战的军事行动，先后攻克了贝鲁特（Beirut）、西顿（Sidon）、爱克（Acre）；1840—1842年间对中国沿海、长江等地发动了海、陆联合攻击的鸦片战争，1856—1860年英法联军发动了第二次鸦片战争。②此后，1873—1874年间在黄金海岸的战斗和1882年对埃及阿拉比（Arabi）的战斗，再次展示了以皇家海军海上进攻为主、辅以登陆作战的海、陆联合作战的威力。③

尽管对这一时期伦敦政府对英国陆军在殖民地军事行动的发起中所负有的责任的认识上颇有争议，但有证据显示，对于资源耗费巨大的海外陆上领土扩张行动，伦敦政府多数持反对态度，但是由殖民地政府自主采取的军事行动在事后往往又得到了伦敦政府的追认，尽管对追认的必需有诸多解释。④这些陆上

---

① 克里米亚战争对英国财政产生的压力较轻，参见【英】伯里编，《新编剑桥世界近代史 第10卷 欧洲势力的顶峰：1830—1870年》，北京：中国社会科学出版社1999年版，第661页。

② 这种以惯常模式作战的战例描述参见Eric J. Grove, *The Royal Navy since 1815: A New Short History,* London: Palgrave Macmillan, 2005, p. 15-19, 43-44.

③ Eric J. Grove, *The Royal Navy since 1815: A New Short History,* London: Palgrave Macmillan, 2005, p. 57, 66-68.

④ 在帝国扩张中，有关伦敦政府与殖民地地方官员之间关系的论述参见【美】戴维·罗伯兹著：《英国史：1688年至今》，广州：中山大学出版社1990年版，第285, 305-307, 311, 318, 322-324页；有关迪士累利、格莱斯顿对地方军事领导人自行其事的做法的反应的论述参见L. C. B. Seaman, *Victorian England: Aspects of English and Imperial History (1837—1901)*, Taylor & Francis e-library, 2003, p.219-221, 228-229.

军事扩张行动如英印政府向周边地区——缅甸、西北边疆、阿富汗扩张所显示的那样，倾向于主要使用殖民地军事资源，如调动印度士兵去进攻阿富汗、缅甸等周边地区甚至参于在东非、埃及的军事行动，训练埃及士兵进攻苏丹，而且伴随着自治领防务的改革，英帝国的大规模陆上军事行动到19世纪晚期开始显现统一指挥的联邦性特征，这主要体现在克里米亚战争以来规模最大的布尔战争中。

总体而言，英国在欧洲的军事干预多以“不对称战争”为主（克里米亚战争除外），在殖民地从事的战争则以“小战争”为主：前者强调参战双方一强一弱力量对比的悬殊或各自采用的战略、战术的差异①；后者则强调除以正规部队为敌对双方之外的所有战争形式，如训练有素的士兵对野蛮人或半文明人的远征（如大国对野蛮民族开展的以领土性扩张为目的的军事征服和对与殖民地边界相邻的部族施展的惩罚性军事远征）、对叛乱的镇压和针对游击战的作战。②与大规模的正规部队之间的“对称战争”相比，这些战争契合英国的军力结构与特点，也是一种经济、节约的用兵形式，能够与自由主义时代的英国资源配置方式较好地匹配起来。

四、对外政策

总体而言，这一时期的英国对外政策与英国自由主义大战略目标追求的节约、自由贸易、国际和平等精神很好地匹配起来。具体来说，英国的对外政策大致以克里米亚战争的结束为界限，划分为两个阶段：在克里米亚战争之前，英

① 有关“不对称战争”的定义，战略、战术的基础等方面的分析参见“Asymmetric Warfare”，from Wikipedia, the Free Encyclopedia, *http://en.wikipedia.org/wiki/Asymmetric_Warfare,* 上网时间：2011年5月20日。

② C. E. Callwell, *Small Wars: Their Principles and Practice,* Lincoln: University of Nebraska Press, 1996, p.21-22. “不对称战争”与“小战争”的概念界定既有区别又有联系，很明显，英国在殖民地从事的军事征服行动多发生在一强一弱军事力量相差悬殊的双方之间，多属于强者胜弱者的“不对称战争”类型，而非弱者利用战略、战术等的差异而胜强者的“不对称战争”类型。根据定义，第二次布尔战争作为一种征服行动属于“小战争”，但就强弱之间的力量差异而言则属于“不对称战争”。

国对外政策的主要原则是“保持和平、现有的条约和国际均势”[1]，英国在处理欧洲大陆均势的问题上积极介入，玩弄欧洲协调或集团对立（以英、法、西、葡为一方对俄、普、奥三国为一方的所谓西方自由立宪与东方王朝专制间的对立）两个工具，居间自由地与法、俄任何一方联合以压迫另一方接受英国的政治解决方案；克里米亚战争之后，英国逐渐保持超脱立场，不与任何大国结盟，对欧陆均势奉行不干涉主义，表现为一种保持行动自由以免受长久条约义务约束的所谓“孤立主义”的外交特征。[2]

在第一阶段，尽管面临几乎同时爆发与西方和东方等多个问题持续冲击造成的战略两难，但在采取先西方后东方这一轻重缓急的战略安排后，英国在外交中不断适时调整与法国和俄国的合作或对抗关系，利用与其中一方（及由这一方参加的集团）的合作来压服另一方接受英国的政策，以避免因事态失控而导致法国或俄国任何一方势力在欧洲的扩展，以致造成欧洲均势的崩溃，并因而危及英国地中海商路和地中海地区的商业利益：在比利时独立问题上，英国反对俄、普、奥支持荷兰干涉比利时独立的政策，也反对法国建立亲法的比利时王国的企图，利用与法国的军事合作抵制了荷兰对比利时的入侵，最终在大国协作的情况下促成了中立的比利时这一解决方案为各方所接受；在西班牙、葡萄牙问题上，英国与法国合作支持西、葡两国的女王，结成自由的四国同盟来

---

① 【英】伯里编：《新编剑桥世界近代史 第10卷 欧洲势力的顶峰：1830—1870年》，北京：中国社会科学出版社1999年版，第290页。

② 从在国际中缺少强国友邦而被孤立的意义上看，英国的被孤立状态大概自克里米亚战争之后尤其是从19世纪60年代的普、奥对丹麦的战争前后开始日益呈现出来；从自由选择对其他大国态度的国家政策意义上看，作为国家追求的政策传统，不论是指节制与其他大国的合作还是指拒绝（在和平时期）与其他国家长久结盟以免受到条约义务的约束，孤立政策可以算是19世纪30年代至19世纪末这段时间内英国对外政策的一个基本特征，尽管这一时期在比利时中立、土耳其防卫等问题上英国的确缔结了一系列保障条约，但这些条约受到了诸多条件的限制，而很少受公众和政治家关注。克里米亚战争之后各国的心态和政策变化，尤其是英国向不干涉的孤立主义退却的论述参见【英】伯里编：《新编剑桥世界近代史 第10卷 欧洲势力的顶峰：1830—1870年》，北京：中国社会科学出版社1999年版，第365-369页；【英】A. J. P泰勒著：《争夺欧洲霸权的斗争：1848—1918年》，沈苏儒译，北京：商务印书馆1997年版，第170-175页。有关欠精确的孤立主义内涵的演变、政治实践及保障条约问题的论述参见Christopher Howard，“The Policy of Isolation”，*The Historical Journal*, Vol. 10, No. 1 (1967), p. 77-88. 对英国政府对条约义务的态度分析还可参见【美】威廉森.默里等编：《缔造战略：统治者、国家与战争》，时殷弘等译，北京：世界知识出版社2004年版，第297页。

应对神圣同盟在伊比利亚半岛扩展势力，同时亦反对法国在伊比利亚半岛扩展势力；在东方问题上，英国利用俄、奥的支持反对法国支持埃及在东地中海的存在与势力的进一步扩展，同时也联合法国反对俄国向土耳其扩展势力和控制黑海海峡的企图。虽然英国的这些积极干预措施使其不断卷入一系列的"不对称"战争，但这些做法由于维持了欧洲的均势，避免了欧洲大规模战争的发生，因而是以最小的代价争取了欧洲和平和现有条约。然而从英国的角度来看，克里米亚战争与其说是英法联合对俄国向土耳其扩展势力这一行为的惩罚，以维持欧洲均势、护卫英国东地中海商路和通向印度的通道安全，不如说是在煽动的国内舆论的推动下的一场不得已但并非必需的得不偿失的战争，战争造成的新国际形势使英国积极在法俄间进行调解和干预以维持欧陆均势的做法不合时宜了。

在第二阶段，对克里米亚战争的反思加之国内工业革命的成功导致国内社会大众的厌战情绪和维持国际和平的心理普遍流行，这些情况使英国在第一阶段实行的积极干预欧陆均势的做法难以获得广泛的国内支持。尽管面对先后出现的对法国的战争惊恐、对德国统一战争的惊恐、对俄国的战争惊恐，英国人日益认为均势会自动调节，在对外政策中则追求对欧陆结盟的超脱，以保持行动自由、免受因长久条约的义务的约束而卷入欧洲战争这一"光荣孤立"。①尽管这一政策具有迫不得已的国际被孤立的因素，更主要地深受流行社会心理背景影响下国内资源配置方式的约束，因而对框定军事战略目标的范围和军事行动的程度具有重要的作用，然而随着20世纪初德国威胁的加强，英国日益显示走出孤立状态、寻求盟友和准备战争的意向，这意味着国家大战略要发生变更。

① J. H. B. Masterman将"光荣孤立"的内涵概括为：（1）与所有的欧洲大国保持友好关系，（2）拒绝结盟，（3）在三国同盟和法、俄协约间保持中间立场。参见G. P. Gooch, J. H. B. Masterman, *A Century of British Foreign Policy*, London: George Allen and Unwin, 1917, p. 41.

结语：社会大众影响大战略缔造的三种主动性机理

西西里远征前，雅典的主要政治家对国内外（雅典帝国、伯罗奔尼撒同盟、西西里）①社会大众要素做出了近乎截然相反的评估，得出的大战略目标和结论也完全不同。雅典政治家在理性调控雅典公民团体的舆论方面也无功而返。以亚西比德为代表的一派政治家近乎迎合和屈从了公众舆论的方向而极尽煽动之能事，进一步激起了雅典公民的远征狂热；而以尼西阿斯为代表的另一派政治家尽管进行了理性有余而煽情不足的分析，却曲高和寡，甚至在他祭出最后的法宝——夸大军事远征所需军备规模之巨——以吓阻雅典人近乎疯狂的举动，使他们知难而退时，令他哭笑不得且意料不到的是，雅典人受利益驱动特别是心理认知机理鬼使神差的作用，竟然加固了他们先前的疯狂认知，执意克服困难也要坚持远征。修昔底德记述了这一疯狂举动背后的因由：

> 但是雅典人完全没有因为准备工作的困难而失去远征的欲望，反而比以前更加热烈些，结果和尼西阿斯所想象的正相反。他们认为尼西阿斯的意见是很好的，现在远征军是绝对安全了，每个人都充满了远征的热情。年老一点的人认为他们将征服那些他们将航往的地方，或者，有了这样大的军队，他们至少不会遭到灾祸了；年轻一点的人希望看看远地的风光和取得一些经验，他们相信他们会安全地回来；一般民众和普通士兵希望自己暂时得到薪给和扩大帝国，使他们将来可以取得永久的薪给工作。大多数人的这种过度热忱的结果使少数实际上反对远征的人害怕别人说他们不爱国，如果他们表示反对的话，因此就不作声了。②

这一经典史例不只是轻描淡写地告诉我们社会大众要素之于大战略缔造的重要性，它还告诉我们，由于社会大众要素涉及方方面面且有其自身复杂的

---

① 他们甚至没有提及（或许并非是没有考虑到）波斯因素的可能影响。

② 【古希腊】修昔底德著：《伯罗奔尼撒战争史》，谢德风译，北京：商务印书馆2008年版，第496-497页。

运行机理，精准评估社会大众要素固然不能自然形成一套合理、可行的大战略规划，缔造和执行一个大战略有时也不一定需要对所有社会大众要素做出准确、理性的评估，但是，健康、合理的大战略缔造必然离不开政治精英对社会大众要素的精准评估，并成功地合理开发、动员、调控和引导诸项社会大众要素。而要完成这一复杂的基础性大战略工程，认识和揭示社会大众诸要素与国家大战略缔造之间的复杂关系，尤其是社会大众诸要素对国家大战略缔造的复杂作用机理，无疑具有重大意义。这正是本书要努力实现的目标。

然而对于上述理论价值和实践意义，却不断有质疑的声音，质疑的声音大致有以下几类情况。第一类，质疑古代社会大众，尤其是下层社会大众影响大战略缔造内在机理的存在。他们的主要理由在于，下层社会大众连基本的公民权利都没有，何谈对政治精英决策的影响。第二类，质疑现当代非西方自由民主体制下的社会大众影响大战略缔造内在机理的存在。他们的理由主要在于，非西方自由民主体制下的社会大众受到诸多限制，无法真实行使自己的公民权利，因而他们主要是执行政治精英的决策而非影响决策。第三类，即使在自由民主体制下，也有人质疑社会大众影响大战略缔造机理的存在。他们认为大战略不同于一般的政策决策，事关国家安全，是政治精英决策的专属区域。特别是当他们提出自由民主政治体制下有大量政治不参与现象存在时，理由似乎更加充分。之所以会出现以上三类质疑声音，主要原因大概在于：质疑者对社会大众在影响大战略缔造方面展现的主动性缺乏认识，以政治精英缔造大战略的主动性代替了社会大众在影响大战略缔造方面展现的主动性。

根据政治精英与社会大众之间关系的变化，社会大众在影响大战略缔造方面展现的主动性大致有以下三种情况。

首先，社会大众驾驭政治精英，使政治精英迎合社会大众的要求。这种情况固然会使决策不至于完全脱离社会大众中多数或主流群体的价值诉求，但它同时可能会使决策面临另一种更为重要的风险，这种风险就是：连同可能会对少数或非主流群体价值诉求的忽视或漠视，政治精英往往容易屈从于社会大众非理性情绪的强大压力，而放弃具有战略远见的理性决策，做出错误的战略选择。这种情况的产生不仅仅与政治体制存在密切关系，也与此种体制下政治精英人物的政治素质有关。托克维尔说过："民主政府的本质，在于多数对政府的统治是绝对的，因为在民主制度下，谁也对抗不了多数。[①]"所以，除了寄希望于在民主政治体制中制订或采取用以削弱或抑制社会大众/公众/人民的最高无限权威的制度或防范措施外，防止政治精英受社会大众驱使的另一个重要因素就是政治精英要具备过硬的政治素质——具有坚强的意志力，对社会大众具有很强的影响力和控制力。只有具备坚强的意志力，才能坚持一以贯之的政策，并坚持以理性说服社会大众；只有具备很强的影响力，才能以个人的魅力吸引社会大众的多数来支持并追随自己的政策；只有具备很强的控制力，才能以高超的治国技巧开发、动员、调控和引导社会大众的情绪以理性地接受政治精英的政策。然而自古以来，在寡头政体和民主政体下，这样的政治精英似乎很难出现。所以，托克维尔断言："从罗马人开始到今天的英国人，凡是对世界起过重大影响，拟出过、遵循过和执行过伟大计划的民族，几乎都是用贵族制度治理的。[②]"所以，到现当代，伴随着大众政治的出现，以普选为基础的代议制民主政治得以确立和推广，公众和公众舆论对政治精英的驾驭、政治精英对公众和公众舆论的尾随已成为民主政治在对外政策领域的一大特征。[③]

其次，社会大众接受政治精英的理性引导、调控，因为政治精英主动注意到了社会大众的意愿和要求，并将其合理地融入缔造的大战略之中，即使这一大战略的根本目标是以牺牲社会大众的部分或全体短暂的眼前利益为代价（以获取社会大众长久的根本利益）。然而在总体战和大众政治兴起的背景下，要理性引导、调控社会大众，在具体操作上具有极为艰巨的困难，因为这里涉及的

---

① 【法】托克维尔著：《论美国的民主》，董果良译，北京：商务印书馆1991年版，第282页。

② 【法】托克维尔著：《论美国的民主》，董果良译，北京：商务印书馆1991年版，第262页。在第二次世界大战的欧战爆发前，面临国人不愿卷入欧、亚冲突的强大的孤立主义情绪的阻力，罗斯福总统的美国无所作为，这在很大程度上表明，在社会大众驾驭政治精英的民主体制内，伟人的出现需要千载难逢的机遇，这一判断对于"二战"爆发前丘吉尔的英国和戴高乐的法国同样适用。

③ 有关19世纪两次世界大战之间，乃至第二次世界大战后甚至"冷战"结束后，在对外政策领域，英美法国家政治领导人受公众舆论主宰的影响，参见【美】戈登·克雷格、亚历山大·乔治著：《武力与治国方略》，时殷弘、周桂银、石斌译，北京：商务印书馆2004年版，第79-93页；时殷弘："二十世纪西方大众政治对国家对外政策和外交的影响"，《南京大学学报》，2001年第3期，第143-148页。

不仅仅是高超的治国技巧，还涉及前述的政治精英的过硬政治素质，特别是坚韧、耐心和毅力。因此，这些客观存在的困难表明，社会大众在接受政治精英的引导和调控方面展现的主动性需要大打折扣。所以，托克维尔在称赞华盛顿摆脱美国人民的驾驭而合理引导、调控他们在对外政策领域表现的政治激情时写道：

但是，人民支持法国的心情极为热烈，若不是华盛顿具有不屈不挠的坚定性格和为人民所爱戴，恐怕无法阻止美国向英国宣战。但是，这位伟人以其严密的理智去抵制同胞的慷慨而轻率的激情所做的努力，还险些使他失去唯一希望保存的报赏：他的国家对他的爱戴。有许多人曾责备他的政策，但现在全国人民都支持这个政策。

假如宪法当初不把指导国家对外事务的责任交给华盛顿和人民不支持他，那么美国当时一定会采取它今天所谴责的措施。①

从某种意义上来说，政治精英对社会大众舆论、情感、心理的追随走向极端就会演变为对社会大众的政治操控，而区分政治操控与理性引导、调控的一项重要标准就是政治精英的政治美德，这是过硬素质要求中最为核心的一条。政治美德立足于国家长远的根本利益，即全体人民的福祉这一终极价值和目的，亦即大战略的最终、最根本的目的，而区别于并调节着普通人的道德、情感。②修昔底德在评述伯里克利之后的雅典大战略时，也道出了政治领导人的过硬素质，特别是政治美德对于政治精英摆脱公民大众情感驾驭、理性引导和调控公民大众情绪以推行健康的大战略的重要性。

其所以会造成这种情况，是因为伯里克利的地位。他的贤明和他有名的廉洁，能够尊重人民的自由，同时又能够控制他们。是他领导他们，而不是他们领导他；因为他从来没有从不良的动机出发来追求权力，所以他没有逢迎他们的必要：事实上他这样崇高地受人尊敬，以至于他可以对他们发出怒言，可以提出反对他们的意见。无疑地，当他看见他们过于自信的时候，他会使他们感觉到自己的危险；当

① 【法】托克维尔著：《论美国的民主》，董果良译，北京：商务印书馆1991年版，第261–262页。

② 政治美德的概念源于马基雅维利的论述，参见【德】弗里德里希·迈内克著：《马基雅维利主义》，时殷弘译，北京：商务印书馆2008年版，第89–106页。

他们没有真正的理由而丧失勇气的时候，他会恢复他们的自信心。所以，雅典虽然在名义上是民主政治，但事实上权力是在第一个公民手中。但是他的继承人，彼此都是平等的，而每个人都想要居于首要地位，所以他们采取笼络群众的手段，结果使他们丧失了对公众事务的实际领导权。在一个统治着帝国的大城市中，这样的政策自然会引起许多错误，西西里远征就是这些错误之一。①

然而如果不考虑自古以来就一直存在于帝王将相心中或经有些学者在不同场合阐述过的驭众术问题，仅就现代政治社会来说，现代大众政治为政治运行模式由社会大众驾驭政治精英向政治精英操控社会大众演变准备了必要的时代条件。“一战”后德国魏玛共和国向希特勒第三帝国蜕变的过程集中体现了这一政治运行模式的演变②，并集中展现了不同体制下政治精英操控社会大众的诸项共同特点。

除了前述两种情况外，在影响大战略缔造方面，社会大众还展现了另一种更加积极的主动性：以直接造反行动迫使政治精英深切体会到并采取切实措施顾及来自社会大众的要求。面对这种直接行动的挑战，政治精英要么以武力进剿的强制性惩罚措施吓阻或压制大众的不满，要么以奖励性的刺激措施抚慰或减轻大众的受伤害感，以平衡大战略在道义上对不同群体来说可能存在的严重失衡状况；要么剿抚并举，多管齐下，而大战略则在这多样性的应对措施中得以优化。除此之外，还有另一种并非意外的结果，即直接行动起到了改朝换代的颠覆性作用，而在直接行动中崛起的政治精英在社会大众政治激情的推动下，很可能由此根本性地改变国家大战略的方向。如果还考虑到这种并非意外的直接行动与境外威胁可能存在的内在联系，以及这种联系可能造成的严重后果，则此种直接行动对国家大战略的影响更不可小觑。

纵观历史，以上从社会大众与政治精英互动关系角度总结的社会大众对大战略缔造的三种主动性影响机理，连同其他诸如自然灾害等因素借助社会大众要素可能产生的影响，大致构成了社会大众对大战略缔造的主要影响机理。比

---

① 【古希腊】修昔底德著：《伯罗奔尼撒战争史》，谢德风译，北京：商务印书馆2008年版，第169-170页。

② 有关希特勒操控社会大众的论述参见时殷弘：“二十世纪西方大众政治对国家对外政策和外交的影响”，《南京大学学报》，2001年第3期，第146-147页。

较这三种主要的影响机理，显然，社会大众接受政治精英体制内的理性引导、调控的机理，凸显了大战略框架下考察社会大众要素这一可能性机制的作用，应该是政治精英追求的理想状态。然而第一种和第三种影响机理在部分地显示了可能性机制作用的同时，更多显示的是社会大众要素对大战略缔造的制约作用。在人类政治实践中，这种对理想状态追求的努力有时无法占据主导地位，以致敌不过另外两种影响机理的作用。虽然本书对于政治精英如何操控社会大众不无启发，但本书的主旨在于为政治精英深入理解和辨析上述影响大战略缔造的三种主要机理，从而更好地理性开发、动员、引导和调控社会大众，以助益于为健康的大战略缔造提供借鉴。

主要参考文献

[1] 班杜拉. 思想和行动的社会基础——社会认知论[M]. 林颖，等译. 上海：华东师范大学出版社，2001.

[2] 保罗·肯尼迪. 大国的兴衰：1500—2000年的经济变迁与军事冲突[M]. 陈景彪，等译. 北京：国际文化出版公司，2006.

[3] 彼得·马赛厄斯，等. 剑桥欧洲经济史（第八卷）——工业经济：经济政策和社会政策的发展[M]. 王宏伟，等译. 北京：经济科学出版社，2004.

[4] 彼得·马赛厄斯，等. 剑桥欧洲经济史（第七卷）·工业经济：资本、劳动力和企业（上册）·英国、法国、德国和斯堪的纳维亚[M]. 徐强，等译. 北京：经济科学出版社，2004.

[5] 彼得·帕雷特. 现代战略的缔造者：从马基雅维利到核时代[M]. 时殷弘，等译. 北京：世界知识出版社，2006.

[6] 波斯坦，等. 剑桥欧洲经济史（第二卷）：中世纪的贸易和工业[M]. 钟和，等译. 北京：经济科学出版社，2004.

[7] 波斯坦，等. 剑桥欧洲经济史（第三卷）：中世纪的经济组织和经济政策[M]. 周荣国，等译. 北京：经济科学出版社，2002.

[8] 伯里. 新编剑桥世界近代史（第10卷） 欧洲势力的顶峰：1830—1870年[M]. 中国社会科学院世界历史研究组，译. 北京：中国社会科学出版社，1999.

[9] 查尔斯·赖特·米尔斯. 权力精英[M]. 王崑，许荣，译. 南京：南京大学出版社，2004.

[10] 查尔斯·林德布洛姆. 决策过程[M]. 竺乾威，胡君芳，译. 上海：上海译文出版社，1988.

[11] 程汉大. 文化传统与政治变革：英国议会制度[M]. 沈阳：辽宁大学出版社，1996.

[12] 戴维·罗伯兹. 英国史：1688年至今[M]. 鲁光桓，译. 广州：中山大学出版社，1990.

[13] 杜鲁门. 政治过程——政治利益与公共舆论[M]. 陈尧，译. 天津：天津人民出版社，2005.

[14] 菲斯克，泰勒. 社会认知：人怎样认识自己和他人[M]. 张庆林，等译. 贵阳：贵州人民出版社，1994.

[15] 弗兰肯. 人类动机[M]. 5版. 郭本禹，等译. 西安：陕西师范大学出版社，2005.

[16] 甘米奇. 宪章运动史[M]. 苏公隽，译. 北京：商务印书馆，1979.

[17] 格雷厄姆·沃拉斯. 政治中的人性[M]. 朱曾汶，译. 北京：商务印书馆，1995.

[18] 古斯塔夫·勒庞. 乌合之众：大众心理研究[M]. 冯克利，译. 北京：中央编译出版社，2004.

[19] 哈巴库克，等. 剑桥欧洲经济史（第六卷）·工业革命及其以后的经济发展：收入、人口及经济技术变迁[M]. 王春法，等译. 北京：经济科学出版社，2002.

[20] 哈贝马斯. 公共领域的结构转型[M]. 曹卫东，译. 上海：学林出版社，1999.

[21] 哈罗德·D·拉斯韦尔. 世界大战中的宣传技巧[M]. 张洁，等译. 北京：中国人民大学出版社，2003.

[22] 哈维兰. 文化人类学[M]. 10版. 瞿铁鹏，等译. 上海：上海社会科学出版社，2006.

[23] 汉斯·摩根索. 国家间的政治——为权力与和平而斗争[M]. 7版. 徐昕，等译. 北京：北京大学出版社，2006.

[24] 霍布豪斯. 自由主义[M]. 朱曾汶，译. 北京：商务印书馆，1996.

[25] 杰弗里·巴勒克拉夫. 当代史导论[M]. 张广勇，张宏宇，译. 上海：上海社

会科学院出版社，1996.

[26] 杰克·斯奈德. 帝国的迷思：国内政治与对外扩张［M］. 于铁军，等译. 北京：北京大学出版社，2007.

[27] 克拉潘. 现代英国经济史（上卷）：早期铁路时代（1820—1850年·全两册）［M］. 姚曾廙，译. 北京：商务印书馆，1975.

[28] 克拉潘. 现代英国经济史（中卷）：自由贸易和钢（1850—1886年）［M］. 姚曾廙，译. 北京：商务印书馆，1975.

[29] 克劳利. 新编剑桥世界近代史（第九卷）：动乱时代的战争与和平（1793—1830）［M］. 中国社会科学院世界历史研究所，译. 北京：中国社会科学出版社，1992.

[30] 克劳塞维茨. 战争论（三卷本）［M］. 中国人民解放军军事科学院，译. 北京：商务印书馆，1978.

[31] 肯尼斯·O·摩根. 牛津英国通史［M］. 王觉非，等译. 北京：商务印书馆，1993.

[32] 拉尔夫·达仁道夫. 现代社会冲突——自由政治随感［M］. 林荣远，译. 北京：中国社会科学出版社，2000.

[33] 莱茵霍尔德·尼布尔. 道德的人与不道德的社会［M］. 蒋庆，等译. 贵阳：贵州人民出版社，1998.

[34] 雷蒙德·弗思. 人文类型［M］. 费孝通，译. 北京：华夏出版社，2002.

[35] 雷蒙德·威廉斯. 文化与社会［M］. 吴松江，等译. 北京：北京大学出版社，1991.

[36] 里查德·罗斯克兰斯，阿瑟·斯坦. 大战略的国内基础［M］. 刘东国，译. 北京：北京大学出版社，2005.

[37] 李义中. 从托利主义到自由主义：格拉斯顿宗教政治观的演进［M］. 北京：中国社会科学出版社，2005.

[38] 利昂·费斯汀格认知失调理论［M］. 郑全全，译. 杭州：浙江教育出版社，

1999.

[39] 利德尔·哈特. 战略论（间接路线战略）[M]. 中国人民解放军军事科学院，译. 北京：解放军出版社，1981.

[40] 利普塞特. 政治人：政治的社会基础[M]. 刘钢敏，聂蓉，译. 北京：商务印书馆，1993.

[41] 马斯洛. 动机与人格[M]. 许金声，译. 北京：华夏出版社，1987.

[42] 马歇尔. 剑桥插图大英帝国史[M]. 樊新志，等译. 北京：世界知识出版社，2004.

[43] 马宗达，等. 高级印度史（上、下）[M]. 张澍霖，等译. 北京：商务印书馆，1986.

[44] 麦克尼尔. 竞逐富强——西方军事的现代化历程[M]. 倪大昕，等译. 上海：学林出版社，1996.

[45] 曼瑟尔·奥尔森. 集体行动的逻辑[M]. 陈郁，等译. 上海：三联书店，上海人民出版社，1995.

[46] 米歇尔·克罗齐，绵贯让治，塞缪尔·亨廷顿. 民主的危机[M]. 马殿君，等译. 北京：求实出版社，1989.

[47] 莫尔顿. 人民的英国史[M]. 谢琏造，等译. 北京：三联书店，1976.

[48] 钮先钟. 西方战略思想史[M]. 桂林：广西师范大学出版社，2003.

[49] 蒲岛郁夫. 政治参与[M]. 谢莉莉，译. 北京：经济日报出版社，1989.

[50] 钱乘旦，陈晓律. 在传统与变革之间——英国文化模式溯源[M]. 杭州：浙江人民出版社，1991.

[51] 钱乘旦，徐洁明. 英国通史[M]. 上海：上海社会科学院出版社，2002.

[52] 秦亚青. 层次分析法与国际关系研究[J]. 欧洲，1998（3）：4-10.

[53] 琼森，等. 集合起来——群体理论与团队技巧[M]. 9版. 谢晓非，等译. 北京：中国轻工业出版社，2008.

[54] 屈勒味林. 英国史（下）[M]. 钱端升，译. 北京：社会科学出版社，2008.

[55] 塞缪尔·亨廷顿，琼·纳尔逊. 难以决策——发展中国家的政治参与[M]. 汪晓寿，等译. 北京：华夏出版社，1989.

[56] 塞缪尔·亨廷顿. 变革社会中的政治秩序[M]. 李盛平，等译. 北京：华夏出版社，1988.

[57] 塞奇·莫斯科维奇. 群氓的时代[M]. 许列民，等译. 南京：江苏人民出版社，2003.

[58] 尚会鹏. 种姓与印度教社会[M]. 北京：北京大学出版社，2001.

[59] 时殷弘. 国家大战略理论论纲[J]. 国际观察，2007(5)：15-21.

[60] 时殷弘. 从拿破仑到越南战争[M]. 北京：团结出版社，2003.

[61] 斯蒂芬·施密特，等. 美国政府与政治[M]. 梅然，译. 北京：北京大学出版社，2005.

[62] 斯科特·普劳斯. 决策与判断[M]. 施俊琦，王星，译. 北京：人民邮电出版社，2004.

[63] 泰勒 A J P. 争夺欧洲霸权的斗争：1848—1918年[M]. 沈苏儒，译. 北京：商务印书馆，1997.

[64] 泰勒 S E，等. 社会心理学[M]. 10版. 谢晓非，等译. 北京：北京大学出版社，2004.

[65] 汤普森. 英国工人阶级的形成(上、下)[M]. 钱乘旦，等译. 南京：译林出版社，2001.

[66] 唐纳德·克赖顿. 加拿大近百年史：1867—1967[M]. 山东大学翻译组，译. 香港：商务印书馆，1979.

[67] 托克维尔. 论美国的民主[M]. 董果良，译. 北京：商务印书馆，1991.

[68] 王浦劬. 政治学基础[M]. 北京：北京大学出版社，1995.

[69] 威廉森·默里. 缔造战略：统治者、国家与战争[M]. 时殷弘，等译. 北京：世界知识出版社，2004.

[70] 维克多·埃尔. 文化概念[M]. 康新文，译. 上海：上海人民出版社，1988.

[71] 文森特·普赖斯. 传播概念·Public Opinion［M］. 邵志择，译. 上海：复旦大学出版社，2009.

[72] 沃尔特·李普曼. 公众舆论［M］. 阎克文，江红，译. 上海：上海人民出版社，2002.

[73] 西格蒙德·弗洛伊德. 弗洛伊德后期著作选［M］. 林尘，等译. 上海：上海译文出版社，1986.

[74] 欣斯利. 新编剑桥世界近代史（第11卷）：物质进步与世界范围的问题：1870—1898年［M］. 中国社会科学院世界历史研究组，译. 北京：中国社会科学出版社，1999.

[75] 修昔底德. 伯罗奔尼撒战争史［M］. 谢德风，译. 北京：商务印书馆，2008.

[76] 徐怀启. 古代基督教史［M］. 上海：华东师范大学出版社，1988.

[77] 亚·莫·卡尔—桑德斯. 人口问题——人类进化研究［M］. 宁嘉风，译. 北京：商务印书馆，1983.

[78] 阎照祥. 英国史［M］. 北京：人民出版社，2003.

[79] 阎照祥. 英国政治制度史［M］. 北京：人民出版社，1999.

[80] 于海峰. 丘吉尔大战略思想研究：驾驭暴力与激情的战略/政治领导艺术［D］. 北京：中国人民大学，2008.

[81] 约翰·麦克曼勒斯. 牛津基督教会史（插图本）［M］. 张景龙，等译. 贵阳：贵州人民出版社，1995.

[82] 约翰·布克. 剑桥插图宗教史［M］. 王立新，等译. 济南：山东画报出版社，2005.

[83] 约翰·米尔斯海默. 大国政治的悲剧［M］. 王义桅，等译. 上海：上海人民出版社，2003.

[84] ALMOND G A. Public opinion and national security policy［J］. The Public Opinion Quarterly, 1956, 20（2）: 371–378.

[85] AUER S. Violence and the end of revolution after 1989［J］. Thesis

Eleven, 2009, 97: 6–25.

[86] AXELROD R. Schema theory: an information processing model of perception and cognition [J]. The American Political Science Review, 1973, 67 (4) : 1248–1266.

[87] BARSADE S G, GIBSON D E. Group emotion: a view from top and bottom [M] // GRUENFELD D, NEALE M, MANNIX E. Research on managing groups and teams: vol. 1. Greenwich: JAI Press, 1998: 81–102.

[88] BARSADE S G. The ripple effect: emotional contagion and its influence on group behavior [J]. Administrative Science Quarterly, 2002, 47 (4) : 644–675.

[89] BEER S H. Pressure groups and parties in Britain [J]. The American Political Science Review, 1956, 50 (1) : 1–23.

[90] BELLAMY R. Citizenship: a very short introduction [M]. New York: Oxford University Press, 2008.

[91] BENTHAM J. A plan for an universal and perpetual peace [M] //BOWING J. The works of Jeremy Bentham: vol. 2. Edinburgh: William Tait, 1843: 546–560.

[92] BERM·DEZ J L. Decision theory and rationality [M]. New York: Oxford University Press Inc., 2009.

[93] BEST S J, KRUEGER B S. Analyzing the representativeness of internet political participation [J]. Political Behavior, 2005, 27 (2) : 183–216.

[94] BODEN M T, BERENBAUM H. The bidirectional relations between affect and belief [J]. Review of General Psychology, 2010, 14 (3) : 227–239.

[95] BOOTH K, STEVE SMITH. International relations theory today [M]. Cambridge: Polity Press, 1995.

[96] BOSE A. A gandhian perspective on peace [J]. Journal of Peace Research, 1981, 18 (2): 159–164.

[97] BULMER-THOMAS V, COATSWORTH J H, ROBERTO CORTS CONDE. The Cambridge economic history of Latin America: volume 2: the long twentieth century [M]. New York: Cambridge University Press, 2006.

[98] BUZAN B. The level of analysis problem in international relations reconsidered [M] //BOOTH K, SMITH S. International relations theory today. Cambridge: Polity Press, 1995: 198–216.

[99] CABESTAN JEAN-PIERRE. China's foreign and security policy decision-making processes under Hu Jintao [J]. Journal of Current Chinese Affairs, 2009, 38 (3): 63–97.

[100] CALLWELL C E. Small wars: their principles and practice [M]. Nebraska: University of Nebraska Press, 1996.

[101] CASPARY W R. The mood theory: a study of public opinion and foreign policy [J]. The American Political Science Review, 1970, 64 (2): 536–547.

[102] CHAUDHURI D B R. Lobbies and pressure groups in New Delhi [J]. Economic and Political Weekly, 1971, 6 (22): 1080–1081.

[103] CHITTICK W O, BILLINGSLEY K R, TRAVIS R. Persistence and change in elite and mass attitudes toward U. S. foreign policy [J]. Political Psychology, 1990, 11 (2): 385–401.

[104] CLORE G L, GASPER K, GARVIN E. Affect as information [M] //FORGAS J P. Handbook of affect and social cognition. Mahwah: Lawrence Erlbaum Associates, 2001: 122–145.

[105] COLOMB J C R. The defence of Great and Greater Britain: sketches of

its naval, military and political aspects (1880) [M]. Montana: Kessinger Publishing, 2010.

[106] CONVERSE P E. The nature of belief systems in mass publics [J]. Critical Review, 2006 (18): 1–74.

[107] COOK C, KEITH B. British historical facts: 1830—1900 [M]. London: the Macmillan Publishers Ltd., 1984.

[108] COPSEY N. Public opinion and the making of foreign policy in the "NewEurope": a comparative study of Poland and Ukraine [M]. Farnham: Ashgate Publishing Ltd., 2010.

[109] DAVIS M. Some neglected aspects of British pressure groups [J]. Midwest Journal of Political Science, 1963, 7 (1): 42–53.

[110] ELDRIDGE C C. British imperialism in the nineteenth century [M]. London: Macmillan Publishers Ltd., 1984.

[111] ERIKSON R S, TEDIN K L. American public opinion: its origins, content, and impact [M]. 6th ed. Boston: Addison Wesley Longman, 2003.

[112] FAGEN R R. Some assessments and uses of public opinion in diplomacy [J]. The Public Opinion Quarterly, 1960, 24 (3): 448–457.

[113] FALLON R H, Jr. Legitimacy and the constitution [J]. Harvard Law Review, 2005, 118 (6): 1787–1853.

[114] FEWSMITH J, ROSEN S. The domestic context of Chinese foreign policy: does "public Opinion" matter? [M] //DAVID M. L. The Making of Chinese Foreign and Security Policy in the Era of Reform. Redwood City: Stanford University Press, 2001.

[115] FORGAS J P. Handbook of affect and social cognition [M]. Mahwah: Lawrence Erlbaum and associates, 2001.

[116] FORGAS J P. Affective influences on attitudes and judgments [M] // RICHARD J D, KLAUS R S, GOLDSMITH H H. Handbook of affective sciences. New York: Oxford University Press, 2003.

[117] GOLD H. Foreign policy decision-making and the environment: The claims of Snyder, Brecher, and the Sprouts [J]. International Studies Quarterly, 1978, 22 (4): 569–586.

[118] GOOCH G P, MASTERMAN J H B. A century of British foreign policy [M]. London: George Allen and Unwin, 1917.

[119] GROOME D H, DEWART A, ESGATE K, et al. An introduction to cognitive psychology: processes and disorders [M]. London and New York: Taylor & Francise Group, 2005.

[120] GROVE E J. The royal navy since 1815: a new short history [M]. London: Palgrave Macmillan, 2005.

[121] HENSLEY T R, GRIFFING W. Victims of groupthink: the Kent State University Board of Trustees and the 1977 gymnasium controversy [J]. The Journal of Conflict Resolution, 1986, 30 (3): 497–531.

[122] HOGG M A, Tindale R S. Blackwell handbook of social psychology: group processes [M]. Wiley: Wiley-Blackwell, 2001.

[123] HOLMES J E. The mood/interest theory of American foreign policy [M]. Lexington: University Press of Kentucky, 1985.

[124] HOLSTI O R. Public opinion and foreign policy: challenges to the Almond-Lippmann consensus mersshon series: research programs and debates [J]. International Studies Quarterly, 1992, 36 (4): 439–466.

[125] HOWARD C. The policy of isolation [J]. The Historical Journal, 1967, 10 (1): 77–88.

[126] HSIA R PO-CHIA. The Cambridge history of Christianity volume

6: reform and expansion 1500—1660 [M]. New York: Cambridge University Press, 2007.

[127] JORDAN A G, Richardson J J. Government and pressure groups in Britain [M]. New York: The Clarendon Press, 1987.

[128] KANWISHER N. Cognitive heuristics and American security policy [J]. The Journal of Conflict Resolution, 1989, 33 (4): 652–675.

[129] KELLY J R. Mood and emotion in groups [M] //MICHAEL A H, TINDALE R S. Blackwell handbook of social psychology: group processes. Wiley: Wiley-blackwell, 2001.

[130] KELLY J R, SPOOR J R. Affective influence in groups [C] //the 8th annual Sydney Symposium of social psychology, Sydney, Australia, March 14–17, 2005.

[131] KRUGLANSKI A W, HIGGINS E T. Social psychology: handbook of basic principles [M]. 2nd ed. New York: Guilford Press, 2007.

[132] KULKE H, ROTHERMUND D. A history of India [M]. 4th ed. New York: Routledge, 2004.

[133] LEE A M. New outline of the principles of sociology [M]. New York: Barnes and Noble, Inc., 1946.

[134] MACKENZIE J M. Popular imperialism and the military: 1850–1950 [M]. Manchester and New York: Manchester University Press, 1992.

[135] MALCHOW H L. Victorian pressure groups: directions for research [J]. Albion: A Quarterly Journal Concerned with British Studies, 1973, 2 (5): 107–115.

[136] MILBUM M A. Persuasion and politics: the social psychology of public opinion [M]. Pacific Grove: Brooks Cole Pub. Co., 1991.

[137] MORLEY J. The life of Richard Cobden [M]. London: T. Fisher Unwiin, 1903.

[138] MORLEY J. The life of William Ewart Gladstone: Vol.2 (1859—1880) [M]. Toronto: Macmillan Publishers Ltd., 1903.

[139] MUELLER C W, LANDSMAN M J. Legitimacy and justice perceptions [J]. Social Psychology Quarterly, 2004, 67 (2): 189–202.

[140] MYERS D G, LAMM H. The group polarization phenomenon [J]. Psychological Bulletin, 1976, 83 (4): 602–627.

[141] NORTHCOTE S H. Twenty years of financial policy: a summary of the chief financial measures passed between 1842 and 1861, with a table of budgets [M]. Montana: Kessinger Publishing, 2008.

[142] OLDENDICK R W, BARDES B A. Mass and elite foreign policy opinions [J]. The Public Opinion Quarterly, 1982, 46 (3): 368–382.

[143] PAUL'T HART, IRVING L. Janis' victims of groupthink [J]. Political Psychology, 1991, 12 (2): 247–278.

[144] PESCOSOLIDO A T. Emergent leaders as managers of group emotion [J]. The Leadership Quarterly, 2002 (13): 583–599.

[145] POWER P F. Civil disobedience as functional opposition [J]. The Journal of Politics, 1972, 34 (1): 37–55.

[146] RAFAELI A, SUTTON R I. The expression of emotion in organizational life [M] //CUMMINGS L L, STAW B M. Research in organizational behavior, 11. Greenwich: JAI Press, 1989.

[147] REES J F. A short fiscal and financial history of England 1815—1918 [M]. London: Methuen Publishing Ltd., 1921.

[148] RICHARDS J F. The new Cambridge history of India I. 5.: the Mughal Empire [M]. Cambridge: Cambridge University Press, 1993.

[149] RIENDEAU R. A brief history of Canada [M]. 2nd ed. New York: Facts On File, Inc., 2007.

[150] RISSE-KAPPEN T. Public opinion, domestic structure, and foreign policy in liberal democracies [J]. World Politics, 1991, 43 (4): 479–512.

[151] ROGOWSKI R. Commerce and coalition: how trade affects domestic political alignments [M]. Princeton: Princeton University Press, 1989.

[152] RUSSETT B, STARR H, KINSELLA D. World politics: the menu for choice [M]. 9th ed. Boston: Wadsworth Cengage Learning, 2010.

[153] RUSTOW D A. Democracy: a global revolution? [J]. Foreign affairs, 1990, 69 (4): 75–91.

[154] SAGER E W. The social origins of victorian pacifism [J]. Victorian Studies, 1980, 23 (2): 211–236.

[155] SCHETTLER C. Public opinion in American society [M]. New York: Harper & Brothers, 1960.

[156] SCHWARZ N, CLORE G L. Feelings and phenomenal experiences [M] //KRUGLANSKI A W, HIGGINS E T. Social psychology: handbook of basic principles. 2nd ed. New York: Guilford Press, 2007.

[157] SCHWENK C R. Cognitive simplification processes in strategic decision-making [J]. Strategic Management Journal, 1984, 5 (2): 111–128.

[158] SEAMAN L C B. Victorian England: aspects of English and imperial history (1837—1901) [M]. Taylor & Francis e-Library, 2003.

[159] SNYDER R C, BURCK H W, SPAIN B. Foreign policy decision-making [M]. Rev. ed. New York: Palgrave Macmillan, 2002.

[160] SPANIER J W, USLANER E M. American foreign policy making and the democratic dilemmas [M]. 6th ed. New York: Macmillan Publishers Ltd., 1994.

[161] SPEIER H. Historical development of public opinion [J]. The American Journal of Sociology, 1950, 55 (4): 376–388.

[162] SPROUT H, SPROUT M. Man-milieu relationship hypotheses in the context of international politics [M]. Princeton: Princeton University Centre of International Studies, 1956.

[163] SPROUT H, SPROUT M. Environmental factors in the study of international politics [J]. The Journal of Conflict Resolution, 1957, 1(4): 309–328.

[164] SPROUT H, SPROUT M. An ecological paradigm for the study of international politics, research monograph 30 [M]. Princeton: Princeton University Centre of International Studies, 1968.

[165] STEIN B. A history of India [M]. 2nd ed. Wiley: Wiley-Blackwell, 2010.

[166] THORNTO A P. The imperial idea and its enemies: a study in British power [M]. London: Macmillan Publishers Ltd., 1959.

[167] TILLY C. Democracy [M]. New York: Cambridge University Press, 2007.

[168] TVERSKY A, KAHNEMAN D. Judgment under uncertainty: heuristics and biases [J]. Science, New Series, 1974(185): 1124–1131.

[169] USEEM B, USEEM M. Government legitimacy and political stability [J]. Social Forces, 1979, 57(3): 840–852.

[170] WALKER J L. A critique of the elitist theory of democracy [J]. American Political Science Review, 1966, 60(2): 285–295.

[171] WALLER B N. Deep thinkers, cognitive misers, and moral responsibility [J]. Analysis, 1999, 59(4): 223–229.

[172] WALSH J E. A brief history of India [M]. New York: Facts on File, Inc, 2006.

[173] WARD A W, GOOCH G P. The Cambridge history of British foreign policy: vol. 2 (1815—1866) [M]. Cambridge: Cambridge University Press, 1923.

[174] WATTS D. Pressure groups [M]. Edinburgh: Edinburgh University Press, 2007.

[175] WHITE B P. Decision-making analysis [M] //PHILW, DONALD M G, SHAFRITZ J M. Classic readings of international relations. Belmont: Wadsworth Publishing Company, 1994.

[176] WIGHT M. International theory: the three traditions [M]. Leicester and London: Leicester University Press, 1991.

[177] WITTKOPF E R, KEGLEY C W Jr, Scoot J M. American foreign policy: pattern and process [M]. 6th ed. Belmont: Wadsworth Publishing lompany, 2003.

[178] WOOTON G. Pressure groups in Britain 1720—1970 [M]. Hamden, Conn.: Shoe String Press, 1975.

[179] ZAJONC R B. Feeling and thinking: preferences need no inferences [J]. American Psychologist, 1980, 35(2): 151-175.

[180] ZALLER J R. The nature and origin of mass opinion [M]. Cambridge: Cambridge University Press, 1992.